本书是受中央高校基本科研业务费专项资金资助的四川大学2021年项目"国家治理现代化视域下的政府回应性研究"（项目编号：YJ202171）的研究成果

编译文库·政治

谭毅 著

国家治理现代化视域下的政府回应性研究

Government Responsiveness:
A Narrative from the Perspective of State
Governance Modernization

图书在版编目（CIP）数据

国家治理现代化视域下的政府回应性研究／谭毅著
．—北京：中央编译出版社，2025.1
ISBN 978-7-5117-4381-7

Ⅰ．①国… Ⅱ．①谭… Ⅲ．①国家—行政管理—现代化管理—研究 Ⅳ．①D035

中国国家版本馆 CIP 数据核字（2023）第 228726 号

国家治理现代化视域下的政府回应性研究

责任编辑：李媛媛　　王　岗
责任印制：李　颖
出版发行：中央编译出版社
网　　址：www.cctpcm.com
地　　址：北京海淀区北四环西路 69 号（100080）
电　　话：（010）55627391（总编室）　　（010）55627307（编辑室）
　　　　　（010）55627320（发行部）　　（010）55627377（新技术部）
经　　销：全国新华书店
印　　刷：三河市华东印刷有限公司
开　　本：710 毫米×1000 毫米　1/16
字　　数：287 千字
印　　张：15
版　　次：2025 年 1 月第 1 版
印　　次：2025 年 1 月第 1 次印刷
定　　价：95.00 元

新浪微博：@中央编译出版社　　　　微　信：中央编译出版社(ID: cctphome)
淘宝店铺：中央编译出版社直销店(http://shop108367160.taobao.com)（010）55627331

本社常年法律顾问：北京市吴栾赵阎律师事务所律师　闫军　梁勤
凡有印装质量问题，本社负责调换。电话：（010）55627320

前　言

"回应性"是一个在互联网时代使用频率非常高的词汇，其主体指向众多，政府则是其最重要的主体之一。然而，我们对政府回应性的理解尚不深刻，甚至简单地将互联网时代的政府应答与回复行为等同于政府回应性。殊不知，早在互联网勃兴前半个世纪，西方就已经存在关于政府回应性的研究。只不过在技术对社会赋权和对政府赋能的情况下，政府回应性的具象化更凸显而已。但西方的相关理论又很难解释中国的政府回应性，中西方的相关理论难以展开有效对话。因此，我们需要一个关于政府回应性的更系统、更一般和更完整的理论认识。

从政治、行政、社会的三维关系视域分析政府回应性是比较合适的。因为西方政府回应性理论是基于政治与行政二分法展开的。与此同时，政府回应性有原因、主体、客体、对象和方法五个具体维度。在政治、行政与社会的三维关系中都存在这五个具体维度，据此可以形成一个整合性的分析框架，为分析西方和中国的政府回应性提供工具。

西方政府回应性的发展历程和理论解释在本质上都体现为基于代议制民主的"政体回应性"。西方政府回应性变迁的宏观历程主要经过了建构民族国家以回应人民主权的要求，确立有选举权限制的代议民主制为回应体制，通过逐步解除选举权限制实现对公民的选举回应，行政权扩大后对行政回应性的强调等几个阶段。西方的代议民主理论、参与民主理论、协商民主理论、政治沟通理论和政治代表理论等从政治学的角度解析了政府回应性的理论逻辑。政治与行政二分法、组织开放系统论、新公共行政学、代议官僚制、新公共管理、新公共服务、治理理论、公共服务动机理论等是从行政学角度解析政府回应性的代表性理论。"政体回应性"理论面临以下困境：（1）关于民主回应性的形式论证与实质指向不一致的困境；（2）西方民主体制下用回应性证明行政合法性的困境；（3）公共价值阙如的困境；（4）西方体制中心论的困境。西方政府回应性理论只能将非西方代议制民主政府的回应性视为"异类"而难以解释其逻辑。

这是突破政府回应性理论困境的第一个必要性。

中国政府回应性的实践与理论逻辑都不同于西方，可称为"使命回应性"。实践上，中国的政府回应性在中国共产党的领导下经历了完善和发展。理论上，中国政府回应性是执政党统领下的"使命回应性"，具体表现为政府回应性是：(1)"政党—国家—社会"三元关系下的统合回应性；(2) 人民民主政治制度下的制度回应性；(3) 先锋队政党逻辑下的执政党回应性；(4) 政府转型逻辑与服务型政府的回应性。其最本质的理论逻辑体现在先锋队执政党逻辑下以先锋队的代表角色作为回应性的要求和以群众路线为回应方式、回应对象的民生主义导向。中国在政府回应性方面的特殊逻辑是"使命回应性"，需要理论解释，同时又难以与西方"政体回应性"进行有效对话。这是突破政府回应性理论困境的第二个必要性。

国家治理现代化的话语为我们构建一个一般性的政府回应性理论提供了契机。"国家治理现代化"体现了我国坚持自身政治发展道路的"存异求同"策略，用较具普适性的国家治理体系和治理能力的"两分法"取代了具有明显西方烙印的政治与行政二分法，与其相应的民主也是实质导向的"治理民主"而非西方本位的"代议民主"。

国家治理现代化视域的政府回应性理论应是一种"治理回应性"理论。其强调政府回应性是一种现代公共价值，认为回应和治理是现代国家和社会之间最重要的两种常态化关系。"治理回应性"理论的构建以民主和法治为价值出发点，以"治理体系及行动者—回应与治理—需求与问题—公民与社会"为分析思路。"治理回应性"理论依然以明晰政府回应性的五个维度为目标，但它超越了政治、行政与社会的三维分析框架，代之以治理体系及行动者与公民和社会的关系，并将治理能力体现在治理回应的过程中。"治理回应性"理论是一个一般性的政府回应性理论，可以弥补"政体回应性"理论的不足，增强对"使命回应性"的认识。"治理回应性"主张治理的本质是公共契约，重建政府与公民之间的社会契约，最终实现治理价值和治理技术的完美结合，实现政府对人民的持续性、制度化的实质性回应。

从治理回应性的分析框架来看，我国政府回应性强调"以人民为中心"，是一种处在多维时空下的执政党领导的注重完善治理体系、培养多主体回应能力、综合运用多种回应方式的政府回应性。但是，我国政府回应性实践与国家治理现代化的要求还存在一定差距：一是回应性价值的工具性大于本体性，二是回应客体的权利意识与责任能力不匹配，三是回应方式的制度化与公民视角的双重缺失。要完善我国政府回应性，可以通过积累增量实现有效性与合法性的统一，通过双重制度化促进回应自主性与公民权利的和谐，通过彻底转变观念善处现代性与后现代性的关系等战略来实现。在具体路径上，完善我国政府回应性，要在坚持民主、法治、公平正义原则的前提下，通过创造性转化实现政治文化现代化，通过制度建设实现先锋队使命现代化和制度化，通过明晰利益相关者实现决策科学化、制度化，通过法治与民主并举实现行政现代化，通过培育公民和社会力量实现回应输入现代化，通过渠道增扩实现政治沟通现代化。

目 录
CONTENTS

绪　论 ·· 1

第一章　政府回应性的分析框架与维度 ·· 57
　第一节　政府回应性的总体分析框架 ·· 57
　第二节　政府回应性的具体分析维度 ·· 63
　第三节　政府回应性分析的整合框架 ·· 67

第二章　政体回应性：西方政府回应性理论及其困境 ······························ 69
　第一节　西方政府回应性变迁的历程与逻辑 ······································ 69
　第二节　西方政府回应性逻辑的政治学解释 ······································ 84
　第三节　西方政府回应性逻辑的行政学探索 ····································· 105
　第四节　西方政府回应性理论的逻辑及问题 ····································· 121

第三章　使命回应性：中国政府回应性实践和理论逻辑的特殊性 ················· 128
　第一节　中国政府回应性变迁的简略历程 ······································· 128
　第二节　中国政府回应性的理论逻辑：先锋队政党统领下的使命回应性 ······
　　　　　　··· 136
　第三节　中国政府"使命回应性"的理解难题 ··································· 154

第四章　治理回应性：国家治理现代化话语与政府回应性理论更新 ············· 156
　第一节　国家治理现代化的内涵及理论意义 ····································· 156
　第二节　治理回应性：国家治理现代化视域下的政府回应性理论 ············· 169

第五章 治理回应性理论视域下我国政府回应性的完善 ……………… 181
 第一节 治理回应性理论视域下我国政府回应性的具体特点 ………… 181
 第二节 对标国家治理现代化完善我国政府回应性的战略路径 ……… 189

第六章 本书的结论与未来研究展望 ……………………………………… 195

参考文献 …………………………………………………………………… 199

后　记 ……………………………………………………………………… 229

绪 论

第一节 政府回应性的研究价值与研究视角

著名经济史学家卡尔·波兰尼认为，市场经济是现代社会的基础，市场化在席卷许多国家的过程中，显著地改变了这些国家的经济、社会、环境等，如果任由市场化"巨变"①的无节制发展，将导致一系列灾难性后果。为了应对过度市场化的灾难性影响，社会会进行自我保护。但这种自我保护也绝非百利而无一害，"社会将采取手段保护自己，但无论何种手段都会伤到市场的自律，扰乱到工业生活，进而以另一种方式危害社会"②。由此形成了一种市场扩张运动和制约市场扩张运动之间相互推拉的"双向运动"。国家和政府不得不持续调整乃至重构其治理体系以因应市场化及其引致的其他变化，形成满足平衡市场化运动和社会自我保护运动需要的治理能力。就当前中国而言，国家治理在经过一段时间单纯由市场化推动之后面临转型问题，国家建设需要在上述双向运动的张力中展开。③ 国家与社会的关系需要重构，宏观态势上，政府回应社会变迁是现代历史发展的必然，政府需要进行角色变迁和职能调整，而中观层面的政策和微观层面的实践中政府回应公民与社会之需要也成为不言自明的要求。

---

① 〔匈〕卡尔·波兰尼：《巨变：当代政治与经济的起源》，黄树民译，北京：社会科学文献出版社2013年版。
② 〔匈〕卡尔·波兰尼：《巨变：当代政治与经济的起源》，黄树民译，北京：社会科学文献出版社2013年版，第52页。
③ 马骏：《经济、社会变迁与国家重建：改革以来的中国》，载《公共行政评论》，2010年第3卷第1期，第3—34页。

一、回应性：政府治理的一个重要议题

在实践领域，回应性是现代政府治理的重要价值。在现代政治文明中，回应性已经成为世界上许多国家公民对政府的重要期盼，也是政治上主权在民和对人民或公民负责的题中之义。尽管世界各国的政治体制、经济社会发展状况等背景不尽相同，但是全球对民主行政的呼唤异口同声，普遍要求公共官僚制回应公民的期待。西方各国在20世纪最后30年和21世纪初期的行政改革，无论其冠以"政府再造""企业家政府""新公共管理运动""第三方政府""整体性政府"还是其他什么名头，都强调政府特别是公共行政官僚机构对公民的回应性，从工具价值和目的价值上增强政府的回应性是这些行政改革的重要目标之一。在20世纪末21世纪之初，治理理念和各种治理理论在西方各国大行其道，其最重要的一点是主体的多元化，公民和社会组织成为治理主体之一，回应性因为之前的回应对象成为主体参与治理而得到进一步强调，也因为参与行为而得到增强。而信息技术的成熟和大规模应用为民意的表达提供了新渠道，汹涌的网络民意同时也增加了政府回应压力。与此相应的是，层出不穷的信息技术在政府领域的广泛应用和政府人员对网络技术的熟练应用也提高了政府回应民意的能力，民意与对民意的回应都在大规模增长，政府和公民的沟通畅通度前所未有。例如，美国前总统特朗普的一个施政特点被媒体戏称为"推特治国"，从侧面来看，这一现象就是美国政府领导人重视回应网络民意的体现。中国政府也特别重视回应性问题，这在执政党的施政报告中有较为明显的体现，领导人也公开呼吁要求"倾听人民呼声、回应人民期待"[1]，中国近年来全面深化改革的一个重要要求和目标就是要切实做到"人民有所呼、改革有所应"[2]。

在政治学领域，回应性被视为代议制民主的重要价值，也被认为是民主质量的标准之一。[3] 尽管在不同国家的实现形式不尽相同，但民主几乎被世界各国普遍视为现代政府的主要价值之一。应该说，只要不是实行直接民主的政治社会（也就是当今几乎所有民族国家）都面临着政府对公民的回应性问题，因

---

[1] 习近平：《在第十二届全国人民代表大会第一次会议上的讲话》（2013年3月17日），见中共中央文献研究室编：《十八大以来重要文献选编》（上），北京：中央文献出版社2014年版，第236页。

[2] 《习近平主持召开中央全面深化改革领导小组第十一次会议》，新华网，2015年4月1日。

[3] P. Esaiasson and C Wlezien: "Advances in the Study of Democratic Responsiveness: An Introduction", *Comparative Political Studies*, Vol. 50, No. 6, 2017, pp. 699-710.

为在间接民主模式下公民除了选举投票外在许多事关自身利益的权力运行和决策过程中无法亲自参与，主权在民的普遍理念就要求权力的拥有者和决策的制定者要以公民的利益行事，回应公民的要求与利益。但很多时候，囿于时代背景和技术条件，社会对政府回应的需求表达不足和政府对于社会的管理与控制思维使政府回应性的问题没有得到应有的关注。20世纪末至今，我们见证了全球化、信息化对社会变迁的巨大影响，政府治理模式的扁平化、民主化也随之在许多国家蔓延，治理理念在全球扩散，社会运动、全民公投、网络参与等传统政府未曾遇到过的政治参与形式对政府回应性的要求节节攀升，政府回应性的议题从沉潜状态浮出水面，引起了普遍关注。因此，回应性也被认为是"善治"的基本要素之一，回应性越高则善治程度越高。① 如果不能处理好政府回应性议题，则会严重损害政府公信力和政权合法性。

在公共行政学领域，"回应性"曾经是公共行政文献所涵盖的一个重要价值②，目前和将来仍然是公共行政学领域的一个重要概念③。公共行政的公共性是其回应性的政治哲学基础，公权力的行使及其对公共利益的影响必然要求公共行政具有回应性。伦理学视角下的行政正义论也要求公共行政实现形式正义和实质正义的统一，对关涉其切身利益的对象进行制度性回复。民营化、政府再造等致力于提高行政与公共服务供给效率的新公共管理运动虽然强调对顾客的回应，但其将公共服务近似等同于一般商业服务，其所倡导的公共服务外包等措施导致政府"空心化"、责任阙如、公共价值缺失和政府公信力下降等问题，这种情况呼唤作为一种目的价值的政府回应性的复归，告别将政府回应性作为一种工具价值或附带价值而对制度进行修补的思维，只有这样，才能防止公民的不满演化为对民主制度的失望，进而动摇西方民族国家及其民主政体根基。新公共服务理论和公共价值理论等就是对新公共管理运动的纠偏。

尽管实践领域和学术领域的许多人早已认识到政府回应性的重要性，但是

---

① 俞可平：《引论：治理与善治》，见俞可平主编：《治理与善治》，北京：社会科学文献出版社2000年版，第10页。

② Van der Wal通过分析公共部门研究的7本书、期刊 *Public Integrity* 在1999—2003年刊载的论文、期刊 *Public Administration Review* 在1999—2002年刊载的论文，识别出公共行政领域中的544个价值，其中，回应性以在上述被分析文献中出现184次而名列所有价值第17位。R. O'Leary, M. David, Van Slyke and Soonhee Kim (eds.), *The Future of Public Administration around the World: The Minnowbrook Perspective*, Washington D. C.: Georgetown University Press, 2011, p. 214.

③ T. Bryer, "Toward a Relevant Agenda for a Responsive Public Administration", *Journal of Public Administration Research and Theory: J-PART*, Vol. 17, No. 3, 2007, pp. 479-500.

这一议题相关的独立学术研究在总体上显得较为薄弱。长期以来，关于政府回应性的讨论并不系统，更存在将回应性混同其他概念的情况。回应性在很多情况下被拿来与责任、合法性、代表、民主、参与等重要政府价值相提并论和交互使用，往往被当作其他政治价值和行政价值的从属价值，甚至被当作实现其他价值的手段，而没有得到系统研究。这种"矮化"回应性的取向在已有的很多文献中达成了奇怪的共识。不知道是出于轻率还是什么原因，这些文献都在行文中多次不加以界定地使用"回应性"这一词语，但整个文献的主体是关于其他方面的。也就是说，很少有人将政府回应性视为独立问题并就其基本理论展开系统研究，更没有基于对比不同政治体制、行政生态来审视背后逻辑的异同。在西方，对公共官僚制回应性的研究是政府回应性专门研究的最集中的领域之一，但经过70多年的发展，相关的研究进展有限，要么在民主理论的洪流中时隐时现，要么在对公共行政的合法性质疑中停滞不前，更缺乏对非西方民主国家政府回应性的承认与研究。在我国，大量对政府回应性的探讨拘泥于技术细节，舍本逐末趋向明显，缺少对于政府回应性理论的专门研究，缺少对西方政府回应性理论的必要关注，缺少对政府回应性实践的整体演变趋势的总体把握，有别于西方的政府回应性逻辑亟待探索。但随着时间的推移，更系统和深入地研究政府回应性的需求与日俱增。在新技术的助力下，触发政府回应的渠道越来越多，与此同时，风险社会变得更加复杂多变，导致政府回应性受期待程度与日俱增。也就是说，政府回应性的输入路径及内容都空前增加，回应对象信息的收集整理技术增强与回应方式的拓展日益增强，关于政府回应性的系统理论研究的必要性日益凸显。

综上所述，政府回应性的现实重要性和理论上的研究不足构成了本书选题的主要背景。此外，纵观政府回应性相关的实践与理论的历史，相较于当代对政府回应性的普遍重视，中西方对政府回应性的研究在总体上是缺乏沟通的，其理论与实践的关系也是不相同的。那么，中西方政府回应性经历了什么样的历程，其各自的演变呈现什么样的规律？政府回应性理论的困境在哪里、进路在何方？西方的行政改革实践对政府回应性演变的阶段性影响是如何呈现的？有着与西方迥异政治制度的中国，政府的回应性又经历了怎样的演变？其理论逻辑与西方有何区别？在我国将全面深化改革的总目标设定为"实现国家治理体系和治理能力现代化"之后，政府回应性的理论与实践将走向何方？面对信息技术等新技术的冲击，政府回应性会如何演变？面对全球化等因素的影响，中西方政府回应性如何整合？这些都是研究政府回应性的基本理论应该回答的问题。

当然，回答上述所有问题显然超出了本书的任务和作者的能力，本书只能主要从理论上处理以下几个问题。

（1）西方政府回应性的实践是如何演变的？西方政府回应性理论有哪些？其理论逻辑是什么？面临何种困境？

（2）相比于西方而言，中国政府回应性的实践演变和理论逻辑有何特殊性？其面临何种困境？

（3）国家治理现代化为重构政府回应性理论提供了何种契机？

（4）如何基于国家治理现代化视域来突破政府回应性理论的困境？

（5）国家治理现代化视域下我国政府回应性理论研究的议程是什么？

基于以上问题，本书的主要内容包括以下几个方面。

（1）西方政府回应性的历史逻辑、理论逻辑及其困境。

（2）中国政府回应性的历史逻辑、理论逻辑及其困境。

（3）国家治理现代化的视域对突破政府回应性的中西之别及其困境的理论意义。

（4）建构国家治理现代化视域下的一般政府回应性概念和理论。

（5）国家治理现代化视域下的中国政府回应性理论研究议题。

以上问题和内容又可归结为一个根本性问题：如何从理论上认识政府回应性？这是本书力图去解决的问题，且这个问题的提问方式已经决定了对这个问题解决是理论上的，即通过反思现有理论困境和引入新的认识维度去重构对政府回应性的理论认识。也就是说，本书主要任务不在于通过具体的实证研究去分析我国政府回应性的问题及原因，进而去寻求提升政府回应性的技术路径。具体来说，本书的主要任务是贯通政治学与行政学，对比西方与中国的体制及实践来分析政府回应性这一问题的实践演进和理论展开：理论上面临什么样的困境，国家治理现代化为解决困境提供了何种契机，如何根据国家治理现代化提出一个一般性的政府回应性理论。因此，在某种意义上讲，本书是一项以爬梳剔抉政府回应性有关实践和相关理论为基础的历史社会学与知识社会学工作，是一种结合理论与实践的比较历史分析基础上的理论建构尝试。

二、本书的理论价值与实践价值

本书有价值基于一个暗含前提，即政治理论是有价值的。本书将政府回应性视为一种现代政府价值，关于政府回应性的研究就是一种政治理论（其在广义上当然也包括行政理论）。据此，论证本书的价值首先要在更广泛意义上说明政治理论的重要性。著名政治哲学家以赛亚·伯林在其题为《政治理论还存在吗》的文章中认为，政治理论不可避免地要涉及某些人类目的本源、范围及正确性，只要还有理性的奇特性——一种想根据动机和理智而不是根据原因、职能上的相互关系或统计上的可能性来证实和解释的愿望——政治理论就不会完全从地球上消失，不论它的许多对手（如社会学、分析哲学、社会心理学、政治科学、经济学、法学、语义学等）可能声称业已将其想象中的王国消灭掉了。① 因此，政治理论对于我们来说无论在当下还是在将来都是非常重要的。

本书有价值还基于这样一个共识，即民主意味着政府应具有回应性。也就是说，一个负责任的政府应该积极回应和满足公民的正当要求，这是民主这一现代价值的题中之义。② 虽然有一些国内学者认为强调政府的回应性已经过时，应该用前瞻性取而代之③，但是也有学者认为中国的体制存在回应不足的问题，将之概括为"体制性钝滞"④。本书认为，即使是对政府回应性理论与实践做一个历史学意义上的梳理也是有其价值的。本书的主要目标在于确证政府回应性作为一种现代公共价值的地位，尝试借助国家治理现代化视域以建立一个关于政府回应性的一般性解释框架，整合性地理解中西方政府回应性理论与实践的区别，阐述我国政府回应性的未来议程。具体来说，本书有理论和实践两个方面的价值。

（一）理论价值

首先，形成对政府回应性的系统理解。针对现有理论碎片化严重的问题，本书结合理论与实践，兼顾不同的政治体制，试图构建一个基于国家治理现代化话语的政府回应性理论，既能反映理论与实践的关系，又能包容中西方政府回应性的区别。

其次，丰富比较行政研究的内容。70 年多前，美国政治学家罗伯特·达尔认为"通过比较研究发现独立于国家和社会环境的普遍行政学原理"是公共行政成为科学的三个必要条件之一。⑤ 时过境迁，虽经高斯、里格斯、海迪、钱

---

① I. Berlin and H. Hardy, *Concepts and Categories: Philosophical Essays*, New York: Princeton University Press, 2013, pp. 143-172.
② 张成福：《责任政府论》，载《中国人民大学学报》，2000 年第 2 期，第 75—82 页。
③ 武玉英：《变革社会中的公共行政：前瞻性行政研究》，北京：北京大学出版社 2005 年版，第 6 页；张素红、孔繁斌：《公共行政要以前瞻性替代回应性》，载《新华日报》，2017 年 9 月 27 日，第 17 版。
④ 郝宇青：《当前中国"体制性迟钝"原因剖析》，载《探索与争鸣》，2008 年第 3 期，第 38—41 页。
⑤ R. A. Dahl, "The Science of Public Administration: Three Problems", *Public Administration Review*, Vol. 7, No. 1, 1947, pp. 1-11.

德勒等诸多行政学家的努力，但这一条件始终没有真正满足，公共行政的科学地位也悬而未决并将长期困难重重。但比较行政研究一直是公共行政研究的重要领域，其研究的重点也逐渐从国别整体展示转变到研究不同国家如何处理某个方面的问题上来，但这两者并不是完全脱离的，分析具体问题是无法脱离不同国家的宏观环境和行政要素的。本书正是就政府回应性这个问题来进行中西比较研究的，在研究中论及了中西不同的体制等其他行政要素。

再次，丰富行政发展研究的内容。行政发展与行政生态关系密切。行政发展，是指公共行政通过变革行政组织、人员、行为、技术、文化模式等要素以达到行政价值目标和适应变动人居环境的过程。公共行政变革实践的历程，回望时它是行政历史，如果站在过去时代背景下展望，它就是行政发展。当然，我们研究行政发展更多的是要思考行政未来向何处去的问题。本书通过分析过去政府回应性实践发展历程，建构分析框架，分析政府回应性发展的未来方向。有必要开展此研究暗含一个前提：行政发展并不是实现西方化，即并不简单意味着实现西方意义上的行政现代化，而是需要结合不同国家的历史文化、国情和发展阶段等因素，结合这些特殊性的因素从一般性的国家治理现代化视域来审视行政发展的问题，可以为行政发展滞后的国家从理论与实践上提供一个认识本国行政发展的认知框架。

最后，分析与西方政府回应性话语体系"和而不同"的中国政府回应性话语体系。制度自信和文化自信要求我们用一种开放客观的态度去观察不同于自己的制度和文化。从环境适应性逻辑和比较优势视角来看，不同点的存在并不一定意味着真实存在对和错，而是需要对不同点进行理解、对优劣处进行对比和审视。政府回应性这个议题在中西方不同的制度配置和其他环境要素的影响下显得颇为不同。本书致力于从更底层的一些参数上对这种不同进行对比理解，对比分析中国政府回应性话语体系，如群众路线、先锋队代表回应性等话语体系，并寻求与西方政府回应性话语体系进行对话的逻辑基点。

（二）实践价值

严格来说，本书的理论定位决定了其主要功能在于增进对政府回应性这一话题的理解，因此其价值主要是理论上的。但理论和实践是互相影响的，我国的国家治理现代化进程必然伴随着政府与社会的关系调整，不断改进和提高政府回应性也是这一进程的必然要求，因此，关于国家治理现代化视域下的政府回应性的理解也不可能完全无涉于实践。

为政府治理实践确证回应性这一价值。公共行政研究如何以正确的方式做正确的事，是一门理论与实践紧密结合的学问，关于事务及方式的正确要求本身就是一个理论上的价值判断问题，也是公共行政实践得以展开的伦理基础。公共行政的不少理论是具有实践导向的，公共行政学的不少严谨学者也致力于生产关于实践的理论。政府回应性正是一个理论与实践紧密结合的现代政府公共价值，对这一价值的确证本身就是对政府"正确"行为取向要求的明示，而从治理回应性的角度做出的关于政府回应性的分析框架本身就是一个结合了理论与实践的分析框架，将民主、法治、公平正义等价值融入政府治理回应性的实践中，将上述公共价值作为国家治理现代化视域下政府回应性的价值前提和价值遵循，在政府回应性实践的出发点和落脚点及二者之间的过程中贯穿上述公共价值。这些价值通过耗时弥久的历史实践和思想家不遗余力的强力论证而确立其正当性，如今已成为现代文明的普遍共识。

为促进政府回应性的完善提供理论支撑。除了为政府回应性实践确证相关的价值基础外，本书还从大历史角度梳理了西方政府回应性变迁的历史进程及逻辑，从较长时段角度梳理了中国政府回应性演变的历史进程及逻辑，希望能实现"鉴往知来"的目的，对未来的政府回应性实践提供镜鉴和参考。由于西方国家已经处于后现代的历史进程中，其政府回应性的实践已经相对固化，而中国正在迈向国家治理现代化的进程中，其政府回应性实践仍然处于完善中。本书既从一般意义上建立了对政府回应性的理解框架，又专门就中国的政府回应性特点、问题和战略做了分析，还澄清了关于政府回应性认识中的一些误区，希望这些努力可以增强相关实践者对政府回应性议题的理解，增进其对政府回应社会与民众的重要性和必要性认知，为中国政府回应性的完善和行政改革提供理论参考，最终为实现中国国家治理体系和治理能力现代化略尽微薄之力。

三、在国家治理现代化视域下研究政府回应性

本书从国家治理现代化视角展开。从西方和中国迈向国家治理现代化的历程入手，寻求不同理论逻辑下关于政府回应性的一般性解释，并在此基础上分析中国国家治理现代化过程中政府回应性的完善问题。采用国家治理现代化这一视角至少有以下两个方面的原因。

一是就国家治理的一般时态而言，政府回应性是与现代国家治理联系在一起的。无论何种国家都面临国家治理的任务，近代以来的所有国家也都曾经完成或正在完成国家治理现代化的任务。在任何一个国家范围内，国家治理现代化与政府回应性在现代性方面有着共同的时段特征，都是作为一个整体的现代性追求的内容，且对政府回应性的追求是本国国家治理现代化的重要目标。因此，从国家治理现代化的视域来研究政府回应性有其天然的合理性。这是因为前现代的国家治理从根本上说不存在政府回应性的问题，而后现代的国家治理中政府回应性被多中心治理、合作治理等所消解，政府回应性同样退居次要地位。

二是就国家治理的国别时态而言，不同国家所处的国家治理阶段不一样，有的已经实现现代化，有的正在现代化的路上，有的还没有开启现代化的进程。西方国家已经实现了国家治理现代化，中国则在一条与西方国家不同的道路上努力向国家治理现代化迈进。国家治理在不同国家存在的时态差异本质是不同文明的背景和内在演进逻辑上的差异。西方国家是现代化的先行者，但其现代化历程有其特殊性。在漫长的前现代历史进程中，其他国家可能形成了与西方国家有着重大差别的文化。因此，西方国家治理现代化过程中的政府回应性演进历程的"地方性"使其难以被其他国家简单复制，其理论逻辑的"地方性"使其难以解释非西方国家的政府回应性。事实上，西方国家也不可能有能力为其他国家准备一套国家治理现代化的完整方案。国家治理现代化恰恰就是中国在这样的背景下提出来的。

"国家治理"这一概念的内涵和外延具有显著的中国特色，以中国所处的政治发展阶段和面临的形势与任务为基础，同时继承和发展了马克思主义的国家理论，也为与西方的国家建构和治理理论等思想开展对话预留了相关通道，具有较高的合理性、显著的包容性和整合性。国家治理现代化则是在上述要素组合的基础上，加入了现代化特别是政治现代化的理论与合理内核，从而形成"国家治理现代化"这一深合我国面临现代性（强调国家与政府的主导性）与后现代性（强调社会等非政府力量成为治理主体、权力非中心化等）紧张关系①的词语，是中国政治发展的独创性词语，成为观察我国政治与行政实践的重要宏观视角，也成为分析作为现代国家治理的重要内容和特征的政府回应性的视角。

第二节　政府回应性研究述评

分析已有研究成果，一方面可以为本书的研究提供研究基础，另一方面提供了需要进一步研究的方向，有助于寻找本书的研究价值和创新点。鉴于数据

---

① 胡伟：《如何推进我国的国家治理现代化》，载《探索与争鸣》，2014年第7期，第5页。

库分割的现实情况，此处分国外和国内两个方面对"政府回应"这一主题的相关成果进行述评，文献类型以期刊论文为主，兼及主要学术著作。

一、国外相关研究现状

这部分先从量的角度对文献进行分析，然后再从质的角度分析具体的研究主题及观点。

（一）国外"政府回应"研究文献状况的量化分析

选择 web of science 核心合集库中的 SSCI 和 A&HCI，从政府回应、民主回应和官僚回应三个方面入手，在高级检索框中输入"TS＝（government respons＊）OR TS＝（democratic respons＊）OR TS＝（bureaucratic respons＊）"检索结果2万余条，显然需要进一步精练。接着，笔者将上述三个词作为范围更窄的标题项，在高级检索框中输入"TI＝（government respons＊）OR TI＝（democratic respons＊）OR TI＝（bureaucratic respons＊）NOT TI＝（responsible or responsibility）"（说明：①采用 respons＊ 的原因是文献中对政府回应的表达方式可能是 responsive、response 或 responsiveness；②通过前期对相关文献的精读和分析可以发现，西方关于政府回应的文献主要包括政府回应、民主回应和官僚回应三个方面，因此采用三个检索词组；③本检索式排除了政府负责或责任方面的文献，虽然政府回应性与政府责任有密切关系，但不是本书的主要直接关注点），文献出版时间选定为所有年份，得到686条文献（检索时间2017年10月23日）。然后在检索结果中人工剔除重复和与主题不相关的文献，最后获得相关文献515条。

1. 文献的数量增长

如图1-1所示，2010年以后的文献相较于之前有明显的增长，2010—2012年、2014—2017年的相关论文年产出量均超过20篇，形成了一个相对连续的研究爆发期，2015年产出论文35篇，为历年之最。2013年的论文产量为15篇，也不算少，其他论文产出较多的年份是2000年、2006年和1981年，但没有形成连续增长。

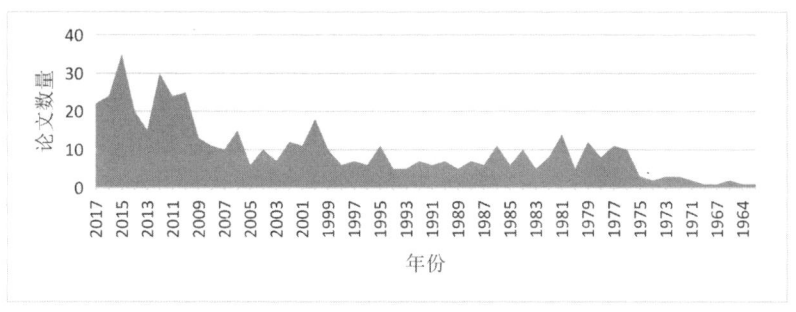

图 1-1　1964—2017 年国外政府回应研究文献增长情况

2. 主要发表平台

如表 1-1 所示,政府回应英文论文主要发表于主流的公共行政和政治学研究期刊,如 Public Administration Review、American Political Science Review,发文量最多的是美国公共行政研究的旗舰期刊《公共行政评论》。发表平台分布在多国,如美国、澳大利亚、加拿大、英国,这一特点与位列其中的《比较政治研究》杂志,在一定程度上共同展示了政府回应研究的比较特征和进行比较研究的需要。

表 1-1　政府回应研究论文主要发表期刊

期刊英文名称	期刊中文名称(翻译)	刊文量(篇)
Public Administration Review	《公共行政评论》	19
Perspectives on Politics	《政治观点》	12
Journal of Politics	《政治杂志》	10
Comparative Political Studies	《比较政治研究》	9
Australian Journal of Public Administration	《澳大利亚公共行政评论》	8
World Development	《世界发展》	7
National Tax Journal	《全国税收杂志》	7
Local Government Studies	《地方政府研究》	6
Politique	《政治学》	6
British Journal of Political Science	《英国政治科学杂志》	6
Political Quarterly	《政治季刊》	6
Canadian Journal of Political Science-Revue Canadienne de Science	《加拿大政治科学杂志》	6

续表

期刊英文名称	期刊中文名称（翻译）	刊文量（篇）
American Political Science Review	《美国政治科学评论》	6
Government Information Quarterly	《政府信息季刊》	6

资料来源：根据WOK数据统计得来，此处限于篇幅只展示刊文量≥6的期刊。

3. 高被引文献

表1-2列出了被引次数超过60次的相关论文，这18篇文献一共被引1838次，篇均被引102次。其中，总被引次数和年均被引次数最多的论文都是《政府回应的政治经济：来自印度的理论与证据》，发表在英文杂志《经济学季刊》中，共被引351次，年均被引近22次。被引总次数排名前五的文献被引次数均超过100次，大多数文献的被引次数在60~90次。

表1-2 国外政府回应研究高被引文献

编号	标题	作者	来源出版物名称	出版年份	合计引用次数（次）	每年的平均数（次）
1	The Political Economy of Government Responsiveness: Theory and Evidence from India	Besley and Burgess	Quarterly Journal of Economics	2002	351	21.94
2	Inequality and Democratic Responsiveness	Gilens	Public Opinion Quarterly	2005	224	17.23
3	Does Decentralization Increase Government Responsiveness to Local Needs? Evidence from Bolivia	Faguet	Journal of Public Economics	2004	132	9.43
4	Formal Procedures, Informal Processes, Accountability and Responsiveness in Bureaucratic Policy Making: An Institutional Policy Analysis	West	Public Administration Review	2004	101	7.21
5	Unified Government, Divided Government, and Party Responsiveness	Coleman	American Political Science Review	1999	100	5.26

续表

编号	标题	作者	来源出版物名称	出版年份	合计引用次数（次）	每年的平均数（次）
6	Government Responsiveness and Political Competition in Comparative Perspective	Hobolt and; Klemmensen	Comparative Political Studies	2008	87	8.70
7	If You Can't Beat Them, Join Them? Explaining Social Democratic Responses to the Challenge from the Populist Radical Right in Western Europe	Bale, Green-Pedersen, Krouwel, Luther and Sitter	Political Studies	2010	86	10.75
8	Government's Response to Hurricanekatrina: A Public Choice Analysis	Sobel and Leeson	Public Choice	2006	76	6.33
9	Partially Independent Central Banks, Politically Responsive Governments, and Inflation	Franzese	American Journal of Political Science	1999	76	4.00
10	Citizen Involvement Efforts and Bureaucratic Responsiveness: Participatory Values, Stakeholder Pressures, and Administrative Practicality	Yang and Callahan	Public Administration Review	2007	74	6.73
11	Responsive Government? Public Opinion and Government Policy Preferences in Britain and Denmark	Hobolt and Klemmensen	Political Studies	2005	74	5.69
12	Local Government Response to the Impacts of Climate Change: An Evaluation of Local Climate Adaptation Plans	Baker, Peterson, Brown, McAlpine	Landscape and Urban Planning	2012	71	11.83

续表

编号	标题	作者	来源出版物名称	出版年份	合计引用次数（次）	每年的平均数（次）
13	New Public Management Reforms of The Danish and Swedish Welfare States: The Role of Different Social Democratic Responses	Green-Pedersen	Governance - an International Journal of Policy and Administration	2002	70	4.38
14	A Democratic Polity? Three Views of Policy Responsiveness to Public Opinion in the United States	Manza and Cook	American Politics Research	2002	66	4.12
15	Bureaucratic Response to Citizen-initiated Contacts-Environmental Eeforcement in Detroit	Jones, Greenberg, Kaufman and Drew	American Political Science Review	1977	66	1.61
16	Electoral Competition, Participation, and Government Responsiveness in Mexico	Cleary	American Journal of Political Science	2007	63	5.73
17	Community Response Grids: E - government, Social Networks, and Effective Emergency Management	Jaeger, Shneiderman, Fleischmann, Preece, Qu Wu	Telecommunications Policy	2007	61	5.55
18	What Should We Expect from More Democracy? Radically Democratic Responses to Politics	Warren	Political Theory	1996	60	2.73

资料来源：根据 WOK 数据库检索结果分析而得，取被引次数≥60 的文献。

4. 文献的研究主题

通过图 1-2 与表 1-3 可以看出，在国外政府回应研究文献中位居前列的关键词是"地方政府""治理""政策""代表""民意""电子政府""民主""责任""制度""参与"等。由此，可以在一定程度上发现国外政府回应性研究的切入点，即主要从代议民主制度、政府责任、公共政策、公民参与、电子政府等角度研究政府特别是地方政府的回应性。

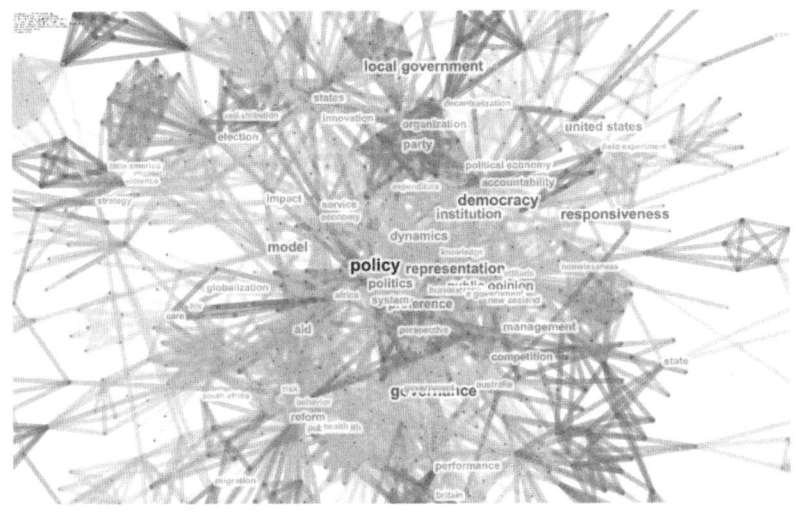

图1-2　"政府回应"英文文献关键词共现图

表1-3　国外政府回应研究文献中的主要关键词出现次数　　　　单位：次

关键词	出现次数	关键词	出现次数
responsiveness（回应性）	16	e-government（电子政府）	6
local government（地方政府）	13	democracy（民主）	6
governance（治理）	9	accountability（责任）	5
public policy（公共政策）	8	institutions（制度）	4
representation（代表）	7	participation（参与）	4
public opinion（民意）	6		

资料来源：根据 WOK 数据库检索后统计，合并了部分意思相同但表达略有差异的关键词。

在图书方面，无论是通过图书引文索引（Book Citation Index，BKCI）查找还是根据政府回应的高被引期刊论文按图索骥搜寻，笔者都没有发现专门有关政府回应的外文专著，仅有少数可称得上有部分相关的著作，大都从代议官僚制、政府责任的角度展开话题。如《代议官僚制的承诺：一个政府机构的多样性与回应性》① 一书主要讨论的是官僚制作为一种代表制度、官僚权力与行政责任的困境、通过代议官僚制调和官僚制与民主的潜力等问题，并不专门研究政府回应性问题。此外，还有少数探讨中国政府回应性的著作②，其题目带有一定的意识形态偏见，也不是客观理性专门探讨政府回应性的研究。

（二）国外"政府回应"基本理论现状概述

1. 政府回应的概念

在英译汉的过程中，不同人将 responsiveness 分别翻译成"回应""回应性""回应力"，将 response 翻译成"反馈"或者"回应"，一般将 responsive government 翻译成"回应型政府"。在英文文献中，responsiveness 是在比较抽象的意义上对应回应性，或者在专门研究政府回应性理论的时候使用，而 response 则更多是在有具体回应对象的情况下加以使用，可作动词或名词，responsive 则是形容词。为了尽可能查全，本书在文献检索的时候综合了上述三个"回应"的用法。从哲学和伦理学的意义上讲，responsiveness 是指对我们日常活动与其他人的遭遇之间存在联系的承认和体验，它不仅是指某人知道别人的遭遇与自己有牵连，也包含协调他人遭遇的情感立场和承认并体验那种遭遇会发生在自己身上的开放性。③ 换句话说，回应意味着自身对别人所遇之事和所处之境的认知和将该事与该境加诸自身的感受，包含认知和将自身置换为遭遇者之体验两个方面的内容，强调设身处地的同理之心。在组织研究领域，有学者认为"回应"一词包含认知、反思和适应三个关键方面，根据这三个方面的不同组合形成了组织回应性的七种不同类型。④

就政府回应性而言，西方似乎没有直接关于这一概念的定义，而是将之纳入民主回应性、官僚机构回应性等更有明确限定对象的研究中，许多学者从不同的角度对政府回应性进行了定义。例如，Eulau 和 Karps 区分了 response 和 responsiveness，他们认为前者只是被动的反应，即有刺激才有反应，类似于生物

---

① S. C. Selden, *The Promise of Representative Bureaucracy: Diversity and Responsiveness in A Government Agency*, New York: ME Sharpe, 1997.
② C. Heurlin, *Responsive Authoritarianism in China*, Cambridge University Press, 2016; R. Truex. *Making Autocracy Work: Representation and Responsiveness in Modern China*, New York: Cambridge University Press, 2016.
③ J. L. Schiff, *Burdens of Political Responsibility: Narrative and the Cultivation of Responsiveness*, Cambridge: Cambridge University Press, 2014, pp. 27-50.
④ C. Jacobs, *Managing Organizational Responsiveness*, Deutscher Universitätsverlag, 2003, pp. 91-100.

学和心理学意义上的条件反射,而后者显示出一种积极主动的回应。① Pennock 认为,作为一个整体的政府回应性首先应被定义为反映和表达出人民的意愿,同时对人民的需求做出回应。他将责任、回应性和应答性放在一篇文章中进行分析,认为三者都存在模糊和不确定的问题,"回应性"是其中最简单的一个术语,但这种表现的简单性在面对公民需求和利益的分布与强度时不复存在,政府回应性有时候意味着回应一部分问题的同时也在拒绝回应其他问题。② 行政学者斯塔林认为,回应是指一个组织对公众要求改变政策的快速反应,也是政府对公民所提一般要求的反应的行为,在有些时候可能是政府首先确定问题的性质或提出解决问题的方案。③ 格雷斯·霍尔·索尔茨斯坦因进行了对官僚回应性的概念化尝试,认为官僚回应性的概念被学者以相互矛盾和不完整的方式使用,他分析了政治回应性一般概念的基本元素如回应谁、回应什么和以何种形式回应等,认为官僚回应性独特的元素基于有关行政责任的竞争性观点,官僚回应性包括回应民选官、回应公众等④。肯尼斯·梅耶认为,回应性是公众对官僚系统的期盼之一,其包括四个维度:一是政策制定时对政治制度、公众和法律的回应性,二是政策执行时的灵活性和对批评的开放态度,三是官僚个体对道德的回应性,四是在官僚与公众打交道时对平等和程序公正这样的美式价值的回应性。⑤ 杨开峰从回应性构成的角度界定回应性,他提出了回应性的四个维度:回应对象、回应内容、回应过程和回应方式(见图1-3)。

综合来看,回应是一个"关系术语",关涉回应主体与回应对象二者及其相互关系;二者产生关系基于一定的制度框架,表现为各自的行为与活动的一致性与关联性。在现代西方民主国家,政府回应主要是基于政党选举产生的政府通过政策等回应公民的行为,以及在民主框架下的公共组织通过公共服务等回应公民的行为。

---

① H. Eulau, P. Karps, "The Puzzle of Representation: Specifying Components of Responsiveness", *Legislative Studies Quarterly*, Vol. 2, No. 3, 1977, pp. 233-254.
② J. R. Pennock, "Responsiveness, Responsibility, and Majority Rule", *American Political Science Review*, Vol. 46, No. 3, 1952, pp. 790-807.
③ 〔美〕格罗弗·斯塔林:《公共部门管理》,陈宪等译,上海:上海译文出版社2003年版,第132页。
④ G. H. Saltzstein, "Conceptualizing Bureaucratic Responsiveness", *Administration & Society*, Vol. 17, No. 3, 1985, pp. 283-306.
⑤ K. J. Meier, *Politics and the Bureaucracy: Policymaking in the Fourth Branch of Government*, Wort Forth: Harcourt College Publishers, 2000, pp. 105-113.

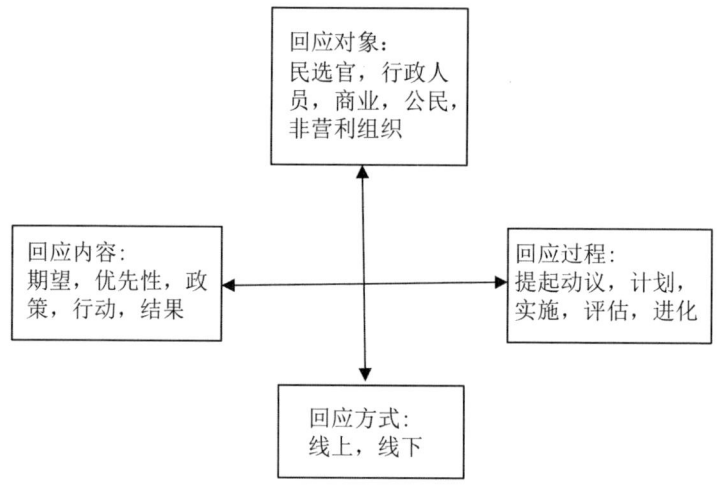

图 1-3　回应性的四个维度

资料来源：K. Yang, "Responsiveness in Network Governance: Revisiting a Fundamental Concept: Symposium Introduction", *Public Performance & Management Review*, Vol. 31, No. 2, 2007, p. 135.

2. 政府回应性的分类

Eulau（欧劳）和 Karps（卡普斯）从政治学的代表理论的角度对回应性进行分析，从中识别出四个组成部分：政策回应性、服务回应性、分配回应性、象征回应性[①]。政策回应性是代表与被代表者之间的主要联结，但这几种回应性往往不能同时出现，比如，有可能代表在分配公共物品给选民的时候是具有回应性的，但同时在公共政策方面不具有回应性。

托马斯·布莱尔从《揭开行政之恶》[②]一书中提取出公共行政的三种道德原则：以控制为中心的原则、自由裁量的原则和协商的原则。以此为标准分出了六类回应性：命令回应性、规范回应性、目的回应性、企业家回应性、协作回应性和协商回应性。并分别解释了其含义和举出了相应例子（具体见表1-4）。实际上，这一分类依据的三种道德原则是通过引入社群主义的观点对行政

[①] H. Eulau and P. Karps, "The Puzzle of Representation: Specifying Components of Responsiveness.", *Legislative Studies Quarterly*, Vol. 2, No. 3, 1977, pp. 233-254.

[②] G. Adams and D. Balfour, *Unmasking Administrative Evil*, Thousand Oaks: Sage Publications, 1998.

责任陷入内部控制和外部控制争论①的困境进行公共道德解救而得出的。在此意义上，政府回应性处于行政伦理的核心范围。

表1-4 托马斯·布莱尔关于政府回应性的分类

道德原则	回应性的种类	含义	例子
以控制为中心的原则	命令回应性	回应民选官员	执行者任命
	规范回应性	回应规则和程序	行政程序、技术理性文化
自由裁量的原则	目的回应性	回应行政目标	代议官僚制、积极代表
	企业家回应性	回应个人	顾客导向、顾客满意
协商的原则	协作回应性	回应利益相关者的共识	学习与设计论坛、协作学习
包含以上三种	协商回应性	回应多元且冲突的需求	协商制定规则以及上述例子

资料来源：T. Bryer, "Toward a Relevant Agenda for a Responsive Public AdministratioN", *Journal of Public Administration Research and Theory：J-PART*, Vol. 17, No. 3, 2006, p. 434.

肯尼斯·梅耶将官僚回应性分为消极回应与积极回应。消极回应是对环境要求的被动反应，在环境要求具体化之前对公共问题的积极预测与创造性解决则是积极回应。②

保罗·舒美克认为回应性有五种形式：一是接触回应性，即政府听取公众关注的意愿；二是议程回应性，将受关注的议题纳入政府考虑范围；三是政策回应性，即公众的要求与政策之间的一致性程度；四是结果回应性，即政府执行政策以回应公众要求的程度；五是影响回应性，即政府行为成功解决相关政策问题的程度。③

---

① 此为公共行政学历史上的著名争论，弗里德里希主张内心的行为标准指引公共行政人员走出道德困境，芬纳主张通过法律规则等实行外部控制。参见 C. J. Friedrich, "Public Policy and the Nature of Administrative Responsibility" In C. J. Friedrich and E. S. Mason (eds.), *Public Policy*, Cambridge: Harvard University Press, 1940, pp. 221-245; H. Finer, "Administrative responsibility in democratic government", *Public Administration Review*, Vol. 1, 1941, pp. 335-350.
② K. J. Meier, *Politics and the Bureaucracy: Policymaking in the Fourth Branch of Government*, Wort Forth: Harcourt College Publishers, 2000, p. 104.
③ P. Schumaker, "Policy Responsiveness to Protest-Group Demands", *The Journal of Politics*, Vol. 37, No. 2, 1975, pp. 494-495.

综上所述，西方文献中的政府回应性可以粗略分为政治回应性和行政回应性，政治回应性又可分为政治家回应性、政党回应性、议会回应性等，最集中表现为民选机构及领导人对民意的政策回应性，行政回应性则主要体现为官僚机构及其人员的回应性，鉴于行政机构也在制定政策的事实，行政回应性在一定程度上涉及政策回应性。政治回应性与西方民主体制下的代表和选举问题密切相关，很多时候被称为"民主回应性"，行政回应性则与关于公共行政在民主政治体制中的角色及对其展开有效问责密切相关。

（三）国外"政府回应"研究的热点

由前面的关键词共现图可知，国外政府回应研究中出现频率较高的关键词是"政策、民主、代表、责任、治理、参与、民意"等，据此可以粗略得出政府回应研究的相关热点。韦巴认为，选举和主动联系政府都是让政府处于公民控制之下的机制。[1] 因此，西方意义上的政府回应性实际上是对政府权力须接受公民控制的必然要求，是民主的必然要求和题中之义，也是间接民主制度设计中处理授权和限权关系的必要机制。

1. 民主与政府回应性研究

"民主政体的一个关键特点就是政府对公民偏好的持续回应。"[2] 在西方政府回应性研究中，达尔的这句话被广为引用，这说明回应性是民主的内在要求。但这句话也被一些学者认为只是达尔随口说出的一句话，这句话所在的著作并非关于民主而是关于比较政治，因此，在回应性文献中引用这句话是一个陷阱。[3] 这表明，不同学者对民主与回应性关系的认识并不相同。有学者就认为，民主质量的考量中，回应性并不是关键。在关于民主质量和民主衰退的讨论中，作为民主基本准则的回应性与作为民主质量标准的责任可能会产生矛盾。那么，在什么情况下回应性或者其相关程序是决定民主质量的一个合适标准？低的回应性是否显示民主质量的丢失？答案是作为民主内核的政府回应性只有在有限的情况下可作为民主回应性的标准，完整的回应性不可能实现，在民主的观点

---

[1] S. Verba and N. H. Nie, *Participation in America: Political Democracy and Social Equality*, Chicago: University of Chicago Press, 1972, p. 113.

[2] R. A. Dahl, *Polyarchy: Participation and Opposition*, New Haven: Yale University Press, 1971, p. 1.

[3] A. Sabl, "The Two Cultures of Democratic Theory: Responsiveness, Democratic Quality, and the Empirical-Normative Divide", *Perspectives on Politics*, Vol. 13, No. 2, 2015, pp. 347.

看来也并不总是有用。① 完整的政府回应性也与民主社会的现实不符。两位研究者批判了基于启蒙传统和理性选择的传统民主理论，认为在现实主义民主中，选举并不能产生回应性政府，因为大多数公民不能也没有兴趣和实践扮演理想主义民主对其设定的角色，即使有少数人会了解政治也不会像传统理论所主张的那样行动，只会通过让自身的观点适应偏爱的政党以尽量减少认知失调。此外，投票者往往只能回忆近期政府的表现，他们的决策更多基于他们是谁而非他们想什么。②

总体来说，关于民主与政府回应性的研究存在经验—规范研究鸿沟问题和片面性问题。安德鲁·赛博尔认为，经验研究常常假定衡量民主质量的一个主要标准就是回应性，即政策结果反映民意的程度，而规范研究则普遍拒斥回应性而代之以其他标准。他分析了这种区别的原因并提出了弥合这种区别的建议：经验研究者须承认回应性标准并非价值中立，其纯粹形式也不是特别有说服力；规范研究者也要关注民意和中位选民观点对政策的非独立性影响。③ 詹姆斯·德鲁克曼则注意到民主与政府回应性研究中的片面性问题，他认为研究民主代表的文献和研究民意形成的文献之间有着深刻的紧张关系，有必要通过政治沟通视角将二者进行整合。此外，他认为现有的回应研究文献大多狭隘地集中于政策回应性而忽视描述回应性、象征回应性、预期回应性等形式。④

2. 政治回应性研究

民意与公共政策的一致性，或者公共政策反映民意的程度是西方政府回应研究的一个重点，这植根于西方的代议民主制及其政策制定机制。除民意之外，学者还研究了其他影响政策回应性的因素。

宾汉姆·鲍威尔清晰地展示了民主国家政策回应性的逻辑。他研究了民主体制中回应性的链条，链条共有四个阶段和三大连接，完整展示了从公民偏好

---

① H. J. Lauth, "Quality Criteria for Democracy. Why Responsiveness is not the Key?", in G. Erdmann and M. Kneure (eds.), *Regression of Democracy*, Wiesbaden: VS Verlag für Sozialwissenschaften, 2011, pp. 59-80.

② C. H. Achen and Larry M. Bartels, *Democracy for Realists: Why Elections Do Not Produce Responsive Government*, Princeton: Princeton University Press, 2016.

③ A. Sabl, "The Two Cultures of Democratic Theory: Responsiveness, Democratic Quality, and the Empirical-Normative Divide", *Perspectives on Politics*, Vol. 13, No. 2, 2015, pp. 345-365.

④ J. N. Druckman, "Pathologies of Studying Public Opinion, Political Communication, and Democratic Responsiveness", *Political Communication*, Vol. 31, No. 3, 2014, pp. 467-492.

到公共政策结果的过程（见图1-4）。如果三个连接中任何一个出现问题，整个民主的回应性就会受到影响甚至断裂，例如，公民收集信息的能力和意愿局限、可供选择的局限和政党混乱等会导致第一个连接即"结构选择"出现问题，进而影响后边第二个阶段的"公民投票行为"。

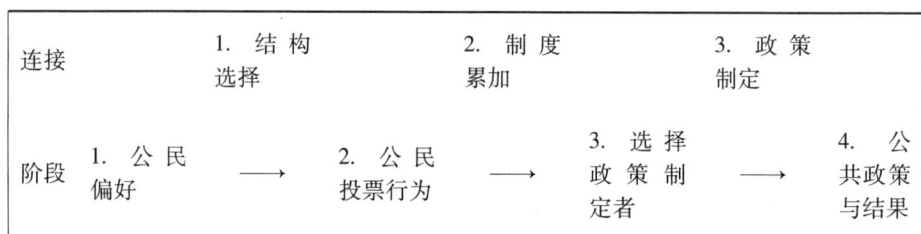

图1-4 民主回应性的阶段与连接

资料来源：G. B. Powell, "The Chain of Responsiveness", In Diamond, Larry, and Leonardo Morlino (eds.), *Assessing the Quality of Democracy*, JHU Press, 2005, p. 63.

在上述民主回应性链条反映的整体框架下，公民偏好与政府政策的一致性往往成为政府回应性研究的重要切入点。保罗·布尔斯坦因对民意影响公共政策的研究做了综述，通过对主流期刊和主要的文献评论中包含的文献进行系统编码分析，他发现：民意的影响是持续性的，显著性提高了民意的影响力，政府回应性似乎没有随着时间推移而发生显著改变。① 两位美国学者通过对1935—1979年美国民意和政策数据的分析，发现公民偏好的变化和政策的变化具有相当大的一致性，特别是就焦点议题而言，民意经常是政策的近因，其对政策的影响超过政策对民意的影响，但他们认为应谨慎做出美国政治中充满着民主回应性的结论。② 虽然政府回应性有时体现为"民意—政策"连接，但并非所有人都承认民意具有一贯性，即使承认这一点，也不认为其对政策制定有很大影响。有研究者试图超越这种简单认为民意对政策影响非强即弱的二分观点，提出了一个关于二者关系的"权变"观点，强调不同的历史、制度和政治等情况对二者关系的影响。③

---

① P. Burstein, "The Impact of Public Opinion on Public Policy: A Review and an Agenda", *Political Research Quarterly*, Vol. 56, No. 1, 2003, pp. 29-40.
② B. I. Page and R. Y. Shapiro, "Effects of public opinion on policy", *American Political Science Review*, Vol. 77, No. 1, 1983, pp. 175-190.
③ J. Manza and F. L. Cook, "A Democratic Polity? Three Views of Policy Responsiveness to Public Opinion in the United States", *American Politics Research*, Vol. 30, No. 6, 2002, pp. 630-667.

在上述总体模型下，其中的一些具体阶段和连接需要进行针对性研究。其中，公民对政府的期待和公民对政府回应性的感知具有重要意义。一方面，公民对政府能做什么和政府官员打算寻求什么样的政策的期待会影响他们的决定。例如，在一场灾难之后，对政府协助进行重建的意愿和能力的期待会影响公民对重建战略的配合。有研究者提出了公民对政府回应灾难的期待的类型学（见表1-5），并将此类型学应用于经过卡特里娜飓风之后的一个新奥尔良社区，据此解释社区居住者的期待是如何形塑他们所喜欢的重建战略的。①

表1-5 公民对政府回应期待的类型

项目	能力消极	能力积极
意愿消极	政府不能且无意愿那么做	政府能那么做但是因为多种原因不愿那么做
意愿积极	政府愿意但因多种原因而不能那么做	政府愿意且能够那么做

资料来源：E. Chamlee-Wright and V. H. Storr, "Expectations of Government's Response to Disaster", *Public Choice*, Vol. 144, No. 12, 2010, p. 258.

另一方面，政府是否有回应性不是单方面的行为，其效应只有通过公民的感知才能实现。以赛亚松与威尔泽恩注意到了这一点，他们构建了一个政治家回应公民的过程模型（见图1-5），政治家的回应行为，公民感知到的政治家的回应，公民据自己的感知做出的反应这三者之间形成了一个循环回路。

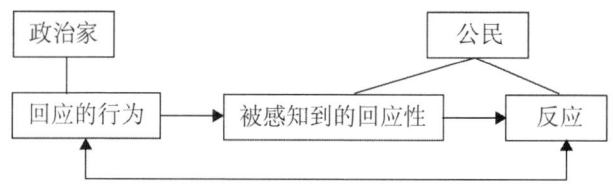

图1-5 政治家回应公民的过程模型

资料来源：P. Esaiasson and C. Wlezien, "Advances in the Study of Democratic Responsiveness: An Introduction", *Comparative Political Studies*, Vol. 50, No. 6, 2017, p. 701.

为了保证回应性链条的稳定性和公民对回应性的有效感知，政治沟通十分重要。爱德华·埃尔德从政治沟通、政治营销的角度研究了回应性、领导和公信力之间的关系，他将回应性分为传播领导人在倾听公众，传播对公众关切和

---

① E. Chamlee-Wright and V. H. Storr , "Expectations of Government's Response to Disaster", *Public Choice*, Vol. 144, No. 1-2, 2010, pp. 253-274.

批评的尊重性承认，传播领导人与公众之间的情感纽带三个层面，领导人既要通过倾听公众使自己受欢迎，又要通过优良决策使政府有效率，有效的政治沟通是此二者间取得平衡的途径。①

就上述模型而言，面对众多不同的诉求，政治家的回应行为其实并不那么容易。例如，杰弗里·科亨研究了美国的总统回应性与政策制定问题。面对众多可能相互抵触的民意和诉求，总统只能做到象征性回应而不能做到实质性回应；更换官员与改变政策是总统回应民意的两种机制；民主化并未创造一个有回应性的总统府；制度意义上的总统有助于理解政策的连续性，而个体意义上的总统有助于理解政策的变迁。②

此外，除了关注政府及政治家的政策与民意是否一致外，政府的回应行为本身是否有政策效应也是一个值得关注的问题。以赛亚松等研究了政治家通过在政策制定过程中表现得有回应性是否可以促进公民对不受欢迎政策决定的接受度的问题。他们提供了一个分析"回应—接受"关联的分析框架，并展示了基于此的两项研究。首先，通过调查检视外部诱发的回应行为是怎么样影响对一个政策决定的反应的。其次，通过个案研究去观察在真实世界中结果如何。研究者发现，在公民确信政治家注意到他们的意愿和观点的情况下，政治家的回应行为会得到回报。政治家发出愿意交流信号的回应行为比遵从大多数观点的行为更有效。但"回应—接受"关联对认知偏见是敏感的，政策失败者很难因为政治家的回应行为而接受该政策。③

除民意外，政府回应性还受到其他因素的影响，这些因素包括分权、媒体、本国之外的因素等。让·保罗·费继特通过玻利维亚的数据分析了"分权能增加政府对地方需求的回应性"这一问题，研究发现，在分权后，对人力资本和社会服务的投资模式发生了显著变化，这些变化与需求的客观指标呈强烈的正相关关系，这否定了地方政府因为太腐败、弱小和被利益群体俘获等原因而无法改善重要政府对公共资源的分配状况的通常观点。④ 媒体在使政府回应民众中扮演的角色是被研究得不多的领域。研究者通过研究印度邦政府对食物短缺

---

① E. Elder, *Marketing Leadership in Government*, London: Palgrave Macmillan UK, 2016.

② J. E. Cohen, *Presidential Responsiveness and Public Policy-Making: the Public and the Policies that Presidents Choose*, Ann Arbor: University of Michigan Press, 1997.

③ E. Peter, G. Mikael and P. Mikael, "Responsiveness Beyond Policy Satisfaction: Does It Matter to Citizens?", *Comparative Political Studies*, Vol. 50, No. 6, 2017, pp. 739-765.

④ J. P. Faguet, "Does Decentralization Increase Government Responsiveness to Local Needs?: Evidence from Bolivia", *Journal of Public Economics*, Vol. 88, No. 3, 2004, pp. 867-893.

的回应与大众传媒的报道之间的关系，发现那些报纸传播水平、选举轮换和识字率高的邦其政府更有回应性，富邦的政府并不比穷邦政府更有回应性。① 一个有效发挥作用的民主政体有许多面向，其中一个面向就是创造民选官员回应公民需求的动力的可能性。研究者通过分析印度的资料发现，大众传媒和开放的政治制度会影响政府的积极性和回应性，政党轮换、政治竞争和选举时间安排会影响政府如何回应，因此，代议民主制和自由独立的区域性媒体似乎是确保对公民保护的关键因素。② 一位德国学者结合官僚行为模型与政府注意力的议程设定模型研究了民选政府、公众和欧盟议程对官僚回应性的影响。他通过对1987—2008年英国法定文件的相关数据的时间序列分析后发现：民选官员和欧盟立法议程对英国法定文件有巨大影响，欧盟议程对实施欧盟指令的文件具有排他性影响，英国议程则是那些提到欧盟但不实施欧盟法案的文件相关官僚回应性的唯一影响因素。③ 萨拉·哈格曼等通过欧洲理事会投票的情况研究了欧盟中的政府回应性，发现政府会通过国际舞台回应国内民意的关注点，具体来说：即便在国际层面的行动中政府也回应国内民意，因为国内选举会驱动政府这么做，政府很可能会因为害怕引起国内选民对欧盟的怀疑而反对欧盟的相关立法建议，当欧盟整合议题在国内政党、政治中凸显时政府更有回应性。④

3. 官僚回应性相关研究

西方民主体制下的官僚回应性逻辑与笼统的政府回应性和政治回应性逻辑存在主要区别。这是因为行政被当成执行政治决定的工具，行政官僚一般被认为只对政治家负责而不对公民负责，也就是说官僚只回应政治家及法律的要求，而不必回应公民。也是因为这个原因，西方民主社会对官僚制的合法地位存在争议，部分学者认为官僚制的存在是有悖于民主精神的，因为在制度设计中官僚制不受选民控制。所以不难想象公众和很多学者充满对官僚制的敌视和偏见，

---

① T. Besley and R. Burgess, "Political Agency, Government Responsiveness and the Role of the Media", *European Economic Review*, Vol. 45, No. 4-6, 2001, pp. 629-640.

② T. Besley and R. Burgess, "The Political Economy of Government Responsiveness: Theory and Evidence from India", *The Quarterly Journal of Economics*, Vol. 117, No. 4, 2002, pp. 1415-1451.

③ Shaun Bevan, "Bureaucratic Responsiveness: Effects of Elected Government, Public Agendas and European Attention on the UK Bureaucracy", *Public Administration*, Vol. 93, No. 1, 2015, pp. 139-158.

④ S. Hagemann, S. B. Hobolt and C. Wratil, "Government Responsiveness in the European Union: Evidence From Council Voting", *Comparative Political Studies*, Vol. 50, No. 6, 2017, pp. 850-876.

从而要想尽方法实现对官僚制的控制（这甚至被认为是公共行政发展史上的一个重要理论成果①，不少研究官僚回应性的文献也是从这个角度展开研究的）。但这不是说官僚体制不存在回应性的问题，而是说回应的对象及其相应的逻辑与政治回应性有所区别。公共行政中日益增长的专业化趋势让不少学者忧虑官僚回应性会因此受到影响，甚至是政府变成专家所有、专家治理和专家享有，从而破坏民主价值。理查德·基尼与其合作者修正性地运用唐·普莱斯关于从真理到权力的连续统一体的阶层分类（将社会分为科学的、职业的、行政的、政治的四类），认为这几个阶层在融合，提出公共行政是一门职业，公共行政的专业化增强了其回应公共利益的能力，因此，公共行政的专业性和回应性是相互协调而非相互冲突的。② 关于官僚回应性的研究可追溯到二战以前的代议官僚制理论，即使只考虑直接论及回应性的研究也有较长的历史了，但相关研究并不令人满意。1992 年，霍尔对官僚回应性的研究现状进行了述评。③ 他指出，虽经过了多年研究，但对相关问题的认识仍然模糊，对中心概念的定义相互矛盾，完整的概念化被彻底忽视。他基于已有文献描述了官僚回应性概念的边界（回应公众意愿、回应国家利益等），主要的理论与方法之局限，是被忽视或研究不足的主要方面。

在西方，因为公共行政不在形式民主运作逻辑内，所以在形式上官僚不必有回应性，但官僚回应性的实际情况引起了学者的广泛关注。索尔茨斯坦因与其合作者在 1999 年的一篇文章中利用委托—代理模型去评估警察部门处理暴力活动时的行为，发现警察行为同时存在自由裁量与受政治控制的特点，且这两者都高度依赖于相关情景。④ 弗朗西斯·柔克认为，美国官僚制面临来自白宫和国会的越来越大的政治回应性压力，加之外部专家的可得性，可能显著削弱中立能力的重要性，这在一定程度上与让公民直接卷入参议员和总统选举一样，是为了在行政国家时代强调官僚回应性以对其加强控制，确保美国民主政体的

---

① K. J. Meier, "Proverbs and the Evolution of Public Administration", *Public Administration Review*, Vol. 75, No. 1, 2015, pp. 15-24.

② R. Kearney and C. Sinha, "Professionalism and Bureaucratic Responsiveness: Conflict or Compatibility?" *Public Administration Review*, Vol. 48, No. 1, 1988, pp. 571-579.

③ G. Saltzstein, "Bureaucratic Responsiveness: Conceptual Issues and Current Research." *Journal of Public Administration Research and Theory: J-PART*, Vol. 2, No. 1, 1992, pp. 63-88.

④ C. K. Chaney and G. H. Saltzstein, "Democratic Control and Bureaucratic Responsiveness: The Police and Domestic Violence", *American Journal of Political Science*, Vol. 42, No. 3, 1998, pp. 745-768.

持续健康。① 有学者从谁形成规则制定议程角度研究官僚回应性与控制问题。威廉·韦斯特与其合作者通过对276份规则的分析研究了这个问题。他发现，机构决定开始规则制定深受正在实施的项目和影子政府关系的影响，对于后者经济利益占主导地位；无论是在绝对意义上还是相对于总统与法院而言，国会都在确立规则制定议程中居于突出地位。② 威廉·哥姆赖等从公共事业管制视角切入，通过研究承诺者与公民活跃分子在政策制定各个阶段的一致性分析了官僚制的潜在回应性，发现官僚回应性在政策过程的不同阶段有不同的情况，在议题优先性方面回应性高，在价值优先性方面回应性低，进而指出：在议程设置阶段的成功并不能保证在政策形成阶段的成功，在实践中，议程回应性可能并不象征性政治意味着更多。③

在承认应对官僚制进行民主控制的基础上，如何理解公共行政对公民的回应性就成了必须回答的问题。这与政治回应性的逻辑和实现形式存在重要区别。魏格达提供了一个公共行政回应公民需求的模型（见图1-6），其中，公民和社会向公共行政提出需求，这些需求主要包括一般回应性需求、对服务满意度的需求和对运行满意度的需求。公共行政则对此进行回应，其回应的凭借和内容是相互影响的政策与文化和人力资源，其中，人力资源包含领导质量、雇员质量和压力三个方面，政策与文化包含业务—社会导向、企业家精神、伦理与组织政治四个方面。

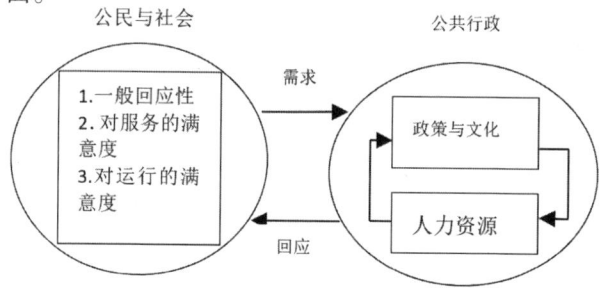

图1-6 公共行政回应公民的模型

---

① F. E. Rourke, "Responsiveness and Neutral Competence in American Bureaucracy", *Public Administration Review*, Vol. 52, No. 6, 1992, pp. 539-546.
② W. West and C. R. Raso, "Who Shapes the Rulemaking Agenda? Implications for Bureaucratic Responsiveness and Bureaucratic Control", *Journal of Public Administration Research and Theory*, Vol. 23, No. 3, 2013, pp. 495-519.
③ W. Gormley, J. Hoadley and C. Williams, "Potential Responsiveness in the Bureaucracy: Views of Public Utility Regulation", *American Political Science Review*, Vol. 77, No. 3, 1983, pp. 704-717.

资料来源：E. Vigoda, "Are You Being Served? The Responsiveness of Public Administration to Citizens' Demands: An Empirical Examination in Lsrael", *Public Administration*, Vol. 73, No. 1, 2000, p. 171.

官僚回应性受到外部环境和行政组织自身特征等多种因素的影响。杨开峰与其合作者通过关于美国各州健康与人民服务机构的调查数据从公共管理视角研究了影响政府机构回应性的因素，发现公共回应性受到环境和组织因素的双重影响，应结合二者来完整解释公共回应性的水平，其中，民选官员的支持、公众与媒体的影响以及决策权的去中心化对公共回应性有正面影响，代理人团体的影响对公共回应性有负面影响。因此，利用民选官员支持，采用允许公众和媒体影响最大化的合作技巧，决策权力的去中心化和最优水平的基于结果管理有利于改进公共回应性。[1]

行政程序被认为对实现官僚回应性有积极意义。威廉·韦斯特检视了程序责任在塑造机构与其环境之间关系时扮演的角色。通过对42份规则的分析，他发现公共评论偶尔推进了其识别利益和公共政策的目标，这一目标是机构不会考虑到的，规则制定程序的一个更重要的功能是提供各种利益通过政治责任过程进行调适的线索，在这个意义上，程序上关于告知和评论方面的要求扮演了一个"火警"的角色，以便民选官员确保官僚制对他们的选民的回应性。但是程序责任的工具目标与经常主导官僚政策制定的政治任务存在紧张关系，这要求回归告知和评论的原始用法，即将其作为向受影响的利益群体曝光机构的装置。[2]

公共行政人员的倾听能力和公民的感知对于增进行政回应性有重要意义。公共行政学者强调这一点，这与政治回应性的研究者强调政治沟通和传播对于增进回应性的重要意义相似。著名公共行政理论家斯蒂维尔斯认为，公共行政的回应性始于倾听，良好的倾听是公共行政人员增进对公民回应性的重要方法，可以有效缓解行政效率与民主责任之间的紧张关系，倾听涉及开放的心态，对

---

[1] K. Yang and S. K. Pandey, "Public Responsiveness of Government Organizations: Testing a Preliminary Model", *Public Performance & Management Review*, Vol. 31, No. 2, 2007, pp. 215-240.

[2] W. West, "Formal Procedures, Informal Processes, Accountability, and Responsiveness in Bureaucratic Policy Making: An Institutional Policy Analysis", *Public Administration Review*, Vol. 64, No. 1, 2004, pp. 66-80.

差异性的尊重和灵活性，公共行政官员有必要提高自己的倾听能力。① 与政策回应性一样，行政回应性同样存在是否被公民感知到这一问题。魏格达通过对以色列一座城市 200 多名市民的调查发现，对公共行政回应性的感知既受到政策因素的影响又受到文化因素的影响，还受到人力资源系统和公务员的质量影响②。

许多当代西方行政改革的目标就是增强官僚机构的回应性。有研究者指出，许多与当代官僚制改革相伴的理念和技术都具有政治回应性方面的意涵。树立企业家精神、实行绩效评估等措施虽然可能会节约财政开支并加强官僚机构，但是会削弱政治回应性。对顾客的服务是具体回应，而对所有公民的回应则是普遍回应，形成政策选择和将公民及领导更多纳入全面政策制定的管理及预算系统更合意于再造政府的理念和技术。③

4. 政府回应性比较研究

虽然大多数研究政府回应性的文献将关注点放在美国，但是依然存在不少关于其他西方国家和非西方民主体制国家的政府回应性研究，以及基于比较视角的研究。

一是基于不同选举制度的西方政府回应性比较研究。两位德国学者通过一些国家的选举数据实证研究了政党听取选民意见的情况④，得出结论：一般认为，政党在其竞选宣言中会回应其在投票中的支持者，但不同的政党类型会有不同的回应性，大的政党对选民的政策优先性更具回应性，执政党则较少听取投票者的意见。小宾汉姆与其合作者研究了在单一选区制（single‐member district system）政体和比例代表制（proportional representation system）政体内中位选民偏好对再分配性福利支出政策回应性的影响，发现公民偏好和执政党承诺之间的关系是松散的，前者影响长期再分配性福利支出平衡，而后者有小而短期的影响；尽管比例代表制政体中的选民和政府之间的一致性高于单一选区

---

① C. Stivers, "The Listening Bureaucrat: Responsiveness in Public Administration", *Public Administration Review*, Vol. 54, No. 4, 1994, pp. 364-369.

② E. Vigoda, "Are You Being Served? The Responsiveness of Public Administration to Citizens' Demands: An Empirical Examination in Israel", *Public Administration*, Vol. 78, No. 1, 2000, pp. 165-191.

③ G. Cope, "Bureaucratic Reform and Issues of Political Responsiveness", *Journal of Public Administration Research and Theory: J-PART*, Vol. 7, No. 3, 1997, pp. 461-471.

④ H. Klüver and J. J. Spoon, "Who Responds? Voters, Parties and Issue Attention", *British Journal of Political Science*, Vol. 46, No. 3, 2016, pp. 633-654.

制政体，但中位选民偏好的影响在两种政体中是相似的。① 也就是说，比例代表制和多数决制的政府回应性并无根本区别。虽然大多数关于政府回应性的经验研究都过多关注美国而忽视其他国家这一状况，但一位英国学者和一位丹麦学者还是联合进行了一项比较研究，研究英国和丹麦过去 30 年间民意和政治偏好之间的关系。他们发现，民意倾向于通过选举的威胁来驱动政府的政策，这在比例代表制国家比在多数决制国家更明显。② 约翰·科尔曼通过对二战后一系列重要法令的研究，发现相比于分离式政府（两党或多党控制），单一制政府（一党控制）出台的重要法令数量更多，对公共情绪也更有回应性，这意味着政党有助弥合宪法导致的政策制定鸿沟。③ 有研究者通过分析 1970—2005 年英国、丹麦和美国的行政性政策承诺（演讲）与政策行动（公共支出）来分析政策回应性，发现高水平的政党、政治竞争导致更多的回应性。④ 理查德·姆尔干基于澳大利亚政府的实践，以公共服务回应性的主要原则即民主合法性原则（该原则要求支持回应性）、有约束的党派偏见原则、公共廉政原则（后两个原则要求限制回应性）为标准，分析了澳大利亚政府的回应性到底多少是太多或者太少的问题。⑤

二是非竞争性选举的政府回应性国别研究。竞争性选举机制之外的其他因素同样可以让政府有回应性，这在非西方国家体现得更加明显。特别是，在缺乏竞争性选举的国家，其政府回应的动力和影响因素是什么？研究者研究了在韩国、新加坡和马来西亚，非选举机制是如何制约政府的。因为担心劳动力不稳定和撤资出现，政府密切关注政策对经济绩效的效应。当经济绩效低于理想值时，政府提供"可信赖的道歉"，包括对政府的监控和惩罚。当政府不能提供"可信赖的道歉"时，工人和生产商用罢工和撤资回应。这与通常认为欠民主国

---

① S. Kang and B. G. Powell, "Representation and Policy Responsiveness: The Median Voter, Election Rules and Redistributive Welfare Spending", *Journal of Politics*, Vol. 72, No. 4, 2010, 1014-1028.

② S. B. Hobolt and R. Klemmensen, "Responsive Government? Public Opinion and Government Policy Preferences in Britain and Denmark", *Political Studies*, Vol. 53, No. 2, 2005, pp. 379-402.

③ J. J. Coleman, "Unified Government, Divided Government, and Party Responsiveness", *American Political Science Review*, Vol. 93, No. 4, 1999, pp. 821-835.

④ S. B. Hobolt and R. Klemmensen, "Government Responsiveness and Political Competition in Comparative Perspective", *Comparative Political Studies*, Vol. 41, No. 3, 2008, pp. 309-337.

⑤ Richard Mulgan, "How Much Responsiveness is Too Much or Too Little?", *The Australian Journal of Public Administration*, Vol. 67, No. 3, 345-356.

家只受到回应精英制约的印象不同。该研究发现，即使在公民被认为是温顺而没有讨价还价能力的地方，政府也会采用讨价还价机制。① 来自加利福尼亚大学圣迭戈分校的两位研究者通过对越南国会代表在重要议题上质询总理和内阁成员的情况的内容研究，做了第一个关于非民主议会的代表行为的经验分析。他们发现，一些代表积极参与会议，对权力展开批评，回应地方选民的需求，但这种回应性受到提名、选举和议会责任分配等参数的影响。② 孟天广与其合作者通过对2008—2014年初的中国全国范围的公民—政府互动记录的大数据分析，研究了中国政府的选择性回应问题。这种选择性主要基于行动者的社会身份和其在线诉求所涉及的政策领域，地方公民的要求，集体表达的要求，聚焦单一议题的要求，与经济增长密切相关的要求更可能被回应。③ 陈济冬等用中国2103个县的在线田野实验数据分析了影响官员回应公民的因素。他们发现，1/3的县政府对公民在网上表达的需求进行了回应，群体性行动和越级上访的威胁会大大增加县政府的回应性，但党员身份没有增加政府的回应性。他们进而认为，"自上而下"的监控机制和"自下而上"的社会威胁都是非西方国家回应性的可能来源。④

5. 治理模式转变与行政回应性的演变趋势研究

在西方民主大框架相对稳定的前提下，许多新的治理方式在西方涌现，这对行政回应性的影响比对整个政府回应性的影响要大得多，参与、合作治理和信息技术等都在一定程度上改变了行政回应性。

公民参与被认为是官僚体制回应公民的表现。杨开峰与其合作者研究了社区层面公共决策中的公民参与和官僚回应性的关系，特别是参与的驱动问题，将回应视为对驱动因素的回应。具体来说，回应的对象分为外部利益相关者（包括民选官、非营利组织、媒体、商业组织、宗教组织、政党和公民）、参与价值和行政实际。根据数据分析结果，民选官是公民参与的最主要支持者，公

---

① O. F. Yap, "Non-electoral Responsiveness Mechanisms: Evidence from the Asian Less Democratic Newly Industrializing Countries", *British Journal of Political Science*, Vol. 33, No. 3, 2003, pp. 491-514.

② E. Malesky and P. Schuler, "Nodding or Needling: Analyzing Delegate Responsiveness in an Authoritarian Parliament", *American Political Science Review*, Vol. 104, No. 3, 2010, pp. 382-502.

③ Z. Su and T. Meng, "Selective Responsiveness: Online Public Demands and Government Responsiveness in Authoritarian China", *Social Science Research*, Vol. 59, 2016, pp. 52-67.

④ J. Chen, J. Pan, Y. Xu, "Sources of Authoritarian Responsiveness: A field Experiment in China", *American Journal of Political Science*, Vol. 60, No. 2, 2016, pp. 383-400.

民没有时间是参与的最大障碍,参与价值是解释力最大的变量。① 参与治理改革被认为是一项可能增加政府回应性和改进公共服务的好战略。斯皮尔回顾了之前文献关于参与治理改革的公共政策益处:增进责任,提高政府回应性和更好的公共服务。他发现这些方面的益处虽然存在,但都很有限,在发展中国家动员公民和公共官员使其参与治理并运转起来形成有效的责任机制是很有挑战性的,因此,为了判断参与治理能否增加政府回应性和提高公共服务质量,需要进行更多的案例研究并取得更大的样本数量。② 有学者通过对美国地方学校预算过程中的公民参与研究,发现市镇会议等形式并不比传统代议制民主共和形式及其他普通投票形式使政府更有回应性。③ 不仅公民参与影响官僚回应性,反过来,官僚回应性对公民参与也有一定影响。研究者分析了一种新的公民参与形式,即通过在线平台"维修我们的街道"提交报告,发现客观效力对持续参与有重要影响,主观效力则可能被官僚回应性所改变,因此,回应性对培养积极公民具有重要意义。④

信息技术不能天然增强政府回应性。达雷尔·韦斯特研究了技术进步特别是新的数字技术对扩展公共性和增强回应性的作用,发现电子邮件和网站方面体现出的政府回应性不容乐观,政府官员没有很好地利用新技术来改变领导与公民之间的关系;私人部门的回应情况并不比政府好,其原因不在于技术而在于政治意愿和视野。⑤ 人们期待电子政府能让政府服务更有回应性,但这或许并非事实。罗宾·高德等通过发电子邮件调查了澳大利亚的联邦机构和州机构以及新西兰的中央政府和地方政府机构,发现新西兰政府机构的回应性好于澳大利亚,这不由得让人怀疑澳大利亚在国际电子政府研究中的更高排名和其政

---

① Kaifeng Yang and Kathe Callahan, "Citizen Involvement Efforts and Bureaucratic Responsiveness: Participatory Values, Stakeholder Pressures, and Administrative Practicality", *Public Administration Review*, Vol. 67, No. 2, 2007, pp. 249-264.

② J. Speer, "Participatory Governance Reform: a Good Strategy for Increasing Government Responsiveness and Improving Public Services?", *World Development*, Vol. 40, No. 12, 2012, pp. 2379-2398.

③ M. Berkman and E. Plutzer, *Ten Thousand Democracies: Politics and Public Opinion in America's School Districts*, Washington D. C.: Georgetown University Press, 2005, pp. 63-84.

④ F. M. Sjoberg, J. Mellon and T Peixoto, "The Effect of Bureaucratic Responsiveness on Citizen Participation", *Public Administration Review*, Vol. 77, No. 3, 2017, pp. 340-351.

⑤ D. West, *In Digital Government: Technology and Public Sector Performance*, Princeton: Princeton University Press, 2005, pp. 101-113.

策所言电子政府意味着更有回应性的政府的真实性。① 诺曼·安德森等认为，虽然我们有大量从供给视角聚焦技术和组织整合的模型，但是从用户角度对电子政府回应性的测量尚较为缺乏。他们通过上述在澳大利亚和新西兰进行的研究，分析了丹麦地方政府和中央政府回应电子邮件的时间和质量，发现1/3的中央政府部门根本不回应，80%的部门基本不回应或做不完整回应，相比较而言，地方政府回应更快且回应内容更完整和准确。②

行政回应性的发展趋势研究是一项艰辛而有意义的思想探索。拉尔夫·钱德勒分析了公共行政人员作为代表性公民的角色。到1983年时，美国人发现他们拥有世界上最糟糕的公共服务，不但公民参与少，而且公共行政不活跃。他基于政府中的公民和行政参与两个维度建立了一个分析性模型，将政府类型分为四类（见表1-6），指出美国政府应该通过公共行政人员作为代表性公民这一思想实现政府迈向高度公共行政和高度公民参与的结合。③

表1-6 政府中的公民与行政参与模型

项目	低度公民参与	高度公民参与
低度公共行政	现代美国（当时的美国）	古代雅典
高度公共行政	古代埃及	古代罗马

资料来源：R. Chandler, "The Public Administrator as Representative Citizen: A New Role for the New Century", *Public Administration Review*, Vol. 44, 1984, p. 203.

魏格达在2002年的一篇文章中详细分析了公共行政从回应性到合作的进化，他将回应性与合作纳入一个关于治理和公共管理与公民互动的连续统一体（见表1-7），认为回应性之后的下一个阶段是公民与公共行政作为伙伴进行合作。④

---

① R. Gauld, A. Gray and S. Mccomb, "How Responsive is E-Government? Evidence from Australia and New Zealand", *Government Information Quarterly*, Vol. 26, No. 1, 2009, pp. 69-74.
② K. N. Andersen, R. Medaglia and R. Vatrapu, "The Forgotten Promise of E-Government Maturity: Assessing Responsiveness in the Digital Public Sector", *Government Information Quarterly*, Vol. 28, No. 4, 2011, pp. 439-445.
③ R. Chandler, "The Public Administrator as Representative Citizen: A New Role for the New Century", *Public Administration Review*, Vol. 44, 1984, pp. 196-206.
④ E. Vigoda, "From Responsiveness to Collaboration: Governance, Citizens, and the Next Generation of Public Administration", *Public Administration Review*, Vol. 62, No. 5, 2002, pp. 527-540.

表 1-7　公共行政与公民互动的进化连续统一体

公民角色	客体	投票者	顾客	伙伴	所有者
治理与公共行政的角色	统治者	受托人	经理人	伙伴	客体
互动的类型	强制	代表	回应性	合作	公民强制

资料来源：E. Vigoda, "From Responsiveness to Collaboration: Governance, Citizens, and the Next Generation of Public Administration", *Public Administration Review*, Vol. 62, No. 5, 2002, p. 531.

总之，在当今复杂多变的风险社会、网络社会时代，需要不断迭代治理手段，通过适应性治理或行政使快速变化环境中的政府更有回应性。[1]

除上述几个方面外，英文文献还对政府回应性的其他主题进行了研究。一是对非常规的诉求和偏好表达的回应性。有学者研究了公投这种政治参与形式对代议民主的主要构成要素的影响，其中，包含对政府回应性的积极影响和消极影响，主要研究的经验问题包括公投是否增加了决策的不一致性，是否弥合了民意与决策之间的鸿沟。[2] 保罗·苏美科研究了对抗议群体的政策回应性，他发现，对抗议群体需求的政策回应受到社会支持变量和抗议者控制的变量之双重影响，其中的社会支持变量不仅来自积极群体，还包括更多其他方面，非暴力抗议行为一般会提高社会支持度和政策回应性。[3] 二是政府回应性存在的问题。首先是不平等回应问题。政策回应中存在不平等性，政治家并不平等代表每个人。[4] 其次是回应性与效率的冲突。当代政治经济学的一项重要原理就是政府应该对非预期性的社会后果做出回应，政府回应性与提供合适的激励之间的冲突在现代社会普遍存在，完美的效率应该被牺牲掉，回应性与效率之间

---

[1]　F. H. Mitchell and C. C. Mitchell, *Adaptive Administration: Practice Strategies for Dealing with Constant Change in Public Administration and Policy*, Boca Raton: CRC Press, 2016; M. Janssen and H. V. D. Voort, "Adaptive Governance: Towards a Stable, accountable and responsive government", *Government Information Quarterly*, Vol. 33, No. 1, 2016, pp. 1–5.

[2]　M. Setälä and T. Schiller, *Referendums and Representative Democracy: Responsiveness, Accountability and Deliberation*, London: Routledge, 2013, p. 8.

[3]　P. Schumaker, "Policy Responsiveness to Protest-Group Demands", *The Journal of Politics*, Vol. 37, No. 2, 1975, pp. 488–521.

[4]　C. Wlezien and S. Soroka, "Inequality in Policy Responsiveness?", In C. Wlezien and P. Enns (eds.), *Who Gets Represented?*, Russell Sage Foundation, 2011, p. 285–310.

的权衡是内在于公共政策的形成过程的。① 最后是政府回应性并非天然受到所有公民的支持。因为公民存在多方面的利益和立场，政府回应性在一些情况下可能不被期待。这一问题最近被部分学者识别并加以研究。三位欧洲学者研究了公民支持回应性的决定因素。其核心论点是个体对从回应大多数公民偏好的政府的政策取得收获的期待系统影响他们对政府回应性的态度，他们通过欧洲社会调查和21个国家的相关数据证实了这一论点，其意识形态立场已经被当政的政府很好反映的个体更不赞成政府应该回应大多数人的偏好的观点，但当一个人接近中间公民的意识形态立场时，他支持回应多数人的概率会随之增加。②

二、国内研究现状

（一）国内"政府回应"研究期刊文献状况的量化分析

在中国知网数据总库中，按检索条件"（主题＝政府回应）（精确匹配）"进行检索，得到相关文献1108篇（检索时间：2017年10月24日），剔除不相关及非学术研究的相关文献后，获得文献1069条。

1. 发文数量变迁

由图1-7可知，2003年以前的相关中文论文非常少，2007年以后的相关论文数量在整体上基本处于上升趋势，到2012年时，相关论文年产出量超过100篇，形成了可观的研究规模。之后每年的文献数量保持在100篇以上，相对比较稳定。

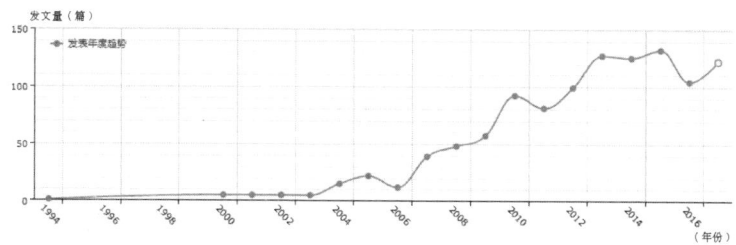

图1-7　1994—2016年国内"政府回应"研究论文发布年度趋势

资料来源：中国知网。

---

① D. Rodrik and R. Zeckhauser, "The Dilemma of Government Responsiveness", *Journal of Policy Analysis and Management*, Vol. 7, No. 4, 1988, pp. 601-620.

② J. Rosset, N. Giger and J. Bernauer, "I the People? Self-interest and Demand for Government Responsiveness", *Comparative Political Studies*, Vol. 50, No. 6, 2017, pp. 794-821.

2. 高被引文献情况

由表1-8可知,"政府回应"主题的中文论文中被引次数最多的是中国人民大学张成福教授2000年在《中国人民大学学报》上发表的《电子化政府:发展及其前景》一文,在题目中直接含有"政府回应"的论文被引次数最多的是何祖坤发表在《中国行政管理》2000年第7期的《关注政府回应》一文。可以据此做出粗略判断:从2000年开始,政府回应问题进入我国公共管理学者的视野。

表1-8 被引次数前十名期刊论文

序号	题名	作者	来源	期数	被引(次)
1	《电子化政府:发展及其前景》	张成福	《中国人民大学学报》	2000年第3期	396
2	《关注政府回应》	何祖坤	《中国行政管理》	2000年第7期	265
3	《政府回应的理论分析及启迪》	陈水秘	《地方政府管理》	2000年第11期	125
4	《"互动决策":政府公共决策回应机制建设》	李伟权	《探索》	2002年第3期	120
5	《政府信任关系:概念、现状与重构》	程倩	《探索》	2004年第3期	117
6	《论责任政府的回应性》	陈国权、陈杰	《浙江社会科学》	2008年第11期	85
7	《论公众参与和政府回应机制的重构》	黄岩、吴克昌	《甘肃社会科学》	2005年第11期	83
8	《公众回应性:服务行政的核心特征》	王巍	《行政论坛》	2004年第5期	82
9	《论"回应"范式》	戚攻	《社会科学研究》	2006年第4期	73
10	《论"政府回应"的内涵和主导模式转型》	王巍	《探索》	2005年第1期	72

3. 关键词共现情况

由图 1-8 和图 1-9 可知，与"政府回应"紧密相关关键词主要包括"公民（公众）参与""服务型政府""公共服务""回应型政府""地方政府""网络舆情（民意、反腐、问政、微博、新媒体）""回应机制""政府责任"等。通过这些关键词可以观察出"政府回应"研究的主要主题。

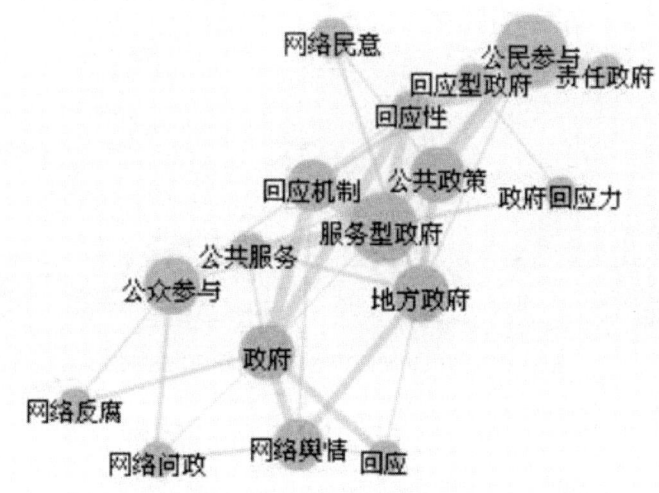

图 1-8　"政府回应"主题中文论文的关键词共现图

资料来源：取自 CNKI 文献分析功能。

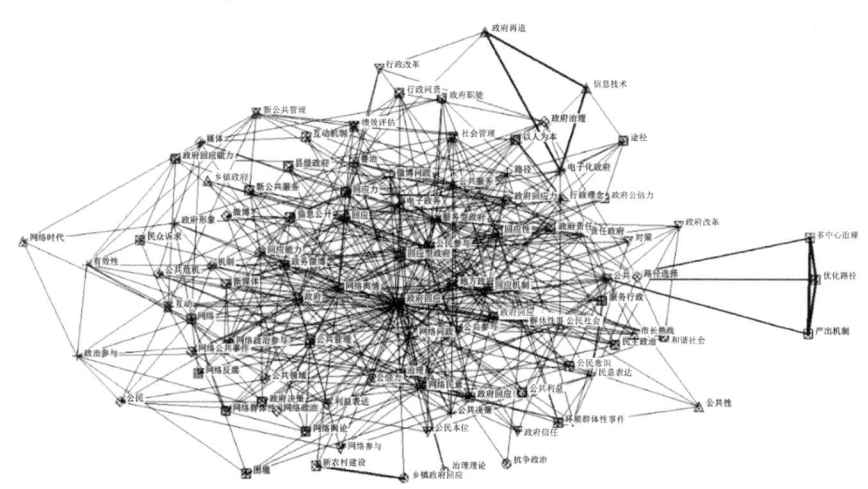

图 1-9　"政府回应"主题中文论文的关键词共现图

资料来源：文献数据取自 CNKI，采用外部软件 NetDraw 分析。

如图 1-10 所示，在以"政府回应"为主题的中文论文中，"公民（公众）参与""服务型政府""地方政府""公共政策""网络舆情""回应机制"等是高频的关键词，这与上述关键词共现图展示的情况一致。

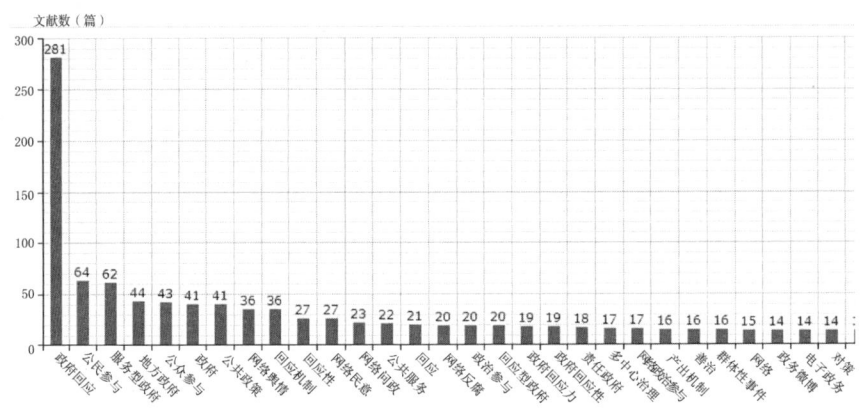

图 1-10　国内政府回应性研究关键词出现频次

资料来源：基于 CNKI 数据库自身分析功能。

4. 刊文期刊分布

抽取被引前 650 名的文章进行分析，可以发现刊载政府回应主题论文的主要期刊。表 1-9 展示了刊载"政府回应"主题论文主要中文期刊（前 10 名）。从表 1-9 可以看出，"政府回应"主题论文主要发表在公共行政的学术刊物上。

表 1-9　刊载"政府回应"主题论文主要中文期刊　　　　单位：篇

序号	期刊名称	刊文量	序号	期刊名称	刊文量
1	《中国行政管理》	11	6	《理论探索》	7
2	《行政论坛》	10	7	《云南行政学院学报》	7
3	《电子政务》	8	8	《理论探讨》	7
4	《探索》	7	9	《甘肃行政学院学报》	6
5	《情报杂志》	7	10	《公共行政评论》	5

（二）国内"政府回应"的基本理论研究

治理意义上的回应性概念的基本含义是"公共管理人员和管理机构必须对

公民的要求做出及时的和负责任的反应，不得无故拖延或没有下文。必要时还应当定期主动向公民征询意见、解释政策和回答问题"①。政府回应的构成要素主要包括回应主体、回应客体及对象、回应规则、对回应的监督与评价等方面。② 但国内学界对于"政府回应"的概念之界定没有达成一致，在界定过程中混用"政府回应""政府反应""政府回应力""政府回应性"且几乎不加以说明。国内"政府回应"的基本理论研究主要从以下方面展开。

一是微观层次的政府回应观点。这种观点将政府回应视为一种微观行政行为或过程，认为政府回应就是政府对公众提出的问题与需求及时做出反应和进行回复的过程。③ 同样，这一定义也被其他学者认为是政府回应力的定义，而该学者认为政府回应是指政府在公共管理过程中依法对公众的诉求和愿望做出反应的过程及其制度安排。④ 这种视角的政府回应主要基于政府信息管理视角的政府行政行为，关注回复公民问题与意见的具体行为，只有外界的有形信息主动输入，政府才有回复。这种观点在中文文献中占据多数。

二是中观层次的政府回应观点。这种观点下的政府回应被视为基于公共利益的制度回应，研究者将"回应"视为一种范式，而"政府回应"被视为这一范式之下的一种类型，区别于社会回应和共同回应等其他类型。这种观点下的政府回应是指处于一定经济社会条件的政府，基于公众利益最大化原则，通过制度对社会和公众的期望与诉求进行整合的一种互动过程及类型。⑤ 这种政府回应概念强调政府制度和公共政策将公民意见纳入考量，其意见与诉求的输入既可以是公民与社会主动输入的，也可以是政府主动收集的。

三是宏观层次的政府回应观点。这种观点下的政府回应被视为政府与社会的关系的民主化体现，政府回应是人民主权的必然要求。这在政治回应与行政回应中都应有所体现，政治民主化与行政民主化是这一层次政府回应的必要宏观背景。这方面的观点散落在许多中文文献的角落里，未被深入阐述，而这恰恰是西方文献着墨较多的地方。实际上，这一层次的观点阐述的关键点是强调政府回应是一种不可回避的责任，不是可有可无的选项或权宜之计，而是民主

---

① 俞可平：《引论：治理与善治》，见俞可平主编：《治理与善治》，北京：社会科学文献出版社 2000 年版，第 10 页。
② 籍庆利：《中国责任政府的回应机制：问题与出路——以群体性事件的发生与治理为视角》，载《当代世界与社会主义》，2013 年第 5 期，第 169—172 页。
③ 何祖坤：《关注政府回应》，载《中国行政管理》，2000 年第 7 期，第 7—8 页；王巍：《论"政府回应"的内涵和主导模式转型》，载《探索》，2005 年第 1 期，第 56 页。
④ 高娟：《责任政府导向下的政府回应力研究》，北京：中国社会科学出版社 2015 年版。
⑤ 戚攻：《论"回应"范式》，载《社会科学研究》，2006 年第 4 期，第 119 页。

的内在逻辑要求政府必须回应。

政府回应的分类是国内关于政府回应基本理论研究的另一个重要方面。按照不同的标准可以将政府回应区分为不同的类别：按照政府职能与行为的类别可将政府回应分为决策回应、规制回应、服务回应和控权回应①；按照行政范式的不同可将政府回应分为行政管制型回应、市场服务型回应、民主治理型回应②；按照回应内容与方式的不同可以将政府回应分为话语回应、行动回应和制度回应③；根据社会和公民需求是潜在的还是已经存在的、政府行为是具体行政行为还是抽象行政行为，可以将政府回应分为立法式政府回应、执法式政府回应、前瞻式政府回应三种类型④。此外，还可以按照时效性、主动性等标准进行政府回应的类别划分。而与分类相关的是政府回应的层次划分，主要分为职能性政府回应、诉求式回应、责任性回应和前瞻性回应，分别代表政府对分内之事的回复、对非法律政策范围内诉求的处理、对重大责任和问题的回应，通过引领实现回应。⑤

提升我国政府回应性的途径也是学者比较关注的话题。学者认为，可以从以下途径提升政府回应性：一是将政府定位从全能型转向有限型，二是借助行政伦理提升公务员行使权力的合法性，三是提供培育和引导公民社会以实现政府回应与公民参与的良性互动。⑥

（三）国内"政府回应"研究热点

在一定意义上，我国政府回应议题的提出和兴起首先源于我国建设社会主义市场经济，政府适应市场经济的发展转变自身角色，提供公共服务。其研究的勃兴和受到巨大关注则是源自公共服务、网络参与和群体性事件的影响。根据关键词出现的情况将国内"政府回应"研究的主要热点分为回应型政府研究、政府服务与政府回应研究、公共政策中的公民参与与政府回应研究、网络信息

---

① 景云祥：《和谐社会构建中政府回应机制建设的基本维度》，载《云南行政学院学报》，2008年第2期，第102—105页。
② 王巍：《论"政府回应"的内涵和主导模式转型》，载《探索》，2005年第1期，第56—60页。
③ 李放、韩志明：《政府回应中的紧张性及其解析——以网络公共事件为视角的分析》，载《东北师大学报》（哲学社会科学版），2014年第1期，第1—3页。
④ 祁光华：《基于政府回应的公务员能力模型》，载《中国行政管理》，2008年第5期，第115—118页。
⑤ 李伟权：《政府回应论》，北京：中国社会科学出版社2005年版，第63页。
⑥ 谢计传：《提升政府回应力的基本路径分析》，载《内蒙古农业大学学报》（社会科学版），2009年第11卷第2期，第257—259页。

技术与政府回应研究、政府责任与政府回应研究、公共危机及群体性事件与政府回应研究等主题进行概述。

1. 政府回应的模式演变研究

政府回应模式的变迁线索是：由单向的政府回应发展到回应型政府，再发展到回应型治理。① 其中文献数量最引人瞩目的是回应型政府研究。国内外生产了大量关于"××型政府"的文献，如服务型政府、竞争型政府、平台型政府、发展型政府等，借以强调政府的某一方面职能的极端重要性。回应型政府则被视为全球化②、网络媒体③、危机管理④中的政府治理模式，学者强调在当前时代全球化风险社会、网络社会中政府回应性的重要性。回应型政府是政府回应研究的趋向，通过对政府回应的制度机制刚性约束，明确政府回应的情境、方式、程度、速度和效果等问题，实现政府回应的持续性和稳定性，其具体研究内容应包括理论基础与内涵特征、关键环节与根本动力、运行模式等。⑤ 回应型政府的理论基础是公共治理理论、新公共管理理论、新公共服务理论，体现民本、服务、法治、合作等导向。⑥ 关于回应型政府的运行模式由政府与社会合作治理，政府组织扁平化和电子化，多元参与、结果导向、责任约束的绩效评估等方面组成。⑦ 关于回应型政府的未来趋向，有学者将回应型政府视为我国服务型政府建设的一个阶段性模式，其下一阶段应朝向合作型政府发展。⑧

2. 关于政府服务与政府回应研究

服务型政府与公共服务研究是我国公共行政学界研究的热点领域，而服务

---

① 张则行：《政府责任重构与公共服务授权——回应型治理的一个分析框架》，载《福建行政学院学报》，2015年第1期，第29—37页。
② 刘泽伦、刘小云：《迈向回应型政府——全球化下政府治理范式转换的路径》，载《北京科技大学学报》（社会科学版），2005年第3期，第9—13页。
③ 李军鹏：《完善政府公众诉求回应体系，打造回应型政府——以九江市政府"民声直通车"为例》，载《行政论坛》，2011年第18卷第3期，第86—91页。
④ 卢坤建：《应对突发群体性事件 呼唤回应型政府》，载《广东教育学院学报》，2009年第29卷第4期，第30—34页。
⑤ 卢坤建：《政府理论研究的一个走向：从政府回应到回应型政府》，载《中国行政管理》，2009年第9期，第61—65页；卢坤建：《建设回应型政府：责任观、绩效观与服务观》，载《学术研究》，2008年第5期，第55—60页。
⑥ 卢坤建：《回应型政府：理论基础、内涵与特征》，载《学术研究》，2009年第7期，第66—70页。
⑦ 卢坤建：《论回应型政府的运行模式》，载《社会科学家》，2009年第7期，第36—38页。
⑧ 杨岚凯：《从回应型政府到合作型政府：我国服务型政府构建的理性路径论析》，载《河南师范大学学报》（哲学社会科学版），2013年第5期，第28—31页。

型政府与政府回应的关系、公共服务中的政府回应问题则是国内政府回应性研究的热点方向。就政府回应性与服务型政府的关系而言，回应性被视为服务型政府的内在要求，① 回应性是服务型政府的核心特征，政府运行机制包含政府回应机制，从政府和社会两方面优化回应性机制是服务型政府建设的必然要求，② 人民本位、政民双向互动、回应的敏感程度和有效程度、回应职责的明确程度是服务型政府回应机制的应然内容。③ 就对服务型政府回应性的批判来说，有观点对简单地使用回应性特别是对公民公共服务需求的满足程度衡量服务型政府的实现度进行了反思，认为不能让回应性误导行政改革，应该被强调的是责任性而非回应性。④ 在诸多研究中，政府公共服务被普遍视为政府回应性的重要领域，满足公民的公共服务需求是政府回应公民的重要形式，⑤ 公民的公共服务需求表达、对公共服务的满意度与政府公共服务供给的关系是其主要研究主题，基本公共服务均等化等公共服务政策对民意的回应则从社会公正特别是城乡维度的社会公正角度研究公共服务回应性。

3. 公共政策、公民参与与政府回应研究

这方面的研究往往与公共决策中的公民参与和民意表达相关，所以公共政策、公民参与和政府回应这三者往往被结合在一起进行研究。政府回应和公民参与在公共决策中有重要作用，被认为是公共决策民主化的客观要求，充分的民意得到表达是政府回应的前提和决策科学化的重要条件。为了实现政府决策的科学化和民主化，李伟权提出应强化公共决策回应制度建设，建立有我国特色的公共决策回应机制。⑥ 政府政策对公民意见的回应的影响因素有公民意见、上级政府的意见、决策者的偏好等。例如，孟天广等研究了我国的公民意见对地方政府财政支出决策的影响，发现上级政府与本地民意都显著影响经济发展支出方面的决策，但上级政府的影响略强于本地民意，而民生福利支出方面的

---

① 高富锋：《服务型政府建设过程中的政府回应性分析》，载《华北电力大学学报》（社会科学版），2009年第3期，第81—84页。
② 易承志：《论回应机制的优化与服务型政府建设》，载《河南师范大学学报》（哲学社会科学版），2009年第36卷第6期，第32—35页。
③ 王巍：《公众回应性：服务行政的核心特征——服务型政府回应机制的流程与制度设计》，载《行政论坛》，2004年第5期，第33—35页。
④ 刘兆鑫：《好政府不能"有求必应"——对政府回应性逻辑的质疑和超越》，载《理论月刊》，2012年第2期，第170—172页。
⑤ 王琳、漆国生：《提升地方政府公共服务能力思考》，载《理论探索》，2008年第4期，第128—130页。
⑥ 李伟权：《"互动决策"：政府公共决策回应机制建设》，载《探索》，2002年第3期，第42—45页。

决策则不受上述两个方面的影响。该研究还发现地方政府在显著度高、决策者与公民有共同偏好的政策领域存在"选择性回应"现象,加强政府政策回应性应将政策过程的开放与上级对地方决策者偏好的调节结合起来。① 政府政策回应公民的三种模式是"建言—回应""维权—回应""引导—回应",前两个模式是公民社会发起,后一个模式是政府主动发起。② 政府政策回应公民的机制较为短缺,提升回应性在宏观方面理念体制机制要求是:政府树立服务理念,建立回应导向的组织结构及运行机制,培育公民社会和公民参与能力,提高政府政策回应的制度保障水平;③ 其操作流程方面的具体机制要求包括:诉求接收机制科学、问题办理机制高效、结果答复机制规范、评估反馈机制务实。④

4. 网络民意与政府回应研究

这是我国政府回应研究的一个重要文献生产点。网络信息技术使网络民意表达和政治参与呈现集中爆发的趋势。政府回应研究中的关键词"网络民意""网络反腐""网络问政""网络舆情"等都与此直接相关,研究者不同的学科背景导致使用的词语有所区别,可以将其统一概括为网络民意。政府回应网络民意的主要类型有主动回应、被动回应和无回应三种。⑤ 政府回应网络民意的影响因素包括:在网络反腐中的政府回应性具有"人治"色彩,回应压力主要来自中央政府、网络舆论和爆料人,腐败官员的职务和级别也可能阻碍纪检监察机构的介入。⑥ 政府回应网络民意的机制主要包括畅通表达渠道、改善信息公开、完善决策机制。⑦ 政府回应网络民意存在的问题表现在回应动力不足、回应信息不完备、回应平台建设存在短板、政府与公众的立场存在差异。⑧ 政府回应网络民意的路径既包括基于网络本身进行回应,建设好回应平台,进行

---

① 孟天广、杨平、苏政《转型中国的公民意见与地方财政决策——基于对地方政府的调查实验》,载《公共管理学报》,2015年第12卷第3期,第57—68页。
② 孙发锋:《政府回应:发挥中国公民社会政策影响力的关键环节》,载《广西社会科学》,2010年第5期,第120—123页。
③ 赵晗:《中国地方政府回应机制建构研究》,吉林大学博士学位论文,2011年。
④ 李慧龙:《公民参与过程中政府回应机制研究》,吉林大学硕士学位论文,2015年。
⑤ 刘力锐:《我国网络民意的成长、政治意蕴及政府回应》,载《广东行政学院学报》,2009年第21卷第5期,第22—26页。
⑥ 文宏、黄之玖:《网络反腐事件中的政府回应及其影响因素——基于170个网络反腐案例的实证分析》,载《公共管理学报》,2016年第13卷第1期,第21—30页。
⑦ 管人庆:《论网络政治表达的政府回应机制的构建》,载《东北大学学报》(社会科学版),2012年第14卷第2期,第130—135页。
⑧ 许一飞:《政府回应网络民意的政治沟通模型、特征、问题及路径选择》,载《行政论坛》,2015年第22卷第4期,第17—21页。

舆情监测，实现回应常态化与制度化；也包括实现民主行政，尊重公民的权利，转变政府职能和创新社会治理，完善体制内的制度和机制。①

5. 政府责任与政府回应研究

回应性与责任性是密切联系的，回应性被认为是责任政府的重要属性之一②，"责任政府意味着政府能积极地回应、满足和实现公民的正当要求"③。在中国召开的国际行政院校联合会 2000 年年会就曾在其主题中同时使用回应性与责任性概念。但政府责任性与回应性的关系并非时时都能融洽协调，有时候会在价值上存在一定龃龉之处，有学者对此展开了争论。④ 从行政权力运作这一角度来看，增强政府回应这一责任的路径是：决策要反映社情民意，促进决策民主、科学、合法；执行要高效行政和优质服务；监督要力求透明，限制自由裁量权；提高应对突发事件的能力。⑤ 完善责任政府回应机制的方向是：实现制度化回应、及时回应、多渠道回应、进行回应问责、畅通民意表达渠道等。⑥

6. 公共危机、群体性事件与政府回应

建设和谐社会需要正确有效应对和处理公共危机和群体性事件，增强政府对公共危机和群体性事件的敏感性和回应性是必然要求。从某种意义上讲，公共突发事件的频繁出现是政府回应议题在我国举世瞩目的直接原因，也是对类似我国政府从压制型到回应型转变的重要推手。⑦ 压制型政府应对模式实现的

---

① 李松林：《政府回应性框架下的网络问政及治理思路》，载《长白学刊》，2013 年第 2 期，第 71—75 页。
② 陈国权、陈杰：《论责任政府的回应性》，载《浙江社会科学》，2008 年第 11 期，第 36—41 页。
③ 张成福：《责任政府论》，载《中国人民大学学报》，2000 年第 2 期，第 75—82 页。
④ 刘兆鑫与何永松就政府回应性与责任性的关系展开过争论，前者认为政府不能有求必应，应该强调责任而不是回应性，而后者认为回应性不能被责任取代，回应性有其独立价值。参见刘兆鑫：《好政府不能"有求必应"——对政府回应性逻辑的质疑和超越》，载《理论月刊》，2012 年第 2 期，第 170—172 页；何永松：《政府的责任性取代其回应性何以能说通》，载《理论月刊》，2012 年第 8 期，第 171—173 页。
⑤ 正文：《增强政府回应性责任的对策研究》，载《理论导刊》，2007 年第 9 期，第 10—12 页。
⑥ 籍庆利：《中国责任政府的回应机制：问题与出路——以群体性事件的发生与治理为视角》，载《当代世界与社会主义》，2013 年第 5 期，第 169—172 页。
⑦ 崔卓兰、张继红：《从压制型到回应型：行政法治理模式的转换——群体性事件的行政法反思》，载《社会科学辑刊》，2014 年第 6 期，第 58—63 页；彭小霞：《从压制到回应：环境群体性事件的政府治理模式研究》，载《广西社会科学》，2014 年第 8 期，第 126—131 页。

是刚性稳定，回应型政府应对模式致力于实现韧性稳定。

此外，在图书方面，李伟权所著《政府回应论》基于"理论—历史—现实—问题—原因—对策"的结构从公共参与的角度研究了我国公共决策回应机制的历史与现状，并对其中面临的问题及其原因进行了系统分析，指出了增进政府回应和公民参与的路径，特别强调要进行制度创新，建设以公共政策回应机制为主导的回应型政府。① 卢坤建所著《回应型政府建设的理论与实践》一书采用个案研究方法探讨了我国回应型政府建设的地方经验，指出地方政府运用 ISO 标准化质量管理体系对提高政府回应性的重要意义。② 刘力锐所著《基于网络政治动员态势的政府回应机制研究》则分析了网络政治动员中的政府回应机制，包括回应的模式、目标顺序、约束条件、诊断体系、路径选择、支撑体系与具体方法。③ 原丁所著《服务型政府回应力研究》结合理论与案例分析了提升服务型政府回应力的意义、实践与提升路径。④ 闫帅所著《回应性政治发展——中国从发展型政府到服务型政府的转型观察》则从政治学经典的国家—社会关系视角分析了我国的政府转型问题，认为我国的发展路径是对社会需求的有效满足和回应。⑤ 高娟所著《责任政府导向下的政府回应力研究》则构建了一个包含三层共 20 个指标的政府回应力测评体系，并通过案例研究分析了政府回应力的制约因素和提升路径。⑥ 上述研究为本书提供了重要参考，但其研究的重点大都不在政府回应的理论，其研究方法多采用案例研究和问卷调查，研究涉及面较为微观，研究思路大都沿袭"问题—原因—对策"模式，呈现技术取向特点，这都与本书的研究有显著区别。

三、国内外"政府回应"研究文献对比简评

从上述对国外和国内相关文献的综述可以看出，二者之间存在一定的相似之处，但区别更多。

---

① 李伟权：《政府回应论》，北京：中国社会科学出版社 2005 年版。
② 卢坤建、苗月霞：《回应型政府建设的理论与实践》，广州：中山大学出版社 2011 年版。
③ 刘力锐：《基于网络政治动员态势的政府回应机制研究》，沈阳：东北大学出版社 2012 年版。
④ 原丁：《服务型政府回应力研究》，北京：中央编译出版社 2013 年版。
⑤ 闫帅：《回应性政治发展——中国从发展型政府到服务型政府的转型观察》，北京：中国社会科学出版社 2015 年版。
⑥ 高娟：《责任政府导向下的政府回应力研究》，北京：中国社会科学出版社 2015 年版。

(一) 国内外"政府回应"研究文献的不同点

在研究主题方面,国外的探讨大都基于西方民主制度的逻辑探讨政府回应性,在政策与民意的互动中经验地探讨政府回应性;中国的研究则从理论思辨上强调回应性是政府的责任,从技术上提供增强回应性的策略。具体来说,国外主要从代议民主中的选举、政策、民意等角度研究政府回应性概念、构成和影响因素,国内主要从政府责任和社会发展趋势角度论证政府回应的重要性和具体事件中的政府回应技巧等两个方面开展研究。

在研究层次方面,国外更注重宏观研究和中观的探讨,区分政治回应性和行政回应性;而国内的研究注重宏观研究和微观研究,中间层面的讨论几乎没有,呈现中间断裂状态,因为对政治回应性和行政回应性缺乏明确区分,所以相关研究要么因为太宏观而显得空泛而笼统,要么太微观而缺乏立论的理论基础。

在研究方法方面,国外是政府回应性的基本理论探讨和理论模型构建基础上的实证研究两种模式,理论研究与实证研究相结合,实证研究偏重统计数据相关性、因果关系分析;国内主要是评论性和对策性研究,思辨性研究多,基础理论研究和实证研究都较少,少数实证研究偏重采用个案研究方法。

在所处领域方面,国外政府回应性研究在政治学、经济学、行政学等领域都有分布,尤其以政治学和行政学领域居多;国内政府回应性研究主要分布在行政学领域,对政治学领域少有涉及。

在知识积累方面,国外大都在前人的基础上开展政府回应性研究,在研究过程中或呼应或支持或否定前人的研究,有着比较畅通的研究对话;国内政府回应性研究则在尽量直接引用和承认前人的研究,很少加以鉴别和批判,而是自己提出另外的观点,真正的学术对话相对比较少,不利于知识积累。

(二) 国内外"政府回应"研究文献的相同点

一是都认为政府回应性很有价值。虽然其立论理由不一样,但国内外研究都承认政府回应性的重要性和必要性。

二是都强调地方政府、行政的回应性。国内外政府回应性研究都强调地方政府在公共服务方面的回应性,强调行政机构及人员对直接服务对象的回应性。

三是都面临一些共同的问题。国内外政府回应性研究都没有就政府回应性的概念达成共识,没有构建起具有解释力的理论框架,对一些基本理论问题缺乏系统认知。在研究视野上,都专注本国或少数西方国家的某一方面的回应性研究,缺乏比较历史视野,限制了理论的解释力。在研究主题上都注重政策制定是否回应了民意甚于政策过程的其他阶段对民意的回应,偏重公共服务回应性而相对忽略监管回应性。

通过对中外相关文献的梳理可以看出,不同的回应性维度、层次下会有不同的研究视角,如回应机制视角、政府信息沟通视角、国家社会关系视角,高层级政府更多是体制性回应和象征性回应,低层级政府更多行动性回应和事务性回复。虽然政府回应性的重要性得到承认,但关于政府回应的概念和理论没有达成共识,中西比较历史视野的政府回应性的实践与理论逻辑解释、一个一般性的政府回应性理论框架等重要理论问题没有得到研究,这为本书开展政府回应性研究提供了理论上的空间和必要性论证。

四、关于本书"政府回应性"概念使用的说明

本书所研究的"政府回应性"对应的英文是 government responsiveness,有时也简称"政府回应"(名词)。行文中的"政府回应"是主谓结构的表示行为的名词或动词,"政府回应性"则是指政府回应行为的名词,同时又表示政府回应行为的价值意义。因此,根据实际情况,本书可能在行文中交替使用政府回应和政府回应性,但在需要动宾结构短语的地方使用"政府回应",在表示政府行为价值的地方使用"政府回应性"。

第三节 研究思路及内容

一、研究逻辑思路

本书抽象的总体思路是"提出问题—分析问题—视域转换—解决问题",这种思路从理论研究的角度则具体表现为"现有理论困境—理论契机—理论重构—对策建构"的行文思路,结合理论与实践、中国与西方进行宏观比较研究,先根据综述西方文献发现的特点从政治与行政二分法视域确定总体分析框架,结合具体分析维度形成一个整合性分析框架,然后对西方和中国政府回应性变迁实践历程与理论逻辑展开分析,找到西方政府回应性理论"政体回应性"的困境和中国政府"使命回应性"逻辑的特殊性这两点,呼唤关于政府回应性理论突破的必要性,并以国家治理现代化的提出为契机,发掘其理论意义,提出"治理回应性"这一一般性政府回应性理论,据此对中国的政府回应性的完善路径进行了阐述。本书的具体行文思路是:提出问题—梳理文献—提出分析框架—西方政府回应性实践的宏观历程—西方政府"政体回应性"的逻辑及其理论解释（政治学与行政学）—西方政府"政体回应性"理论的困境—中国政府"使命回应性"实践和理论逻辑的特殊性和解释难题—国家治理现代化对更新政府回应性的理论意义—基于国家治理现代化视域下构建一般性的政府回应性理论"治理回应性"—基于治理回应性理论视域认识和完善我国政府回应性—研究总结（见图1-11）。本书用技术思维结合系统思维（将政府回应性分析纳入一个系统框架）、历史思维（分析政府回应性变迁的历程）、理论与实践互动的思维，针对公共行政学科理论与实践相结合的显著特点，基于对政府回应性的理论与实践的历史及理论困境的系统分析，充分发掘国家治理现代化的理论意义，建构基于国家治理现代化的一般政府回应性理论，并据此对中国的政府回应性特点、任务和战略进行分析。

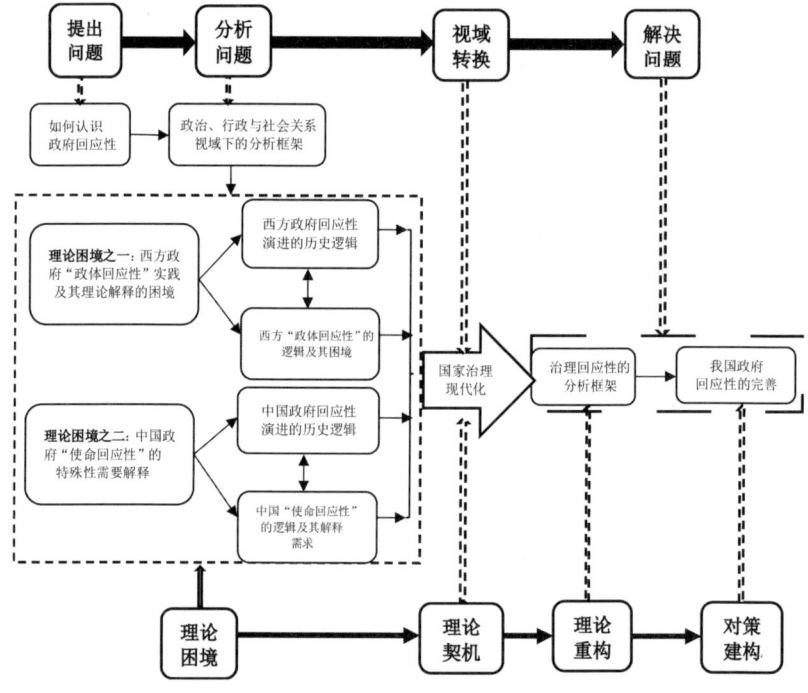

图1-11　本书的研究思路

二、研究内容

本书共分七部分来安排。第一部分为绪论；第一章为政治、行政、社会三者关系视域下的政府回应性分析框架；第二章和第三章通过分析西方政府回应性和中国政府回应性的演进历程与理论逻辑分别论述突破政府回应性理论的两方面必要性，即"政体回应性"的困境和对"使命回应性"的解释需求；第四章阐述国家治理现代化对政府回应性理论更新的意义和基于国家治理现代化话语的政府回应性理论构建,即"治理回应性";第五章分析国家治理现代化视域下我国政府回应性的完善;第六章对全文做了总结。每章的内容梗概如下。

绪论从总体上介绍研究和进行文献综述。首先,介绍选择政府回应性变迁研究这一研究主题的背景,提出了研究问题。其次,对国内外关于政府回应性研究的主要文献进行了全面述评,并在一些研究要素上进行了国内外对比。从文献综述来看,虽然政府回应性的重要性得到承认,但是国内外政府回应性研究都没有就政府回应性的概念达成共识,没有构建起具有解释力的理论框架,中西比较历史视野的政府回应性的实践与理论逻辑解释、一个一般性的政府回应性理论框架等重要理论问题没有得到系统研究,这为本书后续章节开展政府回应性研究提供了理论上的空间和必要性论证。这一章还尝试综合现有文献来界定政府回应性相关概念和提出现有研究文献所展现的一个关于政府回应性的观点,初步提出了研究视角即国家治理现代化,为以后章节的展开奠定了理论基础。最后,绪论还交代了本书的研究方法、研究价值、创新和不足等问题。

第一章构建政治、行政、社会三者关系视域下政府回应性分析框架。首先,在综合分析有关社会系统和行政生态等代表性观点的基础上提出一个基于政治与行政二分法视域的政治、行政与社会三元互动的总体性分析框架,然后加入技术等维度对这个框架进行扩展说明,以此为第二章、第三章的中西政府回应性历程和理论逻辑分析提供基本的框架。其次,在此框架基础上提出政府回应性分析要回答的五个问题——为什么回应、谁来回应、回应谁、回应什么、如何回应等,以此对应提出政府回应性的五个具体分析维度——原因、主体、客体、对象、方法,并综合总体框架和五个维度构建了整合性分析框架,即在政治、行政、社会三者关系视域下看政府回应性的五个维度。后文政府回应性理论困境分析和国家治理视域下的政府回应性理论建构都是基于这全部五个维度或其中几个维度进行的。

第二章论述西方政府"政体回应性"理论及其面临的困境,以其作为理论突破的必要性之一。西方政府回应性的历程和理论逻辑都明显基于代议制民主政体的逻辑,具体理论分析则基于政治与行政二分法这一视域。西方政府回应性重点演变的总体方向是由政治回应性发展到行政回应性,其简略历程是:民族国家的人民主权原则要求回应—作为回应体制的代议民主制确立—通过确立普选权形成选举回应性—行政回应性的凸显。根据二分法的逻辑,西方政府回应性的理论解释也较为明显地出现了政治学与行政学的分野。其中,政府回应性的政治学理论具体包括代议民主理论、强势民主理论、协商民主理论、代表理论和政治沟通理论等，其核心是代议民主理论。西方代议民主理论视域下的政府回应性逻辑是谁授权就该回应谁，政治系统论视域下的政府回应性逻辑与传播学和信息管理相关，强调信息处理系统对信息源的回应或反馈以及由此形成的从信息发出者到信息处理到信息结果几者之间形成的循环回路。具体来说，代议民主理论强调的是间接民主的制度逻辑，选民通过选举授权给代表（因此西方代议民主又被称为"竞争性选举民主"），充当代表角色的人则代表选民的利益行使权力。因此，这一理论中至关重要的一个概念就是"代表"，也正是对代表的不同理解[①]导致对政府回应性的不同理解。本杰明·巴伯的强势民主理论、惠特曼等的参与民主理论、德雷泽克等的协商民主理论（又称为"审议民主理论"）则强调间接民主政体中的直接民主成分，认为西方政治现实中的竞争性选举民主是间接且弱势的民主，而熊彼特等认为与竞争性选举等价的民主则是最弱意义上的民主，转而强调代议民主体制中的授权者直接行使权力的强势民主，主张公民对政治过程和公共决策的直接参与，以摆脱代表不回应、选择性回应选民、基于对选民愿望错误理解基础上的回应等导致的代议民主在实质上违背民意的困境。戴维·伊斯顿、卡尔·多伊奇等的政治系统理论对西方民主体制的系统论分析，是系统理论中的老三论（信息论、控制论和系统论）在政治分析中的应用，研究信息源、信息处理系统、处理结果之间的信息回环中的回应性问题，即政治系统对作为信息源的民意诉求及支持的处理的基础上形成政策结果以回应信息源，在一定程度上讲，信息处理中的"处理"一词就是"回应"，因为其中存在对民意的综合、取舍、提炼等。

政府回应性的行政学理论则包括政治与行政二分法对行政回应社会的有意回避、组织开放系统论视角下的政府回应性组织学原理、新公共行政学对基于公共导向和专业判断的回应性的强调、代议官僚制理论尝试通过强调官僚制的代表性来增进回应性、新公共管理理论对用服务回应顾客的强调、新公共服务理论对回应公民权的强调、治理理论强调多元主体与回应对象的主体化对回应性有消解作用、公共服务动机理论对政府回应性动力机制的追寻等。这几个理论虽对分析政府回应性有启示，但存在不同程度的问题：政治与行政二分法是公共行政学学科得以独立存在的逻辑基础，二者的不可分离也是导致公共行政学身份危机的重要原因。在政治与行政二分法的理念下，政治被认为是国家意

[①] 美国政治理论家汉娜·皮特金对代表的概念做出了全面深刻的分析，本书关于代议民主理论视野的政府回应性的分析讨论主要也是在她的几种代表概念的基础上进行的。参见〔美〕汉娜·费尼切尔·皮特金：《代表的概念》，唐海华译，长春：吉林出版集团有限责任公司2014年版。

志的表达，行政是国家意志的执行，政治负责回应民意，行政则与政府回应性无关，只需照章办事、服从理性科层制原则即可。因此，从回应民意的角度来看，政治与行政二分法视野的政府回应性只有政治回应性而无行政回应性，如果说存在行政回应性的话，就需要从行政服从和回应政治的角度理解。组织开放系统论则是与政治系统理论逻辑相似（组织和政治体系都是一个系统）但处理对象不同的理论，政府组织与外界社会环境存在着相互依赖关系，政府及其行为需要回应社会变迁及需求，同时，政府做出及时且恰当的回应对政府保持活力和公信力具有重要意义。新公共行政学强调公共行政的社会价值在于促进人民幸福，促进社会公平，强调公共行政对公众需求做出积极回应，回应性与民主、伦理、参与等价值一道被新公共行政学理论家作为设计一种新的增进社会公平的组织体制的价值基础。此外，新公共行政学还强调公共行政要回应社会变迁，不能置身于时代洪流之外，不能当旁观者，要积极解决社会问题。

代议官僚制理论试图证明官僚也有代议政治功能，以此从理论和制度设计上回答关于官僚制不受公民直接控制因而不合法、不民主的诘难。代议官僚制理论认为，官僚制的非代议权力不受立法等部门的限制，会构成对民主的威胁，但可以通过代表公众而民主地运行。① 问题是这种不经选举的代表性是否能够保证行政官僚制对公民的回应性？代表意味着授权、控制、回应，那这两者在代议官僚制中是如何实现的？这是代议官僚制理论需要回答的问题。从某种意义上讲，新公共管理理论（运动）是在真正意义上使政府回应性这一概念流行起来并被广泛使用的直接推手，但新公共管理主要强调的是政府服务的顾客导向，政府回应性被矮化和置换为类同商业组织对其消费者的回应，社会契约被矮化为商业合同，公共行政被矮化为顾客关系管理。新公共服务理论意图对新公共管理进行纠偏，强调政府回应是基于公民权而非顾客关系，强调政府回应性的民主意蕴，强调回应公民和公共利益。治理理论强调横向多元主体参与和回应对象的主体化，通过将传统政府权力单向行使视野下的回应对象提升为治理理念下与政府平等的治理主体，实现了从政府单向回应到"互动式回应"的转变。毁誉参半的公共服务动机则试图从个人行为的动机角度解释公共行政官僚回应公民和社会的动力机制问题，但简单地将服务行为驱动归因于内在的利他动机，动机与行为之间的关系模糊等问题使公共服务动机理论在解释回应性方面面临困难。

---

① 彭和平、竹立家等编译：《国外公共行政理论精选》，北京：中共中央党校出版社1997年版，第361—362页。

这部分的最后从整体上分析了现有西方政府回应性理论的理论逻辑，将其总结提炼为一个概念，即基于代议制民主的"政体回应性"，认为只有西方的代议民主政体下的政府才有回应性。同时指出了"政体回应性"面临的主要困境：政体的形式论证与回应性的实质指向悖反，在西方代议民主制下用回应性证明行政合法性的困境，代议制民主政体回应性中公共价值阙如的困境，以代议制民主政体为既定标准展开探讨的困境。

第三章论述中国政府回应性实践和理论逻辑的特殊性，即"使命回应性"，以其作为理论突破的必要性之二。鉴于政府回应性更多的是一种现代社会的现象和价值，且中华人民共和国成立前后的体制等因素差别太大，故主要分析中华人民共和国成立以后的政府回应性变迁规律及阶段特征，并展示使命驱动型执政党统领下的政府回应与代议民主政治的合法性和责任要求的政府回应性理论逻辑的区别。参考相关学术观点，按照政府回应性是国家与社会之间关系的体现，本书将中国政府回应性变迁历程分为三个阶段，论述各个阶段我国政府回应性的特点。然后仔细分析了中国政府回应性的理论逻辑，即使命驱动型执政党统领下的政府回应性，第一章的三维关系在中国体现为"政党—国家—社会"三元关系，政府回应性的制度依托是人民民主制度，先锋队政党逻辑和政府转型逻辑要求执政党和政府有回应性，其中，先锋队政党的代表角色要求、群众路线、民生主义等分别是回应原理、回应方式和回应对象。这一章最后结合第二章和本章前面部分的分析阐述了为什么西方政府回应性理论难以解释中国逻辑，并将中国政府回应性的理论和实践逻辑总结提炼为一个概念，即"使命回应性"，通过执政党的使命导向驱动政府回应性。

第四章分析国家治理现代化话语与政府回应性理论更新，以此作为理论突破的契机，提出"治理回应性"的概念和理论。首先，深入理解治理、国家治理与国家治理现代化的内涵。其次，发掘国家治理现代化的理论意义，通过中西对比探寻国家治理现代化话语在理论分析中的一般性，这一话语没有强调体制属性。最后，从价值定位、概念重构和理论建构三方面分析了国家治理现代化视域的政府回应性理论，提出了"治理回应性"的概念及其分析框架，以克服"政体回应性"的不足和满足"使命回应性"的解释需求。

第五章基于第四章建构的治理回应性理论分析国家治理现代化视域下我国政府回应性的完善路径。首先，基于治理回应性框架分析了我国政府回应性的具体特点。其次，分析了我国政府回应性与国家治理现代化要求的差距，主要表现在回应价值的工具性大于本体性、回应客体的权利意识与责任能力不匹配、回应方式的制度化与公民视角的双重缺失。最后，提出了完善我国政府回应性的战略路径，即通过积累增量实现有效性与合法性的统一，通过双重制度化促进回应自主性与公民权利的和谐，通过转变观念善处现代性与后现代性的关系。

第六章对全书进行总结并对未来研究做出展望。

第四节 研究方法与技术路线

一、研究方法

本书定位于理论研究，严格来说不存在类似于定量和定性研究等实证取向的论文重点介绍的研究方法。但鉴于研究方法似乎成为当今社会科学研究的必要部分这一现实，此处还是略做非专业的方法介绍。本书基于对中国与西方国家政府回应性变迁实践的历史社会学考察和对政治学与行政学领域的既有理论的知识社会学考察，着重提出西方政府回应性理论面临困境且无法解释中国独特的政府回应性逻辑，借助国家治理现代化这一视域进行理论创新，建构其作为一般性理论的治理回应性理论，并运用治理回应性理论分析我国政府回应性的发展议程。从上述定位和思路出发，本书的主要研究技术可称为马克思主义意义上的逻辑与历史相统一的方法，或称实践与理论的历史比较分析法，具体来说主要采用以下研究方法。

（一）文献分析方法

在实证研究看来，文献分析一般不作为一种研究方法。但理论研究的性质使本书的研究方法从根本上区别于实证研究所使用的方法，几乎不涉及实地调研和统计数据分析。本书需要接触、占有、阅读、分析大量的中外文理论文献，全面掌握关于政府回应研究的学术文献资源。四川大学图书馆购买了国内和国外主流的学术文献数据库资源，为本书提供了坚实的文献保障。笔者长期专注于公共行政及政治学理论研究，也自行搜集或通过在美国的同学收集了很多相关文献，对研究主题的大致状况事先有一定了解，这有利于增强文献分析的全面性和针对性。与主题相关的文献资料是本论文研究的基础，而文献分析方法是本书研究的主要方法。

（二）系统分析方法

系统分析方法基于整体思维和普遍联系思想，将研究对象放在一个系统中进行考察，分析其与系统内部其他要素之间的关系和外部环境通过系统间接影响或直接对其产生影响的机制,从而把握住系统内部关系和外部规律及其演变机制。本书应用系统分析方法主要是将政府回应性这一议题先后放在政治与行政二分法视域和国家治理现代化视域进行研究,在诸多要素组成的系统中综合分析政府回应性的几个维度。

（三）历史研究方法

本书采用历史研究方法,一方面是分析政府回应性这一问题随着时代的变迁而演变的过程,另一方面是分析随着对政府回应性需求的变化理论家们提出的应对方案的嬗变过程。在使用历史研究方法时,笔者将融入所谓关于实践的理论方法①,用类似于教育学中的行动研究法②回溯式展现政府为提高回应性所做的努力变迁,以及这种变迁在理论上的反映和进化。

（四）比较研究方法

基于不同的政治生态和行政生态,一方面以政治学领域的回应性为对比参照,分析西方特别是美国公共行政学诞生后公共行政回应性难题的产生逻辑,以及理论家为解决这一难题而进行的努力,对比分析不同相关理论的优点与缺陷;另一方面以中国独特的制度、理论与实践状况来分析我国政府回应性的演变过程与特点。在前述工作基础上,从宏观上对比分析中国和西方政府回应的逻辑、理论异同,为整合不同点并提出一般性的政府回应性理论打下基础。

二、技术路线

本书用分阶段的主要研究内容及相对应的研究方法描述整个研究进程,据此形成技术路线图（见图1-12）。本书共六个部分通过三个研究阶段来完成,其中,第一阶段撰写绪论、第一章,主要研究内容是提出研究问题、综述研究现状、构建分析框架及维度,此过程中用到的研究方法主要是文献分析法和系统分析法。第二阶段撰写第二章和第三章,主要研究内容分为西方政府回应性的演进历程、理论逻辑及理论解释,中国政府回应性的演进历程、理论逻辑,以及西方理论面临困境且无法解释中国独特的政府回应性逻辑,检视政治学和行政学已有理论解决之前构建的分析框架中的相关问题的情况,运用的主要研

---

① 〔美〕克里斯·阿吉里斯、唐纳德·A. 舍恩:《实践理论:提高专业效能》,邢清清、赵宁宁译,北京:教育科学出版社2008年版。
② 教育研究中的行动研究法是针对实际问题制定解决计划并实施,之后对整个过程进行总结,对相关因素进行解释,是面向未来的。与此不同,本书只是借用这一研究思想,将政府回应性的行为退回到某个时间点,然后再向前推演,研究其规律性和理论与实践的互动关系。

究方法是历史研究方法和比较研究方法。第三阶段撰写第四章、第五章、第六章，主要研究内容是分析国家治理现代化视域为政府回应性理论创新提供的契机，建构基于国家治理现代化视域的政府回应性理论——治理回应性，提出基于治理回应性理论的中国政府回应性研究议程，最后总结全书并进行展望，主要研究方法是系统分析方法和比较研究方法。

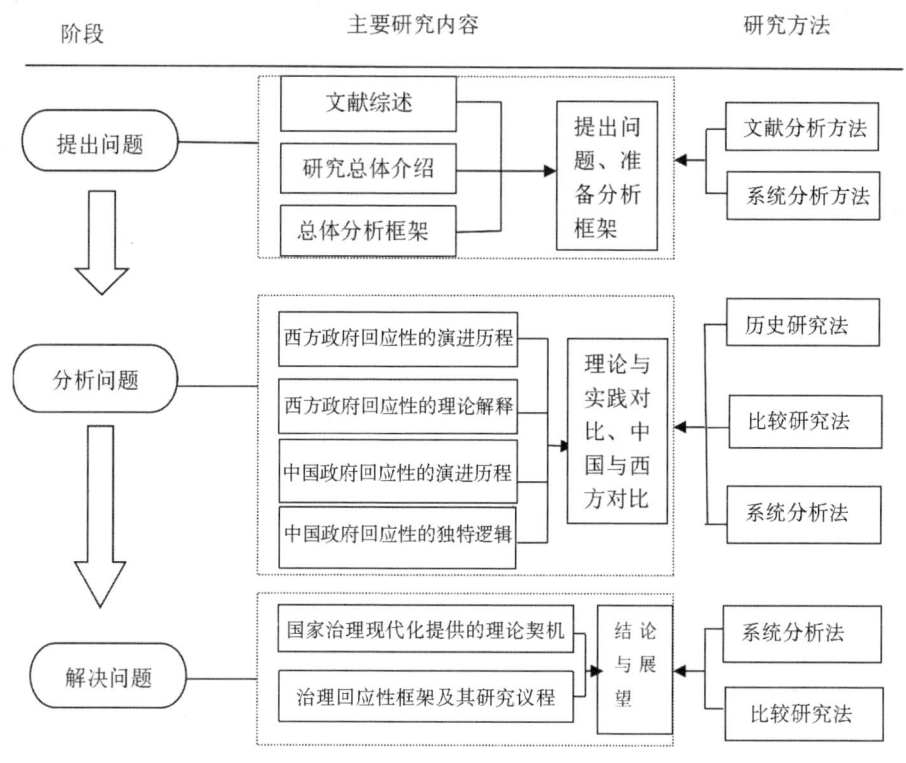

图 1-12 本书的技术路线

第五节 研究的创新之处与不足

一、可能的创新之处

如果按照熊彼特关于创新是"创造性破坏"的观点作为标准，那么本书很难说有实质性的创新，至多有"创造性的整合"，即对现有中西方政府回应性理论的创造性整合。如果降低创新的标准，其可能的创新之处有：（1）基于政治、行政和社会三者的关系提出了一个政府回应性的分析框架并将之运用于对西方和中国的政府回应性分析中；（2）比较系统地梳理了西方政府回应性的历程和理论逻辑，系统梳理政治学与行政学两个领域中可用于解释政府回应性的理论，并用"政体回应性"的概念总结其理论与实践逻辑；（3）阐明中国政府回应性的特殊逻辑及不能用西方理论解释的原因，并用"使命回应性"的概念总结了中国政府回应性的逻辑；（4）在深入剖析"国家治理现代化"这一话语的理论意义特别是对政府回应性理论进行重构的意义的基础上，重构了基于国家治理现代化视域下的政府回应性理论，提出了"治理回应性"的概念及其分析框架。

二、本书的不足之处

本书不足之处主要有两方面：实证资料缺乏和理论把握有欠缺。从根本上讲，这是由本书的理论研究定位决定的。一方面，本书是基于比较历史进行的理论分析，是较为纯粹的规范研究，主要在既有理论基础上开展相关分析并进行理论建构。因此，限于研究目的和篇幅，本书的理论分析总体较为宏观和规范，不可能对政府回应性的实际状况进行操作化调研，也没有像实证研究那样力求精确分析控制因素和影响因素，肯定会对一些层次稍低的政府回应性影响因素考虑和分析不足，对不同因素间的相互影响分析不足，即便是对中西方政府回应性变迁的历程和实际动力的分析也只是大致勾勒。这算是笔者作为一个理论研究者的自我审查；另一方面，本书涉及的政府回应性理论和概念较多，且歧义丛生，存在中国和西方话语的协调共存问题，需要广泛的阅读、突出的理论批判能力和深厚的理论建构功底。笔者作为年轻研究者虽已竭尽全力，但理论积累仍然不敷需要，因此，可能对一些理论的把握不够深入和到位。此外，本书提出了"治理回应性"等概念，其他研究者对此可能有与笔者不太一致的看法。

第一章

政府回应性的分析框架与维度

第一节 政府回应性的总体分析框架

政府回应性本质上是政府与社会的一种关系。在政治与行政相对分离和近代行政公共性得以确立后,公共行政作为一种理论和实践得以确立。政府与社会的关系也由政府和社会糅合的状态、作为一个整体的政权与社会的关系相对分化为政治与社会的关系、公共行政与社会的关系。

一、基于政治、行政、社会三者关系的政府回应性基础分析框架

此处试图在政治学与公共行政学的范围内,在参考卢曼的社会系统理论、伊斯顿的政治系统理论、里格斯等的行政生态理论基础上,建立满足本书主题研究需要的分析性框架。

根据卢曼的观点,政治系统是作为一个一般系统的现代社会的子系统,其生产具有集体性约束力的决策,这一子系统由公共行政、政党政治和公众交织在一起进行权力循环①(见图 2-1)。政治为公共行政设置决策前提,行政则为政治决策设计选项;政治需要向公众请求支持,公众则通过投票参与政治、表达偏好;公共行政的执行行为直接对公众产生影响,公众则通过自身或有组织地与行政机构接触交往,发挥其影响力。

---

① 斯蒂芬·朗格、乌维·施芒克:《复杂社会的政治社会学:尼克拉斯·卢曼》,见〔英〕凯特·纳什、阿兰·斯科特主编:《布来克维尔政治社会学指南》,杭州:浙江人民出版社 2007 年版,第 66 页。

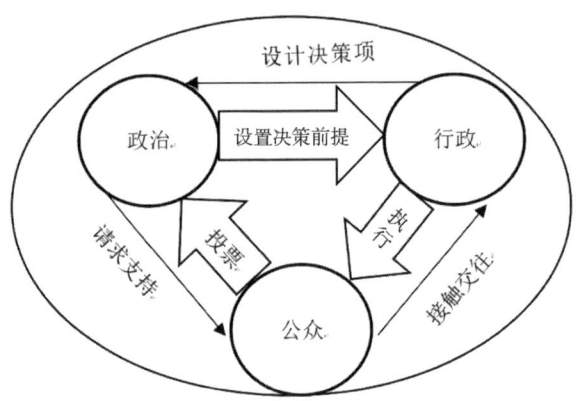

图 2-1 现代社会的政治系统

资料来源：斯蒂芬·朗格、乌维·施芒克：《复杂社会的政治社会学：尼克拉斯·卢曼》，见〔英〕凯特·纳什、阿兰·斯科特主编：《布来克维尔政治社会学指南》，杭州：浙江人民出版社 2007 年版，第 67 页。⇨ 为正式的权力循环，⟶ 为非正式的权力循环。

戴维·伊斯顿将政治系统视为对社会价值进行权威分配的系统，以一个大环境作为背景，要求和支持作为政治系统的输入，决策和行动则是政治系统的输出（见图 2-2）。鲍威尔所谓由公民偏好、公民投票行为、选择政策制定者、公共政策与结果等组成的民主回应性链条理论①（见图 1-4）是这个系统理论的一个基于西方民主体制的细化展示。

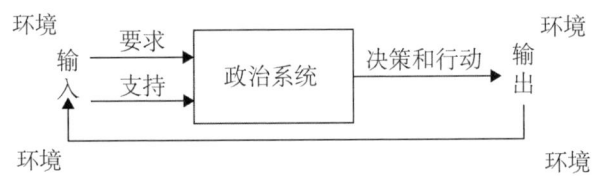

图 2-2 戴维·伊斯顿的简化政治系统

资料来源：〔美〕戴维·伊斯顿：《政治生活的系统分析》，王浦劬等译，北京：华夏出版社 1999 年版，第 37 页。

著名行政学家弗雷德·里格斯从经济因素、社会因素、沟通网、符号系统

---

① G. B. Powell, "The Chain of Responsiveness", In Larry Diamond and Leonardo Morlino (eds.), *Assessing the Quality of Democracy*, Baltimore: JHU Press, 2005, p. 63.

和政治框架五方面讨论行政与环境之间的关系,① 台湾学者彭文贤则将影响行政的生态环境因素分为政治因素、经济因素、社会因素和文化因素。② 王沪宁将行政生态学视为借用生态学中的生命主体与其所处环境之间相互作用及关系的理论及方法来研究行政系统与社会环境之间相互关系的学科。行政系统是一个由环环相扣子系统构成的整体,与社会环境之间存在能量交换,是一个开放的系统。行政系统的社会环境最重要的三方面是政治、经济和文化环境。③

本书将影响政府回应性并相互影响的因素界定为政治、行政、社会、经济、技术、文化六大因素,但这六大因素并非在所有的政府回应性实践中都全部存在。其中,最基本的是政治、行政与社会三者之间的相互影响。通过文献综述可以发现,不同学者对影响行政的环境因素界定有所区别,例如,社会在里格斯那里是影响行政的一个因素,而在其他学者那里则是一个包含政治、经济和文化环境等方面在内的外在于行政系统的社会环境整体。但学者都认为政治系统与整个社会系统或称外部环境的其他各种因素存在相互影响的关系。政府回应性分析也应基于这样的行政生态进行系统分析,特别是在对比不同国家政府回应性的时候。政府回应性可以分为政治回应性和行政回应性,结合公共行政学演变史,政治与行政的关系是研究的一条主要线索,二者虽然不能截然分离,但无论是在理论研究上还是在实践操作中,二者都存在相对分离的情况,本书认为可以将政治与行政做一个分析性的分类,虽然这不完全符合严格逻辑,但这种分析性分类对于开展理论研究是常见且有益的。为了分析的需要,聚焦本书的研究主题,参考绪论部分对西方政府回应性理论的综述,此处将政府分为政治、公共行政两方面④,初步拟定一个一般性分析系统框架(如图2—3所示),基于对政治和行政与社会的关系及二者的相互关系的抽象化,使政府与社会的关系变为政治与社会、政治与行政和行政与社会的三维关系,在后文的政府回应性研究过程中会适当分析经济、文化、技术等因素影响。

---

① F W. Riggs, *Ecology of Public Administration*, New York: Asia Publishing House, 1961.
② 彭文贤:《行政生态学》,台北:三民书局1988年版,第52页。
③ 王沪宁:《行政生态分析》,上海:复旦大学出版社1989年版,第28—33页。
④ 此处采用政治与行政二分法是因为西方政府回应性理论在政治学和行政学领域相对分离的现实情况(这一点在下一章会详细论述),纯粹是为了研究需要的分析性分类,不代表笔者认同政府运转过程中的政治与行政能够截然清晰分离开来。

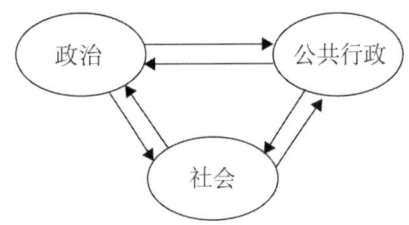

图 2-3　政府回应性的基本分析框架：政治、公共行政与社会的关系

就政治与社会的关系而言，在一个政治社会中，政府要回应社会的关切是现代政治文明的题中之义，是无须论证的命题。在西方，这种政治与社会的关系框架主要以代议民主制进行设计，其哲学基础是自由主义和社会契约论，其核心运转机制是竞争性选举。在广义上讲，国家与社会的相对分离是现代社会的一个基本特征，国家—社会关系也是政治学研究的一个长期的主题，而政府与社会的关系或政治与社会的关系则在很多情况下是国家与社会关系的近似等价表述。

就政治与公共行政的关系而言，根据威尔逊和古德诺等对国家功能的分析性划分，政治和行政是可以相对分离开来的。行政作为对国家意志的执行，显然有回应作为国家意志表达的政治的必要。在实践中，这种回应性表现在政治对行政进行控制基础上的行政机构对立法机构乃至司法机构的回应。西方的权力分离和制衡体制在不少情况下导致了"多头回应"难题，行政机构因需要同时回应多个"政治"机构而无所适从。

就公共行政与社会的关系而言，虽然在西方的制度设计中，公共行政被政治包裹，其功能定位是政治的执行，但不少学者拒斥了公共行政只是一个单纯的执行机构这一论断，认识到了公共行政直接与社会产生互动的必要性和可能性，认为公共行政应该回应社会和时代，行政生态学、弗雷德里克森代表的新公共行政学、公共行政的社会建构论和行动理论等都从不同角度强调了公共行政与社会的直接关系，公共行政的价值中立假设和纯工具特性假定都受到广泛质疑，公共行政的理性建构让位于基于互动的社会建构。① 因此，将公共行政独立出来考察其对社会需求的回应有其重要意义。公共行政对社会的回应在实

---

① 例如，全钟燮教授就明确将公共行政看作是社会、政治和民主实践的一部分。公共行政也只有在与社会的互动中才能得到更精确完整的定义。参见〔美〕全钟燮：《公共行政的社会建构：解释与批判》，孙柏瑛、张钢、黎洁等译，北京：北京大学出版社 2008 年版，第 10 页。

践中主要表现为官僚制公共组织及公务员的回应性。

综合起来,政治、行政与社会三维框架下的政府回应性在西方社会具体表现为"民选官—行政人员—公民"的互动。有学者从传统的政治与行政二分法、政府再造和公民参与等三个路径分析了民选官、行政人员与公民三者的回应关系的演变,如图2-4所示。

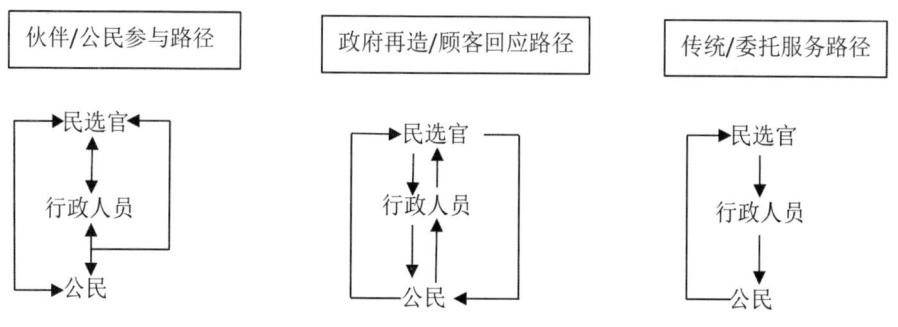

图 2-4 西方国家"政治—行政—社会"互动的演变

资料来源:T. A. Bryer, *Negotiating Bureaucratic Responsiveness in Collaboration with Citizens: Findings From Action Research in Los Angeles*, University of Southern California, 2007, p. 179.

二、技术影响下政府回应性基础分析框架的演变

上述政府回应性基础分析框架主要是从制度和行为领域之间的关系这一角度分析了政府回应性的影响因素,没有考虑其他因素特别是这些关系之间的介体和外界环境变化对这种关系所产生的影响。如果将"回应"视为一种沟通方式,那么"回应"就需要介体,且"回应"对作为介体的沟通技术或传播技术的依赖程度应该是很高的。例如,政府回应性的需求、方式、内容、效率等深受技术的影响,不同技术条件下的政府回应性有很大的区别。民意和社会舆论传播媒介随着技术的进化而不断进化,公共领域不断拓展,对政府回应的要求不断提升。在印刷术和报纸时代,民意表达和政府回应第一次有了公共媒介,公共行政对政治的回应有了书面纸质文件;在有线电话、广播电视时代,民意表达和政府回应进入有声时代,政府回应的效率较报纸时代有巨大的提高,这些技术同样也给政府内部的沟通和回应提供了极大的便利;在互联网时代,民意表达和政府回应进入了爆发期,回应需求量、回应量都有了巨大的增长,回应精确性要求提高,随着表达与回应时差的减小,政府回应性越来越接近政府和公民及社会的即时或短时滞互动,政府内部的沟通和回应也随之进入了电子

政府（e-government）时代。这三个时代大致对应三个技术时代，即机器时代、电气时代和信息时代，机器印刷、无线电通信和信息互联网化是三个对应的传播技术革命，这些技术的进化导致政府回应性的巨大变迁。从政治、公共行政与社会三者的相互关系看来，加入技术维度会使整个政府回应性的模型变得复杂起来，技术会同时与政治、公共行政、社会三者产生联系，使原来模型中的3对关系增加到6对（见图2-5）。政治与行政系统的输入压力猛增，虽然在技术的帮助下系统的回应能力在不断增强，但是技术对社会的赋权影响更显著，在一定程度上改变了政府与社会的相对地位。

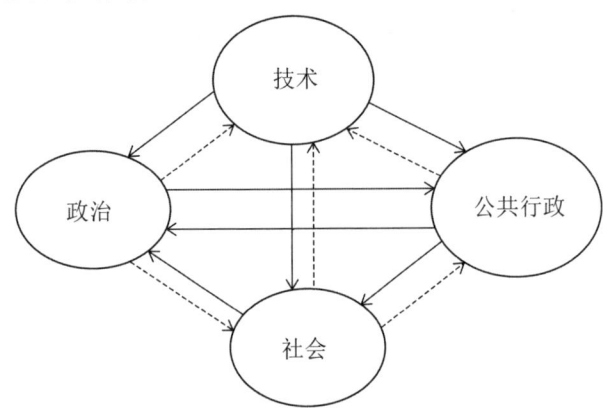

图2-5 政治、公共行政、社会、技术之间的交互关系

事实上，正是媒介技术的飞跃，对"政府回应性"的要求和政府部门和媒体使用"回应"这一词语的频率才如此之大，在移动互联网时代之前，民间没有方便快捷的渠道发出声音，也就不存在政府"回应"的对象了。从上述意义来讲，政府回应性作为一个有价值的研究主体在一定程度上是因为移动互联网时代对"回应"相关方的技术赋权。需要说明的是，虽然技术的进步对政治、行政和社会及其相互关系产生了非常重要的影响，但是政府回应性的基本分析框架还是政治、行政、社会三者的关系。还有很多其他因素都会影响三者的关系，技术只是其中一个突出的例子而已。因此，限于研究需要，此项研究将技术等其他因素作为三者关系的介体因素和环境因素纳入其中，不做单独分析。

第二节 政府回应性的具体分析维度

在政府回应性的总体框架下，对政府回应性涉及的要素进行分解，得出五个需要回答的问题——为什么回应、谁来回应、回应谁、回应什么、如何回应，分别对应政府回应性的原因、主体、客体、对象、方法五个维度。照此思路，政府回应性就是政府及其中的持有权力的组织或个人基于一定原因就某问题以某种方式回应公民与社会的一种活动。

一、政府回应的原因

回答政府"为什么回应"的问题就是要阐明政府回应性的原因维度。政府"为什么回应"是众多关于政府回应性理论首先要解决的根本性问题。如果不解决这个问题，其他几个问题存在的必要性就存在疑问；如果解决了这个问题，其他几个问题就有了解决的基础。

毋庸置疑，政府回应性是一种现代现象，是权力由"天授私有"变为"民授公有"的结果，是现代国家与社会关系下的产物。近300年来，世界范围的国家与社会关系朝现代转型，思想家深刻揭示的从共同体到社会①、从身份到契约（from status to contract）②、从君王作为神和天的"唯一"化身到"兆人万姓"的公民选举自己的代表实施治理、从专制到民主等方面的巨大转型就是这种关系转型的具体体现之一，而民主也在这一转型过程中逐步被请上了政治价值的神坛。

但是，在绝大多数现代社会，在主要政治架构上都不能实行类似于古希腊的直接民主。个人权利让渡给国家，从而形成带有公共性的"权力"，并以此反过来对国家中的个人实行规范性"他治"是现代国家构建的必然选择。在这个颇多自由主义成分的政治社会建构逻辑中，根据人民主权的原则，公共权力来源于个人权利，作为公共权力持有者的政府必然就其使用情况，特别是在保护

---

① 〔德〕斐迪南·滕尼斯：《共同体与社会》，林荣远译，北京：商务印书馆1999年版。
② 〔英〕亨利·梅因：《古代法》，沈景一译，北京：商务印书馆1996年版，第96—97页。

个人权利和谋求社会公共利益的情况，对社会和公民提出的质疑、建议和问询等进行回应。而这种权力需要在政府内部进行分配甚至可能进行转授权，由政治家通过法律授权给行政机构，转授权的承接者是回应直接授权人，还是回应本源授权人是一个很重要的问题。

具体而言，根据权力来源的不同，政治回应性和行政回应性的必要性是有所区别的。政治机构的权力来源于公民的选举授权，政治回应性意味着政治权力须对来源或授权进行回应，而行政权力虽然不是公民直接授权，但其最终来源是公民，行政权力的运用及其影响具有显著的公共性，因而行政也需要有回应性。政治回应性更多的是现代民主价值的一种内在要求，这种要求通过体制和制度设计体现出要求政府做出回应的形式逻辑；行政回应性的必要既是因为授权的形式化要求外部控制，需要履行客观责任，又强调行政人员依靠自身高度的道德感、使命感和公共行政精神实施内控，履行主观责任。事实上，我们可以根据回应要求的客观性和回应意愿的主观性两个维度对政府类型进行一个理想类型划分，分为回应型政府（有回应制度设计且愿意回应）、自主或失责政府（有回应制度设计但不愿意回应）、开明专制政府（无回应制度设计但愿意回应）和极权专制政府（无回应制度设计且不愿意回应），如图 2-6 所示。

现存的政府形式可能不符合上述四种纯粹类型中的任何一种，而是其中两种及以上的杂合物，或者说就回应性而言，政府具有多面性，不能一概而论。在前现代社会，不存在国家和社会关系，二者是统合在一起的，也没有关于回应的制度设计，回应不回应对于统治者而言更多的是意愿的问题而非责任问题，因为根本没有对不回应进行问责的机制。就现代社会而言，一般都存在关于回应的制度设计，这就是上文所述国家与社会相对分离状况下进行关系处理的一些原则，也是民主的题中之义。正是在现代性的意义上，政府回应这一行为才具有价值，"政府回应性"这个概念也才有其理论意义。但这种情况下的政府并不一定完全按照这种制度设计进行实质性回应，可能失责或者是出于其他原因进行自主判断而不回应，这就是行动理论中的一个重要问题，即信奉理论与使用理论之间的不一致现象[1]，政府认同人民主权原则，但在实际运作中不能处处按照这个原则的要求来展开实际行动。如果我们循名责实的话，那么政府的许多许诺或者其宣称的建立原则和追求价值是没有落实到行动的。

---

[1] 管理学家阿吉里斯对此有深刻的论述，某人信仰且对外宣称的理论被称为"信奉理论"，而真正指导他或她行动的却是另外的理论，即使用理论。参见〔美〕克里斯·阿吉里斯、唐纳德·A. 舍恩：《实践理论：提高专业效能》，邢清清、赵宁宁译，北京：教育科学出版社 2008 年版，第 6 页。

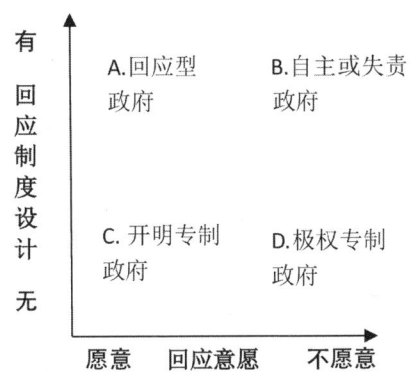

图 2-6 基于回应客观性和主观性的政府类型划分

资料来源：作者自制。

二、政府回应的主体

回应的主体主要包括组织和个人两种类型，前者包括政党和国家机关，后者则是持有和行使公权力的个人。政府回应性的主体问题也就是要回答"谁来回应"这一问题，这就涉及更深层次的"政府是谁"的问题。本书将政府视为广义上的，即在事实上掌握和行使公权力的个人和组织。政党特别是执政党作为党和作为执政者回应选民、支持者、反对者、公民、社会，虽然有研究指出非执政党也有回应性，但限于"政府回应性"这一研究主题，本书不将其纳入政府回应的范围。国家机构应有回应性，虽然不同政治体制的国家机构构成有所区别，但从横向上一般都包括立法机关、司法机关、行政机关及监察机关等，纵向上中央和地方的结构关系不一样，但不同层级的政府都应有回应性。持有公权力的个人应有回应性，无论是政治或行政领导人，还是部门负责人，抑或是一般公务人员，只要其行为与公权力的行使有关，就都需要有回应性。此外，随着政府权力部分转移到社会，这部分权力的承接者同样需要有回应性；如果是实行非权力主导的治理，那么回应主体和回应客体之间的界限就模糊化了。

三、政府回应的客体

回应性的基本逻辑应该建立在以下对应的主客体关系基础上：持权者和用权者回应授权者、执行者回应命令者、代理者回应委托者、代表回应被代表者、服务者回应被服务者等。政府回应的客体问题就是要回答政府"回应谁"这一问题。政府回应性最重要的面向是政府与公民和社会的关系，其指向的对象是公民与社会。与此同时，政府回应性有时也被认为是政府体制和机构自身运转的内部关系体现，被回应的对象可能是直接上级或命令的发出者，也可能是其他横向机构。就前一方面而言，政府回应的对象可能是泛泛的公众和社会，也可能是社会中的某一部分群体，如弱势群体、强势群体、少数群体等。随着政府和社会关系的演变，"回应谁"的指向同样可能变得模糊化。本书主要针对政府对作为客体的社会和公民的回应，即政府对外部回应，兼及政府内部的回应，主要是行政对政治的回应。

四、政府回应的对象

政府回应的对象区别于政府回应的客体，是指政府回应性要回应的问题。政府回应的对象主要解决政府"回应什么"的问题。这种回应对象既可能有较为具体的对象属性，也可能不具备具体的对象属性；既可能是明确具体的问题，也可能是不太具体的价值。可以简单将政府回应性要回应的问题分析性地分为命令、法律、民意、问题和价值五类。命令来自政府内部的上级，需要命令的执行者进行回应；法律需要政府去执行，回应法律要求也是现代文明中政府工作的重要内容；民意，是指来自公民问询、建议、诉求等，这需要政府回应；问题，是指需要政府去解决但未被公民和社会系统提出来的社会问题；价值，是指需要政府去追求的公共价值，如民主、公共利益、公平正义（如在不同群体间进行分配的优先顺序）、服务满意度和人民获得感等。需要说明的是，这一划分仅仅是分析性的，除了前两类相对明确但二者之间可能存在冲突外，后三类不具有完全的互斥性，也不是完全相互割裂的，如回应民意必然会带有一定的价值取向，解决社会问题可能面临相互冲突的民意，又如政府解决社会问题必然基于一定的价值取向。但我们确实可以认为这三类之间有较大的区别，例如，满足部分特权可能就损害了公共利益，解决社会问题可能带来新的社会不公等。因此，理想的政府回应性应该带有一定的自主性，是自主性和回应性的结合。

五、政府回应的方法

政府回应的方法，是指政府用什么、以什么方式对公民和社会进行回应的问题。政府回应的方法问题就是要回答政府"如何回应"的问题。"如何回应"的第一个方面是用什么来回应的问题，也可称为"回应工具的问题"。那些被用于回应的要素包括制度、体制、政策、行为等不同层次。制度和体制本身就反映了一定的民意和价值，却在很多微观视角中被当成不变的因素而未纳入政府回应性研究，在比较政治和比较公共行政研究中就不能忽略了。通过政策反映民意和解决社会问题是政府回应的重要工具,其涉及中观层面的回应工具,包括政策制定、执行、评估等。政府日常行为中与公民和社会的互动方面是政府回应工具的微观层面,也是我们惯常理解政府"回应"情景的场域,如电子政务回复公民的网络留言。

"如何回应"的第二个方面是以什么方式来回应的问题,也可称为"回应渠道的问题"。回应渠道包括新闻发布会、沟通、宣传、留言板回复、群众路线等,在移动互联网时代特别强调网络线上渠道与传统线下渠道相结合。上述两个方面的划分同样是相对的和分析性的,例如,政策宣传既直接涉及政府的政策又涉及政府的行为,这也是二者都被统一到"如何回应"这一点上的原因。

以经过分析后的五个维度为基础,可以将政府回应性抽象理解为:谁(回应主体)为何(回应原因)就什么问题(回应对象)怎样回应(回应方式)谁(回应客体)的活动与过程。具体说来,可以将政府回应性视为作为一个整体的政府及持有政府权力的组织和个人基于一定的客观要求或主观意愿,就法律和命令执行、民意诉求处理及公共价值维护情况,通过新闻发布会、沟通、宣传、留言板回复、群众路线等渠道以体制和制度设计、政策生产、直接行为等形式回应公民与社会的一种活动。

第三节 政府回应性分析的整合框架

政治、行政与社会三者形成三对二维关系,每对二维关系之下都存在着政府回应性的六个分析维度,将政治、行政与社会三者的关系与政府回应性的分析维度整合在一起,形成一个整合性分析框架,如表2-1所示。在这个框架中,可以从宏观上将政府回应性分为政府内部回应性和政府外部回应性,政府内部回应性主要针对政治与行政的关系,兼及行政内部的层级沟通;政府外部回应性主要针对政府中政治和行政各自与社会的关系,体现为政治回应性和行政回应性,具体包括体制回应性、政策回应性和服务回应性等。鉴于行政机构及人员事实上在制定政策,故政策回应性同时存在于政治回应性和行政回应性之中。行政机构和体制的调整与变革是政治体制变革的一部分,其调整的动力和权力主要来源于政治方面,因此,体制回应性主要存在于政治回应性中。本书侧重于研究政治及行政对社会的回应,兼及行政对政治的回应和对政府行政层级内的回应。

表 2-1 政府回应性分析的整合框架

回应性的五个问题	政府内部回应性	政府回应性类别政府外部回应性	
		政治回应性：体制回应性和政策回应性	行政回应性：政策回应性、服务回应性等
	政治—行政	政治—社会	行政—社会
为什么回应	政治控制行政	人民主权的要求	执行法律和命令的需要
谁来回应	行政组织和官僚	民选政治家、议员	行政组织和官僚
回应谁	民选政治家、议员	选民、公民	公民
回应什么	法律和命令执行情况	公共价值、公共利益、选民诉求	公共价值、公共利益、公民需求、公共问题
如何回应	执行命令和法律	体制回应性和政策回应性：调整体制、出台和调整政策	行政回应性：行政体制改革、提供服务、出台和调整政策

资料来源：作者自制。

第二章

政体回应性：西方政府回应性理论及其困境

西方的政府回应性是基于代议制民主的"政体回应性"。"政体回应性"这一概念是前述一般性概念"体制回应性"的西方化表现形式，主要指西方的政府回应性其逻辑起点和实际运作都是基于代议制民主的设计与要求。英国政治学家约翰·密尔认为，现代政府的理想形式或称最好的形式是代议制政府，代议制政体是全体人民都有代表参加的政体，能充分满足社会不同阶层和群体要求。① 时至今日，西方各国都以代议民主制为政体，其政府回应性的历史变迁和现实运转逻辑从根本上都建基于这一政体。

第一节 西方政府回应性变迁的历程与逻辑

一、西方政府回应性变迁的简略历程

"政府回应性"这一议题在西方的出现和变迁大致经历了民族国家的建构、民主回应体制的基本确立、普选权的实现和行政权的扩张等几个阶段。这几个阶段分别解决了政府回应性的必要性、体制设计、选举回应性和行政权的回应性等问题。欧洲文艺复兴、宗教改革和启蒙运动诞生了主权在民、社会契约论等时至今日已深入欧美国家人民心理底层和政治实践的重要思想，从思想上开启了从传统封建国家经绝对主义国家过渡到近代民族国家的历程，政府回应性的必要性也随着民族国家区别于封建王国和绝对主义国家的民主化特征而被摆上台面。此后，西方国家则从立法体制的确立和公民投票权利等角度去构建和完善政府回应性的体制机制，并随着行政权相对于立法权的扩张进程而不得不面对行政权的回应性问题。虽然各国在具体的政治实践上并不完全一样，也并非完全同步，但是在总体历程和演进顺序上都大致经历了此处叙述的几个阶段。

---

① 〔英〕密尔：《代议制政府》，汪瑄译，北京：商务印书馆1982年版，第33—52页。

(一) 西方民族国家确立的人民主权原则需要政府回应

西方民族国家是建立在人民主权基础上的，其政府需要回应民族和人民的利益。欧洲的国家建构史基本上经历古代城市国家（或称"城邦"）、中世纪帝国和近代的民族国家这样一个发展过程。在中世纪帝国与近代民族国家之间，中世纪的罗马帝国分裂为许多独立割据性的封建邦国，但处在基督教权的一统之下，后来各国国王通过与市民阶级的合作既弹压国内贵族的离心之举[①]，又通过宗教改革等成功实现了与基督教教皇的相对独立，在本国建立了"民族教会"，实现宗教国别化。在这样的背景下，16世纪的西欧出现了绝对主义国家[②]，不同绝对主义国家在行政力量的集中和扩张、新的法律机构的发展、财政管理模式理性化等方面具有共同点，[③] 这在一定程度上表明绝对主义国家具备"常备军、常设官僚机构、全国性税收、成文法以及初步的统一市场"等近代资本主义兴盛所需要的特征。[④] 概而言之，绝对主义国家在政治整合、经济整合乃至文化整合方面的强力作为"塑造"了一个个作为共同体的民族。

绝对主义国家促进了近代主权国家的建立，客观上为近代欧洲民族国家奠定了领土、民族性和国家性等方面的基础。绝对主义国家建构起基于王权的政治认同，以王权为中心建立超越个人利益、局部利益、地方利益的民族或国家整体利益。[⑤] 但是，基于绝对主义王国力量在客观上建成的民族后来成了反对国王的力量，因为国王在根本上是代表不了民族的，其存在不是为了维护民族利益，也不会有任何回应社会和民族的需要，国王和王国的私人属性和民族的

---

① 马克思主义的经典著作对此多有论述，例如，"国王的政权依靠市民打垮了封建贵族的权力，建立了巨大的、实质上是民族为基础的君主国"。参见中共中央马克思恩格斯列宁斯大林著作编译局编：《马克思恩格斯选集》（第4卷），北京：人民出版社1995年版，第261页。但吉登斯对此提出了异议，认为绝对主义国家是占有土地的少数人组成的阶级对来自内部和外部威胁所做出的反应所产生的无意识后果。参见〔英〕安东尼·吉登斯：《民族—国家与暴力》，胡宗泽等译，北京：生活·读书·新知三联书店1998年版，第120页。
② 〔英〕佩里·安德森：《绝对主义国家的系谱》，刘北成、龚晓庄译，上海：上海人民出版社2001年版，第3页。
③ 〔英〕安东尼·吉登斯：《民族—国家与暴力》，胡宗泽等译，北京：生活·读书·新知三联书店1998年版，第118—126页。
④ 〔英〕佩里·安德森：《绝对主义国家的系谱》，刘北成、龚晓庄译，上海：上海人民出版社2001年版，第4页。
⑤ 李宏图：《论近代西欧民族主义和民族国家》，载《世界历史》，1994年第6期，第9—11页。

公共性之间存在不可调和的矛盾，即启蒙思想所公认的所谓"专制之下无祖国"（拉·布吕耶尔语），这一点后来被自诩代表民族利益的资产阶级所利用，后者成功打造出近代资产阶级共和国形式的民族国家，实现了民族与国家的统一。

也就是从16世纪开始，欧洲由单纯的国家建构（state building）转变为民族国家建构（nation-and state-building）。按照查尔斯·蒂利的研究，16世纪到20世纪初的欧洲近现代民族国家的建构大致经历了国家性显著提高—大规模国家缔造—国家性巩固—不同国家的政府趋同等几个阶段①，最终都落脚到民族国家这一形式上。民族国家之所以在与其他形式的竞争中脱颖而出，是专门化组织的运转，欧洲边缘的开放性，城市、贸易、商人、手工业者和早期资本主义等因素综合作用的结果。②依照蒂利的观点，不同于教会国家（papal states）、商业联邦（commercial federations）、各种形式的封建组织（feudal organizations），民族国家（the national states）具有以下显著特点：它控制着一块经严格界定的连续领土③，它是相对集权的，与其他所有组织相区别，具备对领土内的强制力的集中和垄断④。周平教授则认为，西方民族国家有三个基本特征：主权国家特性、民族认同与国家认同相统一、属于全体人民。⑤不难看出，西方民族国家除了在民族性、人民主权的性质上与绝对主义王国存在本质区别之外，其他部分的特征基本都是在绝对主义时代奠基的。启蒙思想家在国家和社会的起源上假说从根本上颠覆了王权的合法性，但西方民族国家的构建在很大程度上继承了绝对主义时代以王权为中心对民族和国家认同的塑造，绝对主义王权的政治整合功能客观上对民族国家的构建起到了不容忽视的积极作用。在现实中，从绝对主义国家到近代民族国家则是通过一系列资产阶级革命实现的。

近代以来的人民主权原则在民族国家确立的过程中同步确立起来，而人民

---

① C. Tilly, "On the History of European State-Making", in C. Tilly and G. Ardant (eds), *The Formation of National States in Western Europe*, Princeton: Princeton University Press, 1975, p. 34.

② C. Tilly, "On the History of European State-Making", in C. Tilly and G. Ardant (eds), *The Formation of National States in Western Europe*, Princeton: Princeton University Press, 1975, pp. 29–30.

③ 直到18世纪，王国之间的自然边陲才发展成为互相同意的国界。参见〔英〕安东尼·吉登斯：《民族—国家与暴力》，胡宗泽等译，北京：生活·读书·新知三联书店1998年版，第112页。

④ C. Tilly, "On the History of European State-Making", in C. Tilly and G. Ardant (eds), *The Formation of National States in Western Europe*, Princeton: Princeton University Press, 1975, p. 27.

⑤ 周平：《对民族国家的再认识》，载《政治学研究》，2009年第4期，第91—92页。

主权原则必然要求政府具有回应性。因为民族国家的建立本身就是基于人民主权、用人民主权取代君主主权的一个历史过程，所以民族国家的政府需要回应民族和人民的需求和利益。绝对主义国家的君主是专断的，即便这种专断是开明的，也是基于其一己之私念，君主从制度上讲是不需要回应社会的。绝对主义国家确立了世俗国家主权，用"主权在人"取代了宗教普遍意义上的"主权在神"（世间国家不过是神的国在人间投射），但其主要表现还是"主权在君"，只不过它为"主权在民"打下了基础。① 资产阶级革命则推翻了绝对主义国家，建立了民族国家，但继承了其领土和主权，并将"主权在君"转变为"主权在民"，使国家主权彻底世俗化，最终确立起人民主权原则。例如，法国大革命中诞生的《人权宣言》明确规定主权的本源是人民。在上述历史进程中，布丹关于国家主权的理论、卢梭的人民主权理论等都在思想上为人民主权的确立起了重要的论证作用。② 人民主权原则与自然法和社会契约论都存在密切关系，甚至可以说后二者是关于人民主权原则的必要理论论证。人民主权原则一旦得到承认，政府就为主权服务，主权是绝对的，而政府是相对的，如果政府不能回应人民，那么政府就应该被更换掉。

民族国家建立之后，建立它时被用作理论武器的人民主权原则及其为人民主权原则做论证的自然法和社会契约等理论也由革命理论转变为需要以制度进行落实的建设理论。也就是说，人民主权原则及其要求的政府回应性需要制度设计加以落实，而代议民主制正是这样一种制度。

（二）确立代议民主制作为政府回应体制

西方政府回应的基本体制是代议民主制，这一体制的建立可以分为现代代议制的建立和代议与民主的挂钩两个步骤。

1. 现代政党推动传统等级代表制过渡到现代代议制

现当代西方的代议制度有其前现代原型即等级代表制。虽然议会是绝对主

---

① 事实上，不少学者承认，古希腊民主中的公民就已经享有了城邦的"主权"，可谓"人民主权"，但当时并不存在民族国家概念。本书则主要关注西方近代以来"人民主权"原则的确立及其对政府回应性的本质要求。

② "人民主权"是一个内涵丰富且值得深入探讨的理论话题，其萌芽于中世纪后期（参见吴旭阳：《14 世纪的"人民主权"理论萌芽——中世纪后期西方的"人民主权"理论小结》，见何勤华主编：《公法与私法的互动》，北京：法律出版社 2012 年版，第 18 页），西方许多思想家对此都有精深的论述，详细梳理相关理论显然已经超出本书主要任务的范围。关于这一主题的综述参见聂露：《人民主权理论述评》，载《开放时代》，2002 年第 6 期，第 99—112 页；陈永鸿：《人民主权理论的演进及其启示》，载《武汉大学学报》（哲学社会科学版），2007 年第 2 期，第 256—260 页。

义时代的一项重大创新,① 当时的议会更多地被称为等级会议,但是绝对主义时期更多的情况是"朕即国家"(路易十四语),那时的议会召开不召开、何时召开、讨论什么议题等方面的权柄都操控在国王手中,与现代议会存在天渊之别。此外,参加会议的代表是代表某一个阶层而非个人(且底层一般没有自己的代表),代表是某一阶层委任的,其权限仅在于同意国王征税和向国王提意见,这些方面都与现代议会存在根本区别。② 在传统议会的功能现代化的过程中,政党动员发挥了重要作用。

在现代政党的重要推动作用下,传统等级代表制历史性地转型到现代代议制。如前文所述,在经过资产阶级革命之后,民族国家建立了起来。但初创的民族国家体制沿袭了绝对主义时代的一些特征,这一点在议会方面表现在议会组成的贵族特征,而广大的普通民众依然被排除在议会之外。此时,议会中的政党也是贵族式的,没有去从外部争取选票的意识和压力,不关注和回应普通人的需求,因而在事实上是不民主的。与此相应,此时的政府是行政部门向议会负责任的政府。在选举权延伸到贵族之外的阶层范围之后,政党的精英做派已经不合时宜,必须寻求取得越多选票越好,追求选票成为政党的主要目标之一,内向的负责任的政府也需要转变为回应选民民意的回应型政党政府。而为了更好地追求选票,政党内部需要团结一致,既便于集中力量,也便于给选民以一致的、可预期的政党形象,这就促进了政党巩固和政党系统的形成。在选举权不断扩大的同时,政党政府形成,贵族政党也最终变成了外向型的回应民意的大众政党,由民做主而不是为民做主在形式上通过投票权的开放逐步实现(政治学家萨托利详细分析了这一过程,见图3-1)。

回应型政党政府建立之后,还需要在观念上的关键一步才能完成代议民主制的建构,这一步就是在理论上将代议制与在古希腊业已存在的民主联系起来。

---

① 〔英〕安东尼·吉登斯:《民族—国家与暴力》,胡宗泽等译,北京:生活·读书·新知三联书店1998年版,第108页。
② 严海兵:《选举与国家认同——西欧民族国家构建的历史经验》,载《学海》,2012年第4期,第100页。

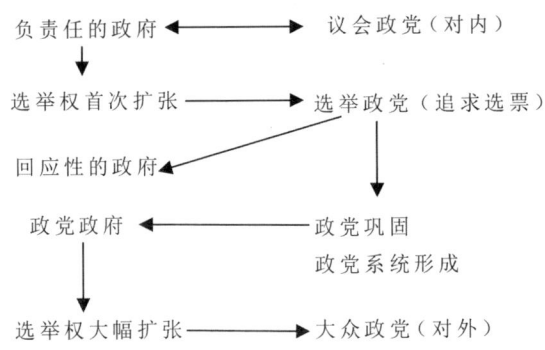

图 3-1 从责任政府到政党政府（英国的例子）

资料来源：G. Sartori, *Parties and Party Systems: A Framework for Analysis*, ECPR press, 2005, p. 18. 参考了萨托利著作的中译本：〔意〕G. 萨托利：《政党与政党体制》，王明进译，北京：商务印书馆2006年版第44页。

2. 现代代议制与民主结合催生代表的民主回应性

民主的原义为"人民的统治"，在现代代议制与民主强行结合之后，民主的含义则演变为民选的"代表要回应人民"。正如达尔所言，"代议制与民主制的结合是一件创举"①。美国革命和法国大革命创造了"代议制政府"和"代议民主"这样的词汇②。与古希腊城邦国家不同，代议制是人数众多的近现代民族国家必然采取的政治形式，虽然人民不可能直接实施统治，只有少数人有机会亲执国家权力行事。但民族国家是人民主权的国家，而非王权为中心的国家，因此必须体现民主性。也就是说，民族国家必须民主化，才能在根本上说它不同于绝对主义国家。但民主的原初含义就是"人民的统治"，而代议制则似乎表明人民并不是直接在统治，这也是卢梭坚决反对代表的原因。③ 密尔则认为，理想上最好的政府是代议制政府，且这种政府要代表全体人民而不是大多数人才能被称为是民主的。④ 我们可以认为，如果不民主，即便我们认同代议制，代议制政府恐怕也不能被称为"最好的政府"了。如此看来，代议民主制如果要成立，代议与民主之间可能的内在矛盾就需要得到妥善解决，以实现代议和

---

① 〔美〕罗伯特·达尔：《民主及其批评者》，曹海军、佟德志译，长春：吉林人民出版社2006年版，第28页。
② N. Urbinati, *Representative Democracy: Principles and Genealogy*, Chicago: University of Chicago Press, 2010, p. 138.
③ 〔法〕卢梭：《社会契约论》，何兆武译，北京：商务印书馆2003年版，第119—124页。
④ 〔英〕密尔：《代议制政府》，汪瑄译，北京：商务印书馆1982年版。

民主的结合。这一结合同样主要在美国革命和法国大革命期间完成，其关键的操刀手则包括西耶斯（Emmanuel-Joseph Sieyès）、潘恩（Thomas Paine）和罗伯斯庇尔（Maximilien François Marie Isidore de Robespierre）等。

有天主教神父身份的西耶斯的现代代表观为民主与代议的结合搭建出了理论地基。在西耶斯之前也存在代议制，只不过这种代议制更多的是指有产者被征税时有其代表在征税协商的现场，代表本质上是代表的财产而非个人，更非普通民众，因而传统的代表具有典型的贵族制特征。西耶斯意义上的民族国家则是一个由选民组成的代议制政府。① 他承认主权不在国王而在国家，而现代国家的人民参与权力的行使最好通过授权代表来进行，因为代表能比人民更能了解普遍利益和人民的意志，代议制比直接统治更符合理性，在历史上占支配地位的古希腊民主观不可能实现的现代世界，代议制恰逢其时，成为一种更恰适和更优秀的人民统治形式。② 不难看出，西耶斯的代表观已经大大不同于传统的贵族代表观，但其在内心还是认为民主制和代议制是相互矛盾的，代议制是作为对民主制进行替代的一种人民统治方式而存在的。

在现代代表观的基础上，潘恩将代议制视为现代社会中实现民主的一种方式。潘恩将古希腊的城邦民主制称为"简单民主制"，并认同民主意味着人民的直接统治这一观点，潘恩认为，"简单民主制是一种社会自治，不借助外在手段。将代议制嫁接到民主之上，我们就找到了一种能够包容和联合各种利益以及任何规模的疆域和人口的政府体制……正是在这样的制度上，美国政府建立了"③。在通过在理论上颇为惊人的嫁接手术之后，民主制通过代议制解决了运转难题。据此不难看出，潘恩的"嫁接"策略始于对民主原义的承认，但又经过代议对民主原义加以改造以使其适合广土众民的国家，而最终实现了对民主原义的背离，使民主之义近于共和之义，使这种政府体制能对多种多样的利益存在包容性。

罗伯斯庇尔则较潘恩走得更远，他果决地斩断了民主思想的古代遗产（或称为"包袱"更合适）与现代民主制的关系，直接拒斥了古代的民主含义。他

---

① N. Urbinati, *Representative Democracy: Principles and Genealogy*, Chicago: University of Chicago Press, 2010, pp. 138-161.
② C. Hobson, "Revolution, Representation and the Foundations of Modern Democracy", *European Journal of Political Theory*, Vol. 7, No. 4, 2008, pp. 452-455. 完整的中译版本参见〔澳〕. 克里斯托弗·霍布森，欧树军译：《革命、代表与现代民主制的根基》，载《北大法律评论》，2012年第13卷第2期，第568—588页。
③ 〔美〕托马斯·潘恩：《常识》，马万利译，南京：译林出版社2015年版，第116页。

不认为民主意味着人民的直接统治,而直接断定民主必然涉及、必须借助代议制,代议制是民主的内在组成部分,或者更简单地说,民主制等于代议制,"民主制就是代议制"①。经过思想家的转义和嫁接之后,在现代社会民主依然是可行的、是代议的,亦即代议制民主取得了某种合法地位。

在代议制民主的视域下,民主由人民的统治变为人民主权理念下由人民选举治理的人,人民通过选举代表从形式上控制民选机构,民选机构和官员须回应人民,这样人民通过选举间接实现了人民主权,民主由人民的统治转义到人民选举代表和代表回应人民。这一民主转义经过约瑟夫·熊彼特的选举民主论调而达到民主所有含义的最低点,民主被其视为通过竞争性选举选择精英实施治理的活动,代议制民主的选举之维成了民主的全部,关于此观点为"最低意义上的民主"的评价可谓切中肯綮,而此意义上的代议制民主也彰显其贵族和精英统治的混合特征。至今,关于代议制民主只是当时各个阶层妥协下的虚伪民主的观点仍然不绝于耳。②

(三) 确立普选权以实现对公民需求的形式回应性

在西方,人民主权作为一种价值最终落脚到代议制民主这一制度方案上,而代议制民主作为一种体制最终落脚到选举这一民主技术上。在西方代议民主制度设计中,代表的民主回应性主要是通过选举加以授权和控制的,在基本回应性体制确立的情况下,逐步解除选举权限制实现普选权进而实现对公民需求的选举回应性成了西方政府回应性变迁的下一个阶段。选举被西方民主寄予厚望,突破选举限制实现对公民的普遍的选举回应性成了代议民主制确立后的重大政治实践。而普选权的实现,反过来又有利于重构全体国民对民族国家的政治认同。

随着财产、身份、性别、年龄、种族等方面的限制被逐一解除,普选权逐步实现。在欧洲国家中(具体情况见表3-1),希腊最早赋予男性普选权,实现50%以上成年人有选举权目标先于赋予男性普选权的国家有丹麦、爱尔兰、意大利、荷兰、英国等,除意大利外的这些国家都在1918年赋予了男性普选权。比例代表制的引入降低了政党进入和获取议席的门槛,有利于刺激政党进入它们原本影响力不强的选区。复数投票制度(某些群体的人可以投多票)在第一次世界大战以后基本被废除,但英国在1948年通过《人民代表制法》才彻底废

---

① C. Hobson "Revolution, Representation and the Foundations of Modern Democracy", *European Journal of Political Theory*, Vol. 7, No. 4, 2008, pp. 461–465.

② 此类著作为数不少,例如,〔美〕迈克尔·帕伦蒂:《少数人的民主》,张萌译,北京:北京大学出版社2009年版。

除大学和工作等方面的复数投票制度，实现了具有选举权的人每人都有等值一票的目标。

表3-1 欧洲国家人民选举权扩大的过程

国家	人口与能力限制解除年份	复数投票废除年份	赋予男性普选权年份	50%成年人有选举权年份	废除间接选举年份	引入比例代表制年份
奥地利	1897（仅在第五地区）	1907	1897	1907	1907（绝大多数）	1919
比利时	1894	1919	1894	1894	1847	1900
丹麦	1849（仆人除外）	—	1918	1849	—	1920
芬兰	1907（等级体系）	1907	1907	1907	1907	1907
法国	1848	1817	1871	1871	1831（1793）	1945
德国	1848，1867：帝国1871	—	1871	1871	1849（1871）	1919
希腊	1844	1844	1844	1844	1844	1926
冰岛	1916（穷人和仆人除外）	1874	1916	1916	1874	1959
爱尔兰	1918（英国治下）	1918	1918	1886	—	1922
意大利	1913	—	1919	1913	皮埃蒙特：1848	1919
荷兰	1918	1849（等级）	1918	1897	1848	1918
挪威	1900	—	1900	1900	1906	1921
葡萄牙	1911（对文盲的收入限制废除）	—	1911	1975	1838（1822）	1975
西班牙	1869	—	1869	1976	1837（1834）	1976
瑞典	1911（尚存税收限制）	1866（等级）	1911	1911	1911	1911
瑞士	1848	—	1848	1848	1848	1919

续表

国家	人口与能力限制解除年份	复数投票废除年份	赋予男性普选权年份	50%成年人有选举权年份	废除间接选举年份	引入比例代表制年份
英国	1918（大学和工作限制保留）	1918	1918	1886	—	—

注：表中年份表示的是限制解除（abolition）或选举技术应用（introduction）首次开始的时间，"—"表示相关资料缺失。

资料来源：Daniele Caramani, *The Nationalization of Politics: The Formation of National Electorates and Party Systems in Western Europe*, New York Cambridge University Press, 2004, p. 223.

在美国，选举权利被视为公民的首要权利。但美国建国之后40年左右基本上是有产者政治，有选举权的只是占总人口很小比例的有产者。1828年，美国基本废除了关于选举的财产限制之后，一半以上的成年白人男性具有选举权，此后，消除关于选举的种族歧视成为美国政治发展的重要内容。美国不是欧洲意义上典型的民族国家，而是一个多种族的移民国家。因此，在美国选举权限制解除的过程中，解除对少数族裔的选举权限制是一个非常重要但耗时久远的进程。南北战争之后，1868年，黑人获得美国公民身份，两年之后美国通过的宪法修正案规定不能因为种族而限制公民选举权，但南方各州仍然通过修改本州宪法对选举权施加财产税收和文化水平方面的限制，从事实上限制黑人的选举权，而土著居民印第安人直到1948年才在法律上拥有选举权。[1] 经过马丁·路德·金等民权运动领袖的不懈斗争，美国黑人最终在1965年国会通过的《投票权法案》中获得平等的投票权利，有关其选举权的所有前置条件被废除，而这与1870年《联邦宪法修正案》赋予黑人选举权已相去近百年。

妇女获得普选权经过了漫长的过程。表3-1并未展示妇女获取选举权的过程[2]。以英国为例，1866年，英国首次提出妇女享有选举权；1918年，英国规

---

[1] 陶文昭：《选举权发展的历史审视》，载《天津行政学院学报》，2010年第12卷第2期，第18页。

[2] 更详细的数据可参见〔美〕托马斯·雅诺斯基：《公民与文明社会》，柯雄译，沈阳：辽宁教育出版社2000年版，第250—251页。但该书中的相关数据与本书中的部分数据可能存在出入，限于资料和学识，笔者目前尚无法对哪一数据更准确做出专业判断。

定妇女享有选举权,但并不与男性对等;1928年,英国妇女才获得与男性同等的选举权。其他主要西方国家,世界上妇女最早获得选举权的国家是新西兰(1893),其他国家妇女获得法律上的选举权都在20世纪之后,如芬兰(1906)、挪威(1913)、丹麦(1915)、美国(1920),而法国女性在1944年才正式享有与男性同等的选举权,① 瑞士妇女则在20世纪70年代中期才享有选举权②。

经过超过百年的发展,伴随着各种限制条件的解除,成年公民普选权在西方各个国家逐步实现。例如,英国在1928年实行了男女平等的21岁以上成年公民的普选权(后来这一年龄有调整),美国在20世纪70年代实现这一目标。不难看出,选举权发展的总体趋势是从有限制条件的选举权到普选权,从精英或贵族式选举转变到大众选举,最终实现所谓"一人一票,每票等值"原则。随着平等普选权的实现,西方代议制民主化也被认为已经实现。而在西方主要国家民主化之后,西方代议民主向非民主国家扩散被认为是全球政治发展的重要议程,所谓的第二波、第三波乃至第四波民主化的浪潮就成了西方政治家喜闻乐见的重大政治事件,虽然事情并不尽如人意。

在西方代议民主制确立和通过普选权实现民主化之后,公民通过投票表达诉求,有组织的选票竞争者政党及其推出的候选人通过执政纲领和上台后的承诺去吸引公民的选票,对公民的诉求进行回应和满足,西方政治体制层面的政府回应性逻辑建立并运转起来,虽然这一体制饱受关于回应性的有效性的质疑。

上述有关西方代议民主制体制主要是在投票层面进行的,公民通过选举对政治权力进行认证是其重要特点,这种认证的对象最终主要体现在立法权层面。但任何国家的正常运转都离不开行政权的有效存在,而对行政权特别是常设官僚制的控制而言,民主就有间接性。在国家和公共事务日益繁复的现代化和后现代情境中,"行政国家"是许多国家的一个日益突出的现象,行政回应性是一个必须面对的问题。

(四)行政国家的合法性问题呼唤行政回应性

毫无疑问,行政国家的崛起是20世纪西方国家最重要的政治发展现象之一。虽然在沃尔多之前就有人提出了行政国家的概念,但正是沃尔多那本冠以

---

① 陶文昭:《选举权发展的历史审视》,载《天津行政学院学报》,2010年第12卷第2期,第18页。
② 王绍光:《选举、抽签与民主的实现方式》,https://www.guancha.cn/WangShaoGuang/2017_05_12_407900_s.shtml(访问时间:2018年9月24日)。

行政国家之名的著作①让"行政国家"这一概念成为一个能深刻刻画现代社会行政权扩张的概念。在近代民族国家建构和成长过程中，民族性的再造、国家的政治整合伴随着选举权的扩大、工业革命引致的工业化和城市化以及大众传播等因素逐步实现，在此基础上国家的现代化、政治的民主化、人口的城市化、经济的工业化等最终得以实现。与上述过程相应的是，在工业化、城市化的过程中，政府需要管理的公共事务也越发繁复，需要政府介入的领域增多，行政权力的地位也得以凸显，这在选举权扩大的中后期就已经显露无遗。甚至可以说，在以选举权的扩大为标志的民主化进程中，行政权日益壮大也削弱了选举权普及对于民主发展的实际意义，甚至构成西方保守主义者认为的对民主的威胁。

从理论逻辑上讲，行政国家是现代民主的产物，体现了现代民主的内在悖论。行政国家生成有赖于以下相互联系的过程：国家与社会相分离，政府权力来源于人民，在人民无法直接掌权的情况下需要防止权力滥用，权力要分立配置且经人民直接授权的立法机构在政府权力中占据主导地位；但"徒法不足以自行"，立法权需要行政权和司法权的辅助才能实现，于是官僚机构逐步创设；随着形势的变化，政府角色由消极变为积极，立法权回应社会和公民的速度相对较慢，行政权力地位凸显，更多的官僚机构被创设，最终行政国家诞生。在现代民主的行政国家诞生后，关于官僚制权力的失控、行政法的合法性和行政自由裁量权失控的质疑之声不绝于耳，行政国家被判犯有危害民主的严重罪行，这不得不说是现代民主的内在悖论之一。在这种逻辑下，将民主与行政两个被认为存在龃龉的概念混合而成了"民主行政"的概念。② 对民主行政的倡导可以同时作为一种对行政权力的纠偏和辩护，一方面，如果行政是不民主的，那么就需要通过纠偏以使其变得民主；另一方面，既然行政可以通过纠偏变得民主，那么行政的合法性是可以取得的，关于行政不民主的指责并不是致命的。因此，行政可以是民主的，但需要通过行政改革来实现。民主可以说是20世纪最后几十年西方行政改革的价值动力。

从历史进程上讲，一系列的经济社会发展状况变迁催生了现代行政国家。以美国为例，第二次工业革命之后，特别是在进步主义时代，大规模的工业化

---

① 〔美〕德怀特·沃尔多：《行政国家：美国公共行政的政治理论研究》，颜昌武译，北京：中央编译出版社2017年版。
② 〔美〕文森特·奥斯特罗姆：《美国公共行政的思想危机》，毛寿龙译，上海：生活·读书·新知三联书店1999年版。

和城市化将美国由一个农业国变为工业国，公共事务日趋烦琐的时代逐步来临，原有适合农业社会的政府最低限度存在模式难以为继，消极存在的"必要的恶"逐渐演变为积极作为的"有形之手"，美国也由之前以立法机关为国家权力中心的国会政体①转型到以行政机关为主导的行政国家或官僚国家②。形势比人强。后来的经济大萧条时代和第二次世界大战进一步增强了政府对于经济社会领域的主动介入和干预，行政部门在政府中的相对权力更加凸显。就政府、市场、社会三者的关系而言，恰恰是市场的"无形之手"繁荣之时，政府的"有形之手"需要多出手，通过行政权监管市场，协调市场与社会的关系，在市场的扩展运动与社会面对这种扩展时启动的自我保护机制这种波兰尼意义上的"双向运动"中取得协调和平衡的中道。罗森布鲁姆从总体上概括了促使美国行政国家兴起的因素：旨在增强国家凝聚力的美国邮政、纯粹顾客服务部门、国防强化、行政管制、旨在追求优质管理的大量执行部门管理机关的设立等。③ 就法律而言，对美国行政国家的兴起具有关键性影响的当属《彭德尔顿法》和《州际商务法》。④ 前者确立的功绩制原则所产生的常任文官不受总统控制，成了行政国家的组织人事基础；后者促使州际商务委员会诞生，开启了美国设立独立管制机构的按钮，该类机构可独立行使准立法权、准司法权和准行政权，对原有的权力分离体制产生了巨大影响。目前，美国联邦政府已经设立了管制机构、再分配机构、分配机构和其他机构等四类数量繁多、编制和预算较大的行政官僚机构⑤，建立起行政国家的组织机构基础。联邦机构也由建国初期的不到100个增加到超过500个（2010年），政府雇员则由1931年的300多万人（当时的美国总人口约为1.2亿）增加到2007年的超过2000万次（当时美国总人口约为3亿)⑥。

通过上述分析不难看出，行政国家在宏观上意味着政府对市场和社会的影

---

① 〔美〕伍德罗·威尔逊：《国会政体：美国政治研究》，熊希龄、吕德本译，北京：商务印书馆1986年版。
② J. Wilson, "The Rise of the Bureaucratic State", *Public Interest*, Vol. 41 (Fall 1975), p. 77.
③ 〔美〕戴维·H. 罗森布鲁姆、罗伯特·S. 克拉夫丘克：《公共行政学：管理、政治和法律的途径》，张成福等译，北京：中国人民大学出版社2013年版，第52—64页。
④ 颜昌武：《行政国家：一个基本概念的生成及其蕴涵》，载《公共行政评论》，2018年第11卷第3期，第126页。
⑤ K. J. Meier, *Politics and the Bureaucracy: Policymaking in the Fourth Branch of Government*, Fort Worth: Harcourt College Publishers, 2000, pp. 69-102.
⑥ 机构和雇员数来自 K. F. Warren, *Administrative Law in the Political System*, Boulder: Westview Press, 2011, pp. 36-38.

响和介入范围扩大，行政权在政府权力中更强势和更突出，行政官僚主宰了行政权的行使等几个层次的内容。行政国家作为一种现象的崛起，反映了西方政治文化和政治思想中存在的关于对自由和权力的深刻张力的认识以及这种张力随着公共事务日趋繁多而不断增大的事实。西方政治文化普遍将政府视为"必要的恶"，认为政府应尽可能少作为，减少对经济社会的干预。但近百年以来西方公民对于政府提供公共服务乃至社会福利的期望有增无减，这种对行政国家的敌视和拥抱同时存在的心态在更深层次上是西方自由主义传统中关于安全与自由相反相成关系的表现。这种民意有其相应的政治思想基础。霍布斯关于绝对主权的思想，伍德罗·威尔逊和古德诺高度共识的行政集权思想（集权才能高效有力地执行，集权才能负起责任）都为行政国家的存在提供了思想基础，而西方那些倡导最低限度政府思想的思想家则成了上述思想的理论对手，认为行政国家戕害了民主和自由，因而其合法性存疑。这种张力在公共行政学领域的一个突出表现就是关于"突破官僚制"①和"为官僚制正名"②的争论。

行政权特别是常任官僚的权力不是选举直接得来的，因此，行政权不能被直接称为"民主权力"。作为对行政国家合法性质疑进行回应的一个路径就是向民主理论家强调民主的回应性那样，强调行政的回应性，即行政权是为民而行使，因此，行政回应性成为一个回击关于行政国家合法性质疑的一个理论增长点。

二、西方政府回应性的逻辑：代议制民主的政体回应性

不难看出，西方政府回应性的历史逻辑主要通过民主回应性和行政回应性两部分展开，其中民主回应性主要体现在政体设计及其政策运作，其逻辑起点主在于代议制民主政体的体制设计逻辑。西方政府回应性的确立始于近代民族国家取代绝对主义国家过程中兴起的人民主权原则，然后通过代议民主的制度设计确立其政体回应性，即民主回应性。也就是说，在不民主的君权神授的政治语境中是不存在政府回应性问题的，因为王权来源于神，而不是民，所以掌握权力的君王是不需要回应社会和臣民的。随着选举权的不断扩大直至普选权的实现，在西方代议民主体制的现实运作中，选民的投票行为作为民意的输入和政府政策作为政府过程的输出以回应民意，形成了政策与民意同一性的政府

---

① 〔美〕麦克尔·巴泽雷：《突破官僚制：政府管理的新愿景》，孔宪遂等译，北京：中国人民大学出版社 2002 年版。
② 〔美〕查尔斯·T. 葛德塞尔：《为官僚制正名》，张怡译，上海：复旦大学出版社 2007 年版。

回应性,即政策回应性。① 随着行政权在选举权扩大过程中也逐步扩大并在西方国家的政治、经济和社会生活中占据显赫地位,行政权特别是那些中立的官僚机构不可避免地面对"该如何证明明显未获得民众批准的权力运用的合法性"② 的不信任诘问,通过回应性来回应这种质疑是行政机构的必要选择,形成了行政回应性。

以上西方政府回应性变迁的历史逻辑也是当前西方政府回应性的现实构成,即由政体回应性、政策回应性和行政回应性三者组成的政府回应性。其中,政体回应性至为关键,政策回应性和行政回应性则是政体回应性的日常表现。政体回应性的基本内涵是基于主权在民理念的代议制民主设计,通过投票来体现公民作为权力来源的授权,根据"谁授权,对谁负责,回应谁"的原理,民选代表(议员等其他民选领导人)及其选举组织(政党)要回应选民。政策回应性则是在代议民主体制确立之后对这一体制的日常运作方式,因此,其与政体回应性是密不可分的,在理论上主要体现选票输入和政策输出的关联,在实践中则更关心公民诉求如何进入政策议程。由于行政官僚大规模介入政策制定过程,政策回应性成为政体回应性与行政回应性相交叉的领域。行政回应性是因为官僚制并非民选而不能从代议民主的形式中寻求逻辑,须从对行政的公共性、正义性等要求上寻求。

不难看出,是否有起码的民主授权成了西方政府回应性分类的一个基本标准,代议民主制这一体制的设计及其运作在西方政府回应性的历史发展和现实构成中占有根本性地位。也正是按照此标准可以将上述三种回应性划分为民主回应性和行政(官僚)回应性,这二者之间在理论研究和实践操作上都存在较大的分野。鉴于政治与行政的融合特征,民主回应性包含政体回应性和部分政策回应性,行政回应性则包含非民选官僚参与的政策回应性和行政行为的回应性。也正是在上述意义上,本书将西方政府回应性的逻辑总结为"政体回应性",即代议制民主政体的回应性。

与上述逻辑相应的是,现有西方政府回应性的理论主要基于西方代议民主制的理论逻辑进行理论建构,从政治学与行政学两个领域展开探索,分为民主

---

① 按照民意与政策之间的同一性进行界定的政策回应性在不同体制的国家都可能存在,并非只存在于西方代议民主制国家中。一个例子是:赵静、薛澜:《回应式议程设置模式——基于中国公共政策转型一类案例的分析》,载《政治学研究》,2017年第3期,第42—51、126页。

② 〔美〕麦克斯怀特:《公共行政的合法性:一种话语分析》,吴琼译,北京:中国人民大学出版社2002年版,第132页。

回应性理论和行政回应性理论。

第二节　西方政府回应性逻辑的政治学解释

迄今为止，西方政治学领域还没有一种关于政府回应性的独立理论，但政治学的许多理论都含有丰富的政府回应性理论资源。本书主要从广受关注的民主理论、政治沟通理论、代表理论入手，展开政治学研究对政府回应性的理论探索。

一、西方代议民主政体的逻辑要求形式上的政府回应性

在西方民主政体中，政府回应性被视为民主质量的重要标准。西方著名民主理论家达尔就认为，"民主政体的一个关键特点就是政府对公民偏好的持续回应"①。当代民主研究中坚拉里·戴蒙德认为，参与、竞争、问责和法治等民主程序性要求都服务于政府对人民的回应性这一结果性指标。② 我国学者张飞岸认为，"政府回应性是有效民主的一个重要维度，它体现了民主的目标，即民主的目的是民享"③。由上述观点可以看出，在西方的政治及政治学语境中，政府回应性被当作民主政治基本逻辑的必然要求。这种基本逻辑是：民主意味着人民的统治，在人人都直接掌权实施统治不可能的情况下，代议民主意味着这种统治形式主要表现在公民通过投票等形式对政府进行治理授权委托，这种政府权力来源于人民的形式特性要求权力反过来回应人民。这是近代以来社会契约论通过代议民主制实现制度化的必然要求。在这种"人民通过投票授权—政府用权—人民诉求表达—政府回应—人民决定继续授权或改授其他人"的周期性政治回路中，投票被置于十分重要的地位，兼有授权和评价两种功能，政府在回应方面的表现情况则是投票的评价和再授权功能得以发挥的重要参考，这是

---

① R. A. Dahl, *Polyarchy: Participation and Opposition*, New Haven: Yale University Press, 1971, p. 1.
② L. J. Diamond and L. Morlino, *Assessing the Quality of Democracy*, Baltimore: Johns Hopkins University Press, 2005, p. 8.
③ 张飞岸：《被自由消解的民主：民主化的现实困境与理论反思》，北京：中国社会科学出版社 2015 年版，第 113 页。

西式民主政体的基本运作方式。

但西方民主政治实际上是选举期间的民主，人民平等地拥有掌握统治权机会的民主原义被替换成人民平等地拥有选举统治者的机会，这实际上拉低了民主的标准。这也就不难理解为什么西方代议民主政体会招致诸多批评，甚至被称为"选举民主"①（选择领导人和产生政府的民主）、形式上的民主或"最低意义上的民主"，甚至被认为是以民主之壳行贵族统治之实②，是一种杂糅了君主制、贵族制、共和制等元素在内的混合政体，并非西方国家所宣称和标榜的民主政体（为了避免引起认知混乱，后文依然称这种政体为"西式民主政体"），是"民主的反讽"③。细究起来，即使是最低限度意义上的选举民主，其完美运行也要依靠选民的绝对理性、政治家会在执政后兑现竞选承诺、少数政党可以代表千差万别的选民等假设，但这些假设在实际政治运行中根本不存在，并且选举民主会面临损害公共利益和选民政治冷漠等问题。许多西方学者认识到了在高度复杂的现代政治中仅靠选举一途就宣称民主的观点的片面性和公约主义错误，例如，萨托利认为"公民表决式民主会可悲地迅速撞在无认知能力的暗礁上沉没"④，最终只能是委权于少数有治国知识和能力的精英进行治理，民主的真义则渐行渐远。不难看出，西方代议制民主本质上是少数精英当政做决策，靠专业的公共官僚去执行，广大人民被排除于选举之外的绝大多数民主政治过程，这种民主变成了萨托利所谓"被统治的民主"。鉴于西式代议民主的上述问题，西方政府的回应性是否有实质上的保证已是难以证实或证伪的命题，因此，西方政府回应性研究的重心就从逻辑形式上对政府回应性的承认和解读转移到研究民意与公共政策的结果一致性上来，至于为什么一致或不一

---

① J. A. Schumpeter, *Capitalism, Socialism and Democracy*, London: George Allen & Unwin Ltd, 1976, pp. 269-283.
② 著名代表理论学者伯纳德·曼宁就认识到了西方代议制民主的贵族特征，参见 B. Manin, *The Principles of Representative Government*, New York: Cambridge University Press, 1997, pp. 132-160. 王绍光教授更是直接指出了美国等西方国家的民主之贵族统治实质，参见：王绍光：《民主四讲》，北京：生活·读书·新知三联书店2008年版，第54—70页。另一篇文章更为直接地指出了现代西方民主政体的君主制和贵族制特点，参见 M. Hansen, "The Mixed Constitution Versus the Separation of Powers: Monarchical and Aristocratic Aspects of Modern Democracy", *History of Political Thought*, Vol. 31, No. 3, 2010, pp. 509-531.
③ 〔美〕托马斯·戴伊、哈蒙·齐格勒、路易斯·舒伯特：《民主的反讽：美国精英政治是如何运作的》，林朝晖译，北京：新华出版社2016年版。
④ 〔美〕乔·萨托利：《民主新论》，冯克利、阎克文译，北京：东方出版社1993年版，第129页。

致则成了被搁置的选题。

总之,在西方民主政治下,政府回应性有其逻辑上的必要性,这是对其权力来源的形式化要求。回应的主体是政府机构、当政领导人和议员等,而公共官僚制被认为既要回应民选官和高级行政人员,乃至司法机关,也要回应社会和公民。但鉴于"少数服从多数"的原则,部分个人或群体甚至在理论意义上都被排除在回应客体之外,回应的客体是政治性质的机构、政务官与议员、公民与社会。回应的对象一是对政府内部的权力制约机制和命令执行体系中负责机构及其领导者下达的任务和命令执行情况的回应,二是对民意和诉求进行制度回应、政策回应、程序回应和行为回应。回应的方法包括公开演讲、电视讲话、政策文件、媒体宣传、在线互动等。但鉴于西方民主的本质,西方的政府回应性首先且最重要的是形式意义上的回应,这与代议制民主首先是形式民主而非实质民主的本质是一脉相承的。除了选举这一在20世纪后半期才真正普及的、低频使用的公民政治权利外,这种民主制度层面的政府回应性其实质效果如何并不具备其他方面的检验和控制机制,在此代议制民主运行逻辑下的政府回应性的实质效果也必然受到质疑。有西方学者通过研究发现代议制民主形式不能带来实质性的政府回应,[①] 即使有实质性的回应也是非常不平等的,偏向于回应中高收入选民群体而对低收入选民群体不做任何回应。[②]

二、民主理论的更新与实质性的政府回应性

自由主义民主——无论是熊彼特的精英民主论还是达尔的多元民主论[③]——被视为西方近现代民主理论的主流和正统,代议制民主则是其实践形式。但自由主义民主的理论与代议制民主的制度设计都面临许多问题。自由主义民主的理论实际上是抽取了西方政治社会运行的片段而加以理论化,反过来又以此论证这种民主形式的合法性,具有以偏概全和循环论证的嫌疑。西方的代议制民主形式则沦为选择统治者的投票和竞选游戏,其体制的道德性和民主的实质性颇受质疑,就连西方的政治学者都不得不承认当代西方的民主展示了"在政治上平等但相对不称职的大众和政治上不平等但相对比较称职的精英之间

[①] C. H. Achen and L. M. Bartles, *Democracy for Realists: Why Elections do not Produce Responsive Government*, Princeton: Princeton University Press, 2016.

[②] 〔美〕拉里·M. 巴特尔斯:《不平等的民主》,方卿译,上海:上海人民出版社2012年版,第267页。

[③] 〔美〕罗伯特·达尔:《多头政体:参与和反对》,谭君久、刘惠荣译,北京:商务印书馆2003年版。

的一种被迫选择"①。

20世纪后三十年，共和主义复兴，社群主义在西方崛起，成为自由主义的重要政治理论对手。以社群主义为哲学背景或客观上具有社群主义特征的新民主理论应运而生，参与民主理论、协商民主理论等就是对自由主义民主理论的修正。这些企图部分复兴古希腊直接民主传统的民主理论，使政府回应性因自由主义民主的形式回应性面临的困境得到一定程度的纾解，是寻求实质的政府回应性的理论尝试。

（一）参与民主理论与"民主"的政府回应性

在自由主义的代议制民主中，政府回应性的公民主导因其事实上的精英主导而失灵，突出表现在理论上被设计为主人的公民对政治过程的参与十分不足。事实上，在自由主义民主的观点范围内，民主与参与是貌合神离的，②甚或说民主是反对参与的，③当代西方代议民主政体甚至是以为数较少的精英高度参与政治生活和绝大多数公民政治冷漠与仅进行投票的低度参与为其稳定密码的。如果将投票也排除政治参与之外，那么可以说自由主义民主基本上是没有公民参与的，而投票之外的实质参与恰恰是参与民主理论家所主张的。参与民主理论家认为，如果民主制度仅允许公民为远离现实的政治机构选举代表，以及保证这些公民不受政府滥用权力的影响，那么民主就是一套空洞的制度。④

虽然参与民主的概念在20世纪60年代就已经出现，但是直到70年代卡罗尔·佩特曼（Carole Pateman）的著作《参与和民主理论》出版，才开启参与民主的理论化进程。佩特曼的参与民主理论有两个假设：一是参与有教育功能，二是工业领域有关键地位。⑤佩特曼首先从雅克·卢梭、约翰·密尔等人的政治思想中仔细梳理出参与的内涵及其之于真正民主的重要意义，指出参与可以带来政治效能感的提升，能够实现对公民的教育，能够使集体决策更容易为个人所接受，能够提升个人对于社会的归属感，其中教育功能是主要功能，包括

---

① 邢元敏：《协商民主与群众路线》，载《求是》，2014年第10期，第39页。
② 胡伟：《民主与参与：走出貌合神离的困境？——评卡罗尔·帕特曼的参与民主理论》，载《政治学研究》，2007年第1期，第117—121页。
③ 胡伟：《民主反对参与：现代民主理论的张力与逻辑》，载《天津社会科学》，2015年第1期，第99—107页。
④ 〔美〕罗伯特·古丁、迪特尔·克林格曼：《政治科学新手册》，钟开斌等译，北京：生活·读书·新知三联书店2006年版，第686页。
⑤ 〔美〕卡罗尔·佩特曼：《参与和民主理论》，陈尧译，上海：上海人民出版社2006年版，第40—41页。

心理方面、民主技能和程序的获得。① 虽然参与具有上述重要意义,但在政治制度层面的代议制上不能实现大规模的民主参与,这种参与的正面意义只在其他领域中进行,工业就是最重要的民主参与领域之一。因此,佩特曼又以南斯拉夫工人自我管理为经验材料对参与民主的工业领域实践进行了分析,发现了参与民主的潜在价值。

麦克弗森(C. B. Macpherson)则试图突破佩特曼仅在政治思想史和工业部门及工作场所寻找参与民主的限制,把参与拿来改造现存的政治机构以使其民主化,将代议制民主、政党竞争和公民参与结合起来。因此,其参与民主理论也被学者称为"折中的民主"②。麦氏在系统归纳西方既有的保护型民主(protective democracy)、发展型民主(developmental democracy)和均衡型民主(equilibrium democracy)等三种民主模式的基础上,直指西方自由主义民主的道德缺陷,即资本主义社会建基其上的"拥占性个人主义"(possessive individualism),而其所谓参与式民主之功能便是弥补这一缺陷,是第四种民主模式。③ 保护型民主是功利主义意义上的民主,强调公民通过利用手中的投票权来确保统治者维护自身利益,这样的民主具有一定的消极意义,并且会导致社会的不平等;发展型民主则强调除了公民通过投票进行自我保护这一功能外,民主还应具有积极意义,那就是促进人的境遇改善和能力发展,具有社会改良的道德意蕴;均衡型民主是与市场社会相适应的民主,将民主视为一个市场化的政府选择机制,在政治这个市场中,政党推出政治家来竞争选民手中的选票,二者类似于市场上的企业家和消费者,企业家为了赢得消费者,需要出台好的竞选纲领和政策供选民在消费时进行选择,从而形成一种聚合多数人意见的方法,进而形成供给和需求相对平衡的政治市场。

麦氏认为,西方自由主义民主现存的三种模式都有其内在无法克服的矛盾,根本缺陷在于自由主义的拥占性个人主义。保护型民主缺乏对道德的考量,本质上不过是为了处理相互冲突的个人利益的一种理论设计;④ 发展型民主对如何实现人的发展这一问题缺乏有说服力的回答;均衡型民主不过是经济学家对

---

① 〔美〕卡罗尔·佩特曼:《参与和民主理论》,陈尧译,上海:上海人民出版社 2006 年版,第 24—40 页。
② 陈尧:《折中的民主——麦克弗森的参与式民主思想》,载《上海行政学院学报》,2012 年第 13 卷第 5 期,第 52—61 页。
③ C. B. Macpherson: *The Life and Times of Liberal Democracy*, Oxford: Oxford University Press, 1977.
④ C. B. Macpherson: *The Life and Times of Liberal Democracy*, Oxford: Oxford University Press, 1977, p. 43.

政治运行的一种理想描述，其实现条件在现实中并不具备，而且这种理想描述不代表被描述的对象就是合理的。麦氏指出了这三种民主的根本缺陷在于自由主义的拥占性个人主义。肇始于霍布斯关于自然状态下人性自私和为了生存而竞争的假设，由洛克对无限的私有财产占有权的强调进行奠基。拥占性个人主义认为，人之所以为人是因为其拥有不受他人左右的自由，个人是自己身体和禀赋的唯一使用者，这就意味着除了本人出于自身利益需要的自愿社会交往（如出售自己的劳动能力）外，不存在与他人和社会的任何关系；而社会中的关系本质上是市场关系，个人的自由只能在与其他人享有同样自由的情况下才会受到义务和规则的限制，政治社会不过是人们为了保护个人人身和财产权利并进行有序交换而设计的工具。① 在拥占性个人主义视野下，人被视为总是无休止地占有和消费社会中的物质，人人都在试图尽可能地榨取物质财富，但不同人在这种社会中的能力是不平等的，资本、劳动工具的分配是不平等的，它们与劳动力在社会中的相对地位也是不对等的，如果通过福利主义的再分配手段来消除这种不平等会导致经济效率低下，从而影响社会向前发展的动力，这些因素必然使民主无法实现最大化。

在对其他民主模式的缺陷进行批判并分析其根本原因的基础上，麦氏提出了其关于参与民主的制度设计。他企图将直接民主和代议民主结合起来，形成一个"金字塔式的民主体系，体系的基础部分实行直接民主，其他层次实行代议民主"②。为了增加这一体系的现实性，他又尝试将竞争性的政党体制与之结合，从而形成混合了代议制民主、政党竞争和公民参与的参与民主制度设计。

除了佩特曼和麦克弗森的参与民主理论外，本杰明·巴伯的强势民主理论被认为是关于参与民主的最全面阐述，这从其著作的副标题"新时代的参与政治"就可见一斑。他自己也毫不讳言地宣称"强势民主是参与民主的一种独特的现代模式"③。巴伯将自由主义民主视为一种弱势民主，在这种民主中，自由的地位实际上先于民主，民主作为工具为保障自由服务，从而形成强势自由和弱势民主的局面。巴伯认为，自由主义民主的三大配置是存在相互矛盾的无

---

① C. B. Macpherson, *The Political Theory of Possessive Individualism: Hobbes to Locke*, Oxford: Oxford University Press, 1962, pp. 81-275. 中文转引参考：陈尧：《拥占性个人主义与自由主义民主——C·B·麦克弗森的政治学说》，载《上海交通大学学报》（哲学社会科学版），2004年第1期，第30页。

② C. B. Macpherson, *The Life and Times of Liberal Democracy*, Oxford: Oxford University Press, 1977, p. 108.

③ R. Benjamin and R. Barbe, *Strong Democracy: Participatory Politics for a New Age*, Berkeley: University of California Press, 2003, p. 117.

政府主义、现实主义和最小政府主义，三者都可以被认为是对人与人之间冲突的政治回应，其中，无政府主义否认冲突，现实主义压制冲突，最小政府主义容忍冲突。① 巴伯认为，自由主义民主政治在概念框架上是牛顿式的（依靠惯性原理可以回溯到概念的最初起点，巴伯将自由主义的起点回溯到托马斯·霍布斯），在认识论框架上是笛卡尔式的（存在可以从中推论出政治生活的概念、价值和标准的独立知识之基，自由主义秉持的还原论、二元论、唯我论等均与此有关），在心理框架上是"去政治"的人性假设。②

在详细解释了自身对自由主义民主的理解之后，巴伯开始了对自由主义民主的批判。巴伯认为，自由主义民主是原子论个人主义而缺少共同体观念，持理性"经济人"假设将利益交换置于政治社会的中心，将自由主义民主政治比喻成管理动物，通过设置制度、规则和暴力机关以避免各自逐利的个人相互侵害，进而保护个人的自由与权利。此外，对个人极端自私的强调会导致太过低度的公共事务的参与，进而可能导致自由主义民主异变为极权主义。自由主义民主存在诸多缺陷，其实现形式代议制也就不可能完美无缺了，卢梭意义上的代表与自由之间的深刻悖论，可能的多数暴政与寡头统治的相反相成都已经是理论家的共识，代议制民主还会导致政治冷漠和忽略公共利益。

在分析自由主义弱势民主的缺陷之后，巴伯提出用参与型的强势民主来弥补自由主义弱势民主的不足。强势民主的政治是一种生活方式，其概念框架是参与模式，其认识论是公民身份与参与，其社会存在是公民身份与社群。③ 简单概括起来，就是个人以公民身份参与社群公共事务，实现个人利益与公共利益的关系和谐。强势民主意义上的社群和共同体并非同质和统一，不同利益之间的相互竞争和冲突存在其中，但此类冲突不但不应被压制，而且可以通过参与、审议和教育转化，促使不同利益由竞争走向合作。巴伯还提出了在现实世界对强势民主进行制度化的路径，那就是通过邻里集会、市镇电视会议和公民通信合作社、用可视服务系统和信息教育法案促进公民信息获取权的平等、全国性动议和公决过程等手段④，推动强势民主在社群和国家各个领域与层面进

---

① R. Benjamin and R. Barbe, *Strong Democracy: Participatory Politics for a New Age*, Berkeley: University of California Press, 2003, pp. 5-6.

② R. Benjamin and R. Barbe, *Strong Democracy: Participatory Politics for a New Age*, Berkeley: University of California Press, 2003, pp. 26-92.

③ R. Benjamin and R. Barbe, *Strong Democracy: Participatory Politics for a New Age*, Berkeley: University of California Press, 2003, pp. 139-260.

④ R. Benjamin and R. Barbe, *Strong Democracy: Participatory Politics for a New Age*, Berkeley: University of California Press, 2003, pp. 267-286.

行广泛实践。强势民主并非要取代代议制民主,正如巴伯所言,"强势民主与其堂兄弟自由主义民主有许多共同点,实际上强势民主常常作为对自由论点的补充而不是激进的替代"①,也就是要用参与和协商等手段使代议制民主变"厚"。巴伯本人也承认自由主义代议制民主的某些优点,认为其可以对抗集体主义暴政,只是为了弥补自由民主的不足吸收了社群主义的一些观点,特别是其关于公民身份、公共利益和公正的观点。

此外,还存在很多难以尽述的参与民主理论,其理论生产与佩特曼、麦克弗森和巴伯等类似,都遵循"寻求理解—寻找问题—进行建构"的逻辑:首先,从政治思想史和现实政治制度设计出发谈自己对处于主流地位的自由主义民主的理解;其次,或者寻找被主流理论所忽略的理论遗珠,或者对自由主义民主的软肋进行批驳;最后,针对这些理论盲点或软肋提出自己的理论建构加以应对。

所有参与民主都从根本上认识到了民主不仅是实证意义上的,而且是规范的,本质上都致力于寻求自由主义民主的社会基础。参与民主在民主的基层实践与复兴民主的道德真义上功不可没,在调和自由与民主、自由与共和等价值之间的紧张关系上也做出了重要的理论努力,对弥补西方代议制民主的缺陷具有一定启发。

但参与民主理论自身也面临诸多问题:内部观点不尽一致,对参与的工具价值和目的价值之关系认识不同,难以取得持续的认同感,以致有学者在评述民主理论的现状之时居然对其视而不见;② 可行性不足,特别是缺乏在国家层面的实质性制度设计,难以真正与自由主义代议制民主相匹敌,因而具有乌托邦色彩;可能导致多数暴政,因极端民主而毁灭自由;忽视了公民由于各种原因出现的政治冷漠,陷入强制参与的困境;参与的成本高昂;等等。因为这些问题的存在,参与民主的实际效用必然要打折扣,但其通过参与促进民主成色更足的理论贡献还是不容抹杀的。

根据参与民主理论,精英主导的代议民主形式上的政府回应性的真实性和有效性是存疑的,政府回应的原因来自真实民主的要求而非代议制民主形式上的设计。因此,政府回应性的关注点应由形式上的"选举授权—政府回应"进

---

① 〔美〕本杰明·巴伯:《强势民主》(第 2 版),彭斌、吴润洲译,长春:吉林人民出版社 2006 年版,第 146 页。
② 在伊恩·夏皮罗的概述性著作《民主理论的现状》中,"参与"和"民主"两个词没有同时出现过。参见〔加〕杰弗里·希尔墨,毛兴贵译:《参与式民主理论的现状(上)》,载《国外理论动态》,2011 年第 3 期,第 33 页。

化到实质上的"公民参与—政府回应",以寻求对官僚在回应性方面无实质控制的问题之解决方案。政府回应的主体也应由纯粹的精英主导的政府回应进化到具有部分民主真义的政府回应,在一些领域和基层层次上政府回应的客体变成了事实上的"公民主体"乃至"公民主导"。随着政府回应的工具主义取向进化到促使人们关注政府回应的道德价值维度这一过程,政府回应的对象也应由对政府回应的市场交换和个体利益聚合理解进化到基于公共利益追求的政府回应,回应内容涉及的领域更广泛和多层。政府回应的方法也不再只是通过制度的设计以及选举期间的纲领和政策许诺,而是要通过一些直接民主或公民直接参与的体制机制设计来实现政府回应方法的弹性化和多样化。

参与民主理论下民主真实性程度增加,该视域下的政府回应的直接性、实质性、公共性也随之大幅度增加。反过来,这种实质性的政府回应对于复兴被自由主义所遮蔽的古典民主真谛意义重大,使政府趋向于转型为参与式回应型政府。

(二)协商民主理论与审议式政府回应性

参与民主理论视域下的政府回应性的真正"民主"特质更为凸显,特别是政府回应性的范围得到扩展,但除了少数理论家为数不多的方案外,政府回应性扩展的方式并不是其研究重点,而协商民主①理论恰恰专注于对协商参与这种方式的研究②,因此,其对于政府回应性的重要理论意义不能忽视。

协商民主旨在结合精英治国和公民参与,被寄予弥补代议制不足的厚望。协商民主的哲学基础主要是社群主义、共和主义(新共和主义)、多元主义,也有部分学者认为自由主义也是其哲学基础③,一般将其哲学根基追溯到尤尔根·哈贝马斯的交往行为理论和公共领域理论框架下的话语民主论、安东尼·吉登斯的结构化理论等,也有人从约翰·罗尔斯那里寻求理论上的证据。与参

---

① 英文为"deliberative democracy",更符合原意的译法是"审议民主",强调审慎地讨论,但在中国广为流行的提法是协商民主,这是因为这一提法对我国的政治体制设计与实践有着亲近性因而便于传播。而实际上我国的中国人民政治"协商"会议中的协商的英文译为 consultative,意指政协的咨询功能,这与西方协商民主中的协商有不小的区别。参见金安平、姚传明:《"协商民主":在中国的误读、偶合以及创造性转换的可能》,载《新视野》,2007年第5期,第63页。
② 西方的协商民主理论被认为是参与民主理论一系的重要进展,但也有不少学者认为二者是独立的或者更复杂的关系。笔者认为其主要区别在于协商民主强调参与的方式,而参与民主注重参与的范围扩展,故而单列协商民主加以讨论。
③ 例如,陈家刚就在其论文中认为协商民主的理论渊源是自由主义和批判理论。参见陈家刚:《协商民主引论》,载《马克思主义与现实》,2004年第3期,第28—29页。

与民主理论类似，协商民主的提出也是建立在对代议民主缺陷认识的基础上。针对西方代议制民主过多强调竞争选举的形式，而对公民真正立于民主治理之主体地位缺乏制度保障的问题，不少西方理论家特别是政治哲学学者以民主意味着真正意义上的"人民的统治"为标准，对"选举民主"进行了理论反思，转而关注民主的实质性。他们假定在一个多元的社会中，不同的利益和价值可能冲突，需要进行平等、理性的协商，认为应为公民协商对话创造机会，以此弥补竞争性选举民主的精英化和公民参与不足等问题。

简单地讲，协商是一个具有公共性的话语过程，是所有公民都参与的共同社会活动。[①] 西方协商民主则是通过自由、平等、理性、包容、审慎地进行公共对话和讨论实施治理的一种形式，其目的是通过理性的公共审议将个人偏好转换为公共偏好，其实质上是复兴古希腊式的城邦民主，而非新的民主形式。协商民主被认为具有弥补自由主义不足，通过参与实现公民教育，增加决策合法性，抑制官僚的自由裁量权，化解社会矛盾，推动全球治理等正面功能。[②][③] 可以认为，西方的协商民主在一定程度上弥补了代议民主的不足，赋予了西方民主体制些许直接民主特征，但其适用的范围是极为有限的，甚至有人直接批判其缺乏实践可能，没有进入国家制度层面[④]，由此导致相关研究也多基于哲学和规范层面，缺少经验证明。不仅如此，协商民主还需要应对代议制民主的另一对手——民粹主义的负面影响。虽然民粹主义与协商民主都被认为是西方代议制民主的"反动"，但是正如有学者认识到的那样，即使协商民主能像许多支持者希望的那样能防止极端民粹主义，也只是在满足其良性运行所需的极端苛刻条件下才具有部分效力，而现实中依然存在大量可能被民粹主义吸引的群体。[⑤] 此外，协商同样面临成本问题，很可能虽费时耗力却难以达成共识，落入"费力不讨好"的陷阱之中。

---

① 〔美〕詹姆斯·博曼、威廉·雷吉：《协商民主：论理性与政治》，陈家刚等译，北京：中央编译出版社2006年版，第16页。
② 陈家刚：《协商民主引论》，载《马克思主义与现实》，2004年第3期，第26—34页。
③ 陈家刚：《当代中国的协商民主：比较的视野》，载《新疆师范大学学报》（哲学社会科学版），2014年第1期，第21—23页。
④ 虽然首先在学术研究上采用"协商民主"一词的毕塞特在为美国宪政结构的民主性进行辩护时认为美国的国父在建立国家制度时有明显的关于协商民主考虑，但其难以否认美国制度中大量存在的"否决"设计和具体实践，因此西方后来的研究者使用协商民主一词时与毕塞特意义上的协商民主有不小的差异。参见陈家刚：《协商民主概念的提出及其多元认知》，载《公共管理学报》，2008年第3期，第63—70页。
⑤ 徐兰兰：《协商民主：民粹主义的有效应对之策？》，载《探索》，2018年第3期，第54—62页。

中国的协商民主与西方的协商民主在目的、理念、背景、实现条件、范围和程序等方面均存在诸多差异。① 最根本的差异在于中国的协商民主已经是我国人民民主制度的重要组成部分，也存在包括从政治参与到基层自治等在内的广泛、多层、制度化的协商实践，形成了理念定位、制度设计、治理实践三者的有机统一。此外，中国协商治理中政党和政府主导特征更突出②③，这有利于增加协商的成功率，避免为了协商而协商、久拖不决等负面因素。而西方的协商民主并非其根本制度设计，甚至可以说是缺乏相应制度设计的，仅存在少数的治理实践，很大程度上只是理论研究者在批判地看待代议制民主缺陷的基础上所提出来的补救措施，其本质上是为缓和西方代议制民主的内在矛盾服务的，在主流民主理论中处于相对从属的地位。

不管其在西方和中国的实质地位如何，协商民主不同于代议制选举民主的一大精髓便是用平等理性的审议取代投票和对选票的竞争作为个人选择转换成公共选择的机制。经济学家肯尼斯·阿罗已经证明了不可能从个人偏好排序推导出集体偏好排序，这就从逻辑上揭示了代议制民主投票机制的内在不合理性，这种被称为"投票悖论"的不合理性可能导致严重依靠投票作为主要民主机制的代议制民主的失灵，进而引发公民对西方民主的信任危机。协商民主以通过协商达成共识取代简单粗暴的"少数服从多数"原则作为形成公共选择、维护公共利益的手段，对于增进民主的真实性、促进平等公民权、增加社会资本等具有重要意义。

在协商民主理论视域下，政府回应的原因是民主实质上的要求，源于在政治实践中的公民身份及其带来的参与民主政治的权利。政府回应的主体纳入了参与协商的所有公民，代议制民主下的客体成了主体，按照理想意义上的协商民主的要求，利益相关者都是协商的平等主体，那么协商民主视角下的政府回应的客体是不存在的，主体和客体是一体的，既表达诉求，又回应别人的诉求和公共利益。政府回应的对象既包括不损害公共利益的个人诉求，又包括整体公共利益，同时，政府将部分权力下放给社会并对社会自治领域的规则需求、民主操练和争议裁定提供一种保留的回应。政府回应的方法主要是协商对话，

---

① 金安平、姚传明：《"协商民主"：在中国的误读、偶合以及创造性转换的可能》，载《新视野》，2007年第5期，第66—67页。
② 谈火生：《协商民主》，见景跃进、张小劲、余逊达主编：《理解中国政治——关键词的方法》，北京：中国社会科学出版社2012年版，第98—100页。
③ 夏志强、曾莹：《协商民主理论与实践中政党的作用——中西比较的视角》，载《新视野》，2014年第3期，第66—71页。

本质上是合作而不是竞争,不是对利益集团或社会运动等施压式参与的回应而是审议式的政府回应。在协商民主中,公民通过参与平等理性的协商促进利益表达,政府通过与参与中的民众对话,了解民意需求,既增强回应的针对性,又增强回应的公共性。

仅用选票表达民意是不够的,单靠选举要求政府回应是乏力的,受多种因素影响的政策也是难以回应选票民意的,而其他渠道的民意因为缺乏制度化回应要求也是难以被政府体察和回应的。参与民主理论、协商民主理论等有别于代议民主理论的新民主理论,将政府回应性从代议制的形式上的模糊要求转换到内容上的切实回应,开启了实质性政府回应性的增量时代。

三、政治沟通理论与政府作为信息系统的回应性

从沟通视角观察和理解政府回应性的一个相关理论就是政治沟通理论。政府回应性就其字面意义而言是政府内部和政府对社会的回应,从信息的视角看,这种回应在形式上就是"需求—反馈"式的信息沟通。前述协商民主得以实现的重要条件之一就是良性的政府与社会沟通机制。因为信息是不会自动传递的,所以必须通过沟通才能实现信息流动。

政治沟通的概念有广义和狭义之分。广义的政治沟通是指"赋予政治过程以结构和意义之信息和情报的流动"[①],是通过一定渠道发送、接受政治信息以及对其进行处理的过程。狭义的政治沟通是专讲政治系统理论分析家意义上的政治沟通,是指"运用控制论和信息论的原理对政治系统输送、获取、存储和处理信息的过程进行解释的研究方法"[②]。政治沟通的要素包括信息、信息发出者、沟通渠道或媒介、信息接收者、反馈,其核心要素是信息发出者、信息传播渠道和信息接收者。政治沟通的过程包括政治信息的生产、收集、筛选、存储、分析、应用。信息传播通道的容量和信息发送与接收之间的时滞都会影响政治沟通的效果。在卡尔·多伊奇看来,政治沟通如政府的神经一样,实现传达行动指令与感知外界环境的功能,对应政府制定和发布政策与从社会环境中获取决策所需要的信息两个方面的活动,如果说决策是政府活动的中心,那么

---

① 邓正来主编:《布莱克维尔政治学百科全书》,北京:中国政法大学出版社1992年版,第547页。
② 俞可平:《权利政治与公益政治——当代西方政治哲学评析》,北京:社会科学文献出版社2000年版,第44页。

沟通则是这一中心活动的关键。①

政治沟通理论本质上是用自然科学中的"老三论"（系统论、信息论和控制论）去理解政府过程，实现政府对政治过程的动态控制，是政治学行为主义的产物。多伊奇的政治沟通理论与戴维·伊斯顿的政治系统分析理论、阿尔蒙德的"结构—功能"理论等均被统称为政治系统理论，其本质都是将借用自然科学的视角和概念将政治作为一个系统来进行分析，无论是强调其处理信息的功能，还是强调其与环境的相互影响关系，抑或强调其混合功能，这与第二次世界大战后主导社会学思想的帕森斯的结构功能论是异曲同工的。

政治沟通理论建立在对政治这一系统中信息的传播、接收和控制的分析基础上。政治沟通理论借用贝塔朗菲关于系统是"一系列处在互动之中的要素集合"②的定义，将政治视为一个开放系统运行的过程，而开放系统的一大特征就是与外界环境存在着能量（信息）的交换和相互影响。这一系统由输入（民意）、加工（决策）、输出（政策）和反馈（回应）等基本活动组成，③这些基本活动本质上都是系统内外的信息沟通，其目的是实现政府对外界环境的适应和控制。一个系统的有效性只能根据系统准确分析来自环境的信息的能力及传递反馈信息的能力来衡量。④为了增进对政治沟通进程的理解，多伊奇等政治系统理论家创造了一些概念，如把环境给政治系统的压力称为"负荷"，把系统接收信息到对"负荷"做出反应的时差称为"间隔"，把"间隔"期间因在信息收集处理各个环节分工所导致的信息内容改变称为"曲解"，把政治系统因适应环境而做出的改变称为"变易"，把预见环境未来变化的能力称为"领先"⑤，把总体环境对系统的影响称为"干扰"⑥，等等，这些概念可以帮助评估政治系统沟通的有效性及其对环境的适应和控制能力。

政治沟通理论从信息流动的角度理解政治系统，在其诞生之时是一个很新

---

① K. W. Deutsch, *The Nerves of Government*: *Models of Political Communication and Control*, London: Free Press of Glencoe, 1963.
② 〔美〕冯·贝塔朗菲：《一般系统论：基础、发展和应用》，林康义、魏宏森等译，北京：清华大学出版社出版1987年版，第35页。
③ 〔美〕戴维·伊斯顿：《政治生活的系统分析》，王浦劬等译，华夏出版社1999年版，第37页。
④ 〔美〕艾伦·C. 艾萨克：《政治学：范围与方法》，郑永年等译，杭州：浙江人民出版社1987年版，第346页。
⑤ 唐亮：《多伊奇的政治沟通理论》，载《政治学研究》，1985年第2期，第44—46页。
⑥ 〔美〕戴维·伊斯顿：《政治生活的系统分析》，王浦劬等译，华夏出版社1999年版，第26页。

颖的视角，其后也对政治学的发展产生了重要影响，也为政治系统的良性运行提出了建立有效沟通系统的要求，具有积极意义。但单从信息沟通的角度理解政治沟通理论显得过于一般化和简单化，没有触及政治价值，相对忽视人和制度的影响，对人性假设和制度变量的重要性缺乏考虑，也没有把不同政治系统所处的不同文化背景纳入考察。不过不可否认的是，政治沟通理论对理解政府回应性有重要启示，特别是其沟通渠道和技术对政府回应性的影响。

政治沟通视域下的政府回应性变成了政府信息管理，强调对社会和公民信息输入的回应和反馈，强调政府回应性的可控性。政府回应的原因变成了处理外部环境输入压力，如果不回应、回应不及时或者回应不到位，则政治系统的压力会持续增大，产生政府乃至政权的危机。政府回应性的主体和客体是政治系统内部信息传递和处理的前后流程中的实施者和上下级，政府回应性的客体还包括政治系统外的环境、社会和公民等，及所谓"输入"的创造者。政府回应性的对象则是政治系统的"输入"，即压力、需求、支持等民意方面的内容。政府回应的方法是"输出"，即信息处理的结果，通过公布政策、演说等形式进行。

政治沟通理论强调政府回应性中沟通渠道与技术的重要地位。一方面可以通过增加渠道数量和扩充单渠道容量来增加回应能力，使政府内部回应更高效和精确，外部回应的面更广；另一方面可以通过提升回应技术对要回应的民意进行研究分析，增加回应的针对性，增加对整个回应过程的控制，增强政治系统的"领先"能力，启示政府回应要关口前移，做到"前瞻性回应"，像"创造顾客"一样回应潜在的客体和对象。因此，从政治沟通理论视角视之，从报纸到广播电视，再到互联网信息技术，然后到大数据、云计算和人工智能技术的进程，是沟通技术进步之旅，也是政府回应性提升之旅。

四、代表理论与政府对被代表者的回应性

有代表必然就有与之伴随的代表和被代表者的互动，也就存在代表对被代表者的回应，故而在一个政治代表普遍存在的社会，政府回应性也就普遍存在。从理论上讲，只要存在直接从事某事的人和要通过某事去实现目的的人的分离以及二者数量存在差距，代表就必然存在，因为这意味着每个人在事实上不可能对他想达到的目的或想实现的利益都亲力亲为。从历史方面看，无论是在古希腊的直接民主还是在现代的间接民主中，代表都是不可或缺的。古希腊主要通过抽签的形式选择实施治理的公民代表，且其通过轮换能在长时段内使很多公民都具有占据治理之位的可能性。现代的间接民主则因为广土众民难以人人

"陈力就列"参与治理和政治专业化趋势等因素影响而存在,这种情况下代表的重要性更是不言而喻。

代表并不是近现代西方代议制民主中的特有现象,更不附属于代议民主制,而是在历史和现实中的许多领域都普遍存在。代表性和回应性被认为是民主政府的两个最重要的标准①,这种观点其实是将民主置于比代表和回应要高的地位。但事实上,民主是近代社会以来的产物,代表和回应却是可以超越民主而存在的。就古代直接民主和卢梭意义上的民主而言,民主和代表存在一定矛盾性,可谓"民主反对代表",但法国大革命的两位核心人物罗伯斯庇尔和潘恩成功修正民主含义并将代表与之挂钩,从根本上改善了民主的现实可能性。② 因此,需要区分现代民主政治领域中的代表概念和一般意义上的代表概念,但同时要认识到代表和民主之间的联系。按照汉娜·皮特金的说法,关于代表概念的观点虽然庞杂难辨,但其基本含义已经几百年保持相对稳定,代表是指"使某些文字上或事实上不存在的事物在某种意义上呈现出来"③。政治代表则是代表在政治领域的呈现,现有关于代表理论的研究要么直接关于代议制中的代表,要么以其为参照扩展到一般性的代表理论。④ 但关于政治代表研究的理论可谓卷帙浩繁,争论颇多⑤,限于篇幅和目的,本书不可能胜任卷入相关争论,而更多地"功利性"地利用代表理论审视政府回应性这一议题。事实上,有学者

---

① E. Chi and H. Y. Kwon,"Unequal New Democracies in East Asia: Rising Inequality and Government Responses in South Korea and Taiwan", *Asian Survey*, Vol. 52, No. 5, 2012, p. 923.
② C. Hobson,"Revolution, Representation and the Foundations of Modern Democracy", *European Journal of Political Theory*, Vol. 7, No. 4, 2008, pp. 449-471.
③ 〔美〕汉娜·费尼切尔·皮特金:《代表的概念》,唐海华译,长春:吉林出版集团有限责任公司2014年版,第11页。
④ 如 Rehfeld Andrew,"Towards a General Theory of Political Representation", *The Journal of Politics*, Vol. 68, No. 1, 2006, pp. 1-21.
⑤ 21世纪以来,Andrew Rehfeld 和哈佛大学教授 Jane Mansbridge 就因为代表的概念在《美国政治科学评论》上进行了几次政治理论式的交锋,这也体现即便是在政治学日趋科学化的美国,代表的理论争议依然没有停止。交锋文章是 J. Mansbridge,"Rethinking Representation", *American Political Science Review*, Vol. 97, No. 4, 2003, pp, 515-528; A. Rehfeld, "Representation Rethought: On Trustees, Delegates, and Gyroscopes in the Study of Political Representation and Democracy", *The American Political Science Review*, Vol. 103, No. 2, 2009, pp. 214-230; J. Mansbridge, "Clarifying the Concept of Representation", *The American Political Science Review*, Vol. 105, No. 3, 2011, pp. 621-630; A. Rehfeld, "The Concepts of Representation", *American Political Science Review*, Vol. 105, No. 3, 2011, pp. 631-641.

梳理了近几十年欧美关于代表理论的研究,其中关于回应性的文献最多。①

代表的分类是代表理论的重要内容,不同类型的政治代表其回应性形式也是不同的。从皮特金的著作中可以总结出代表的五种类型:首先,确定形式和实质两个维度;其次,在形式维度上分成(Ⅰ)授权型代表和(Ⅱ)责任型代表,在实质维度上又分为象征维度的(Ⅲ)符号代表和(Ⅳ)描述性代表及行动维度的(Ⅴ)行动代表。② 根据代表的身份,这五种代表又可以再分为"作为主权者的代表(授权型代表)、作为议员的代表(包括责任型代表、描述型代表、行动代表)、象征型代表(符号代表)"③。授权型代表是指代表得到了被代表者的授权,比如,近代西方的社会契约论就是一种公民对国家的授权理论,但在托马斯·霍布斯意义上的授权是绝对的,是一种作为主权者的代表,代表不需要对授权人进行回应。责任型代表在一定程度上就是要求对授权进行回应,要求代表对授权人负责。实质维度的代表主要关注"谁是代表"和"代表做什么"两个问题。符号代表和描述性代表回答的就是"谁是代表"这一问题,符号代表不须通过选举也不只存在于民主政体中,带有象征意义,如教皇代表教会。描述性代表强调代表和被代表者之间在身份、地域、性别等方面的相似性。行动代表回答的是"代表做什么"这一问题,在经典意义上不同回答主要可以分为独立论和委托论。埃德蒙·柏克认为,代表要有独立做出判断并行动的权力,虽然代表应该关注选民的利益和诉求但代表不是单纯的选民意见的服从者,④ 密尔也认为代表"应该坚持按照他根据自己的判断认为是最好的那样去行动的充分自由,而不应该同意按照任何其他条件服务"⑤,事实上要代表完全遵从多样化的选民意见也是不现实的。委托论则认为,代表须完全按照选民的意志展开行动。委托论与独立论都过于绝对、有失偏颇,双方的争论难有实质性结果。许多代表研究的后来者都试图超越这种争论,此处选取安德鲁·雷菲尔德关于代表的分类研究,因为他的分类的一个重要维度就是回应性。

安德鲁·雷菲尔德的分类将之前其他代表理论研究者的分类囊括进去了,

---

① 冉昊:《代表理论回顾——对代表回应型问题的考察》,中国人民大学硕士学位论文,2008年。
② 景跃进:《代表理论与中国政治——一个比较视野下的考察》,载《社会科学研究》,2007年第3期,第17页。
③ 闫飞飞、李作鹏:《代表的概念:西方代表理论面面观》,载《天津行政学院学报》,2013年第2期,第40页.
④ 〔英〕埃德蒙·柏克:《自由与传统:柏克政治论文选》,北京:商务印书馆2001年版,第166页。
⑤ 〔英〕密尔:《代议制政府》,北京:商务印书馆1982年版,第173页。

他在整合独立代表全体利益与依赖性代表局部利益为两端的连续统一体（也就是整合了前述独立论和委托论）的基础上，还加入了代表者与被代表者之间的重要环节回应，对于理解政府回应性具有重要意义。雷菲尔德按照立法的目标是共和主义还是多元主义、代表判断力来源于自身还是他人、回应性是以自我为轴心的较少回应性还是受引导的较多回应性等3个维度的6个选择进行排列组合，得到2^3也就是8种规范性的代表模式，如表3-2所示。例如，B型代表就与传统行政学理论对行政与社会的关系相呼应，公务员秉持价值中立，不回应社会，只执行政治家或上级的命令（依靠政治家的判断和上级的命令行事），对理解传统社会的官僚回应性有启示意义。又如，麦迪逊意义上的立法者是一种以公共利益为导向、具备独立判断能力又注意回应公民的代表类型，其代表功能带有整合性，政府回应性则带有主动性，代表既能反映民意，又能防止被民粹主义裹挟，是一种较为理想的代表类型。但此代表理论的纯粹理想类型的表述依然无法让我们窥知代表类型在历史上的经验表现，因而依然无法满足本书关于政府回应性的研究需要，所以，笔者尝试着从历史视角整合现有理论并进行理论创新。

表3-2 雷菲尔德的代表类型

目标	对授权的回应较少		对授权有较多回应	
	独立自主的判断	依赖性判断	独立自主的判断	依赖性判断
共和主义目标	A. 伯克意义上的受托人（Burkean trustee）：追求整体利益，依靠独立判断，较少回应授权者的偏好（常常因为他们相信自己做的事情就是应该做的事情）	B. 公务员（civil servants）：追求整体利益，依靠他人的判断，但是很少对授权做出回应（常常因为他们相信自己做的事情就是应该做的事情）	C. 麦迪逊意义上的立法者（Madisonian lawmakers）：追求整体利益，独立做出判断，但仍有较多回应性	D. 反联邦党人（anti-federalists）：追求整体利益，依靠他人判断，有较多回应性

续表

目标	对授权的回应较少		对授权有较多回应	
	独立自主的判断	依赖性判断	独立自主的判断	依赖性判断
多元主义目标	E. 志愿者（volunteers）：追求部分的利益（经常是指其所在选取的利益），依靠独立判断，较少回应授权者的偏好（常常因为他们相信自己做的事情就是应该做的事情）	F. 使节（ambassadors）：追求部分的利益（经常是指其所在选取的利益），依靠他人的判断，较少回应授权者的偏好（常常因为他们相信自己做的事情就是应该做的事情）	G. 专家及专业人士（professionals）：追求部分的利益（经常是指其所在选取的利益），依靠自己的专业判断，但仍然较多回应授权者的偏好，如律师、医生和金融顾问等	H. 简化的代表（pared-down delegates）：追求部分的利益（经常是指其所在选取的利益），依靠他人的判断，对授权者有较多的回应（受额外奖励的驱动）

资料来源：A. Rehfeld. "Representation Rethought: On Trustees, Delegates, and Gyroscopes in the Study of Political Representation and Democracy", *The American Political Science Review*, Vol. 103, No. 2, 2009, p. 223. 中文翻译参考了：闫飞飞：《谁是代表，代表什么：代表理论研究》，北京：中央编译出版社2017年版，第94页。

双方地位差异是任何代表关系都具有的一个非常重要的特性。① 这种地位差异在一定程度上可以理解为代表与被代表者之间的权力关系。从本书主题"政府回应性"的意义上讲，历史存在的代表形式与回应的形式、权力形态密切相关，代表可以说是权力形态的形式化表现，代表特别是政治领域的代表在本质上有权力意义，基于这一点本书将权力关系的历史形态纳入代表类型的历史演变的考察中（见表3-3）。

表3-3 政治社会关系、权力形态、代表形式与政府回应性

国家与社会关系	政社混同	政社分化	政社分化下的政治与行政分工	政治主导的权力开放	政社界限再度模糊化
典型权力形态	独断下的小范围垄断性共享	政治内部制度化分权	公共官僚的执行权	公民参与	政社共享治权（国家权力向社会回归）

---

① 海因茨·尤劳：《代议制度观念之变迁》，载应奇编：《代表理论与代议民主》，长春：吉林出版集团有限责任公司2008年版，第51页。

续表

国家与社会关系	政社混同	政社分化	政社分化下的政治与行政分工	政治主导的权力开放	政社界限再度模糊化
典型代表形式	化身代表（主权层面的代表，"主权在神"观念下神的化身）、符号代表	委任代议制下的授权型代表、问责型代表（主权在民观念下人的代表，代议制民主下的承诺型代表、预期型代表、自主性代表等①）	公务员型代表、专家式代表（依靠政客的判断力和专业判断力）	自我代表、描述性代表（如根据阶层、区域、民族等确定要参与的公民）	自我代表、委托代表
典型政府回应性类别	自省性回应	制度回应性、政策回应性	官僚回应性（服务回应性、监管回应性等）	政策回应性、治理回应性	治理回应性（强调互动式回应）
政府回应的具体方式	罪己诏等自我检讨形式	体现社会多元利益的制度设计（如代表的构成）、政治系统输出正确反映民众意愿的政策	服务外包、公共部门内部竞争、私有化、回应性监管等	民意调查、听证、座谈会等	合作、妥协等
相应的理论	君权神授理论	社会契约论、政治沟通理论、政府组织开放系统理论	政治与行政二分法、代议官僚制、新公共管理、公共服务动机	参与民主理论（包括强势民主理论）、协商民主理论等、新公共行政学、新公共服务	治理理论

注：表中的"典型"意指该类属具有独特性和代表性，并非指仅有该类属。
资料来源：作者自制。

在近代社会以前，西方和中国的国家与社会都在很大程度上体现出混同性。此时的权力形态是一人独断下的小范围垄断性共享，理论上由君王一人垄断，但基于权力运作的现实需要会将这种垄断共享到一定范围，以实现对国家的有

---

① J. Mansbridge, "Rethinking Representation", *American Political Science Review*, Vol. 97, No. 4, 2003, pp. 515-528.

效治理。但这种权力在人间的唯一合法持有者被认为只有君王一人,其他人的权力是可以随时被君王回收。西方流行"君权神授"论,认为君权是神给予的,是神权的人间版本,具有神圣和不容置疑的合法性。中国古代君主的合法性则被诉诸"天",君主因"受命于天"而被称为"天子",君主要发号施令也是"奉天承运",可将其简称为"天赋君权"。无论是西方的"君权神授"论还是中国的"天赋君权"论,本质都是强调"主权在神",认为其权力合法性来自人类社会之外,具有天然合法性,且这种合法性不是被统治的人民可以否认或证伪的。"主权在神"的逻辑将君王自身视为"天神下凡",是天或神的化身,也就是天或神的人格化代表。无怪乎有学者认为,在西方中古时期,代议理论始终是一种"化身理论",可赋予统治者权力的正当性。① 这种代表具有笼统性,是一种"代表所有"的代表,因为除此之外没有其他代表。由于缺乏实质性的制度设计要求君王回应社会和人民(除非天或神要求他这么做,而要求或不要求都不是社会和人民可以知道的),这种情况下的政府回应性只能靠君王自觉地自省,是一种"自省性回应",其回应的具体方式是"罪己诏"等自我检讨形式。

随着经济社会的发展,在人类社会迈入近代后,国家与社会出现了分化,社会从国家中逐步独立出来,而这也是神性逐步淡出和人性渐次获得解放的过程。近代西方启蒙思想家强调"天赋人权",强调"主权在民",强调个人权利是政府和国家权力的最终来源,但人是天生的政治动物,因此,个人要组成政治社会则需要让渡自己的部分权利,以供维持秩序和保护自身等方面之用,各种社会契约论被创设出来论证这种情况。为了防止个人让渡所形成的权力滥用,一方面要强调此权力来源于人民,另一方面需要对权力进行有效监督。为此,在人民不可能直接行使权力的情况下,西方以政治内部制度化分权及制衡作为实现民主的一个次优选择。在这种情况下,典型的代表形式就是委任代议制下的授权型代表和问责型代表,委任代表在代议制民主下则会存在承诺型代表、预期型代表、自主型代表等②经验形式。代表在原理上是人民"委任"的,只有人民通过选举等形式加以认证之后才具有合法性。因此,这种情况下的政府回应性首先是制度回应性,制度设计回应了社会民主和人权觉醒的要求,其具体回应形式可能是体现社会不同群体多元利益的制度设计,如代表(议员)

---

① 海因茨·尤劳:《代议制度观念之变迁》,载应奇编:《代表理论与代议民主》,长春:吉林出版集团有限责任公司 2008 年版,第 33 页。
② J. Mansbridge, "Rethinking Representation", American Political Science Review, Vol. 97, No. 4, 2003, pp. 515–528.

的相对合理构成,具有个体化色彩。一旦社会契约论的理论设计在解释西方近代政治社会起源方面的功能被认可,需要应对的问题就变成了常态下的政治社会如何体现民主,回应民意。政治系统理论和政治沟通理论通过代表如何用政治过程输出的政策回应民意对此问题做了回答,政府回应的主要形式是政策回应,政治系统输出正确反映民众意愿的政策。

在现代政治生活中,代表理论视域下的政府回应主要有政策回应(代表的政策产出与选民的期待有一致性)、服务回应(直接服务选民)、分配回应(代表在所代表的人群中进行利益分配)和象征性回应等几种。① 在现代社会,不仅政治与社会分离,而且政治被认为与行政在功能上各有侧重,前者侧重国家意志的表达,而后者则侧重国家意志的执行。这种分离面临回应性方面的一个问题,就是政治功能被认为是经过"民主"认证的,但行政机构是价值中立的,只负责不偏不倚地执行决策,只向对其发号施令的人或机构负责,也就是对政治人物或机构负责。行政拥有执行权力,却不受民主控制,这是一个代表和回应性方面的大问题。雷菲尔德分类中的公务员型代表、专家式代表(依靠政客的判断力和专业判断力)是这种权力形态下的代表形式,其对应的典型政府回应性形式则是西方行政学曾长期研究的官僚回应性,包括服务回应性、监管回应性等,其具体回应方式则包括服务外包、公共部门内部竞争、私有化、回应性监管等。官僚回应性对应的理论是政治与行政二分法、代议官僚制、新公共管理和公共服务动机理论。

随着社会的民主化程度进一步加深,原本相对独立运行的政治权力开始在政治主导下面向社会进行有控制的开放,其典型的权力形态就是公民的参与权。其典型的代表形式就是公民的自我代表和描述性代表(如根据阶层、区域、民族等确定要参与公共事务的公民)。公民参与下的政府回应性既包括公民参与公共决策方面的政策回应性,又包括公民参与社会治理方面的回应性,其具体回应方式包括民意调查、听证、恳谈会、座谈会等。参与民主理论(包括强势民主理论)、协商民主理论、新公共行政学、新公共服务理论等可用来解释公民参与这种回应性的逻辑。

当国家权力向社会回归的过程进行到一定阶段,如西方的后现代社会,政社界限再度模糊化,政府和社会大面积共享治权成为一种典型的权力形式,公民亲自或委托他人参与治理实践成为一种常态,自我代表、委托代表成为典型

---

① 冉昊:《代表与选民的关系:代表理论"回应"性问题回顾》,载《华中师范大学学报》(人文社会科学版),2009年第48卷第5期,第35—36页。

的代表形式,此时的回应性强调在治理实践中的对话和互动,政府具体的回应方式是合作和妥协,治理理论则是对应的理论形态。

不难看出,代表理论视野下的政府回应性理论可以在一定程度上整合西方政治学和行政学关于政府回应性的碎片化理论资源。这一部分探讨了西方政治学关于政府回应性的解释,接下来将是西方行政学关于政府回应性的理论探索。

第三节 西方政府回应性逻辑的行政学探索

虽然一直有一部分学者想通过改造政治学领域的相关概念而在公共行政学领域开展回应性研究,但总体来说,政府回应性在行政学领域里面的探讨缺乏理论审视,回应性只是在新公共管理滥觞之后才被理论界和实务界重视。此处对公共行政学与回应性相关的理论展开分析,以尽力获取对政府回应性有用的行政学思想资源。需要说明的是,西方行政学研究的政府回应性主要是公民非直接授权情境下的回应问题,通过研究政治与行政的关系、行政人员与社会的关系、行政组织与社会的关系等展示政府与社会的回应关系。

一、政治与行政二分法:基于执行工具论对政治的回应性

政治与行政二分法是现代公共行政学得以确立的逻辑起点,也是百年公共行政学研究争议的焦点。德国学者斯坦因和马克斯·韦伯的相关著述就已经较为明确地表达了政治与行政相分离的观点。① "行政学之父"伍德罗·威尔逊援引德国政治学家布隆赤里的观点认为,政治是重大且带有普遍性的国家活动,由政治家完成,而行政则是个别和细微事项方面的国家活动,由技术性职员完成。② 而对政治与行政关系进行系统论述并对后世产生深远影响的则是弗兰克·古德诺的代表作《政治与行政:政府之研究》。古德诺认为,在所有的政府体制

---

① 二战后,韦伯的著述才传入美国,其关于政治与行政的关系论述对于行政学的意义常常被无视,但其视角恰恰不同于威尔逊和古德诺,后二者提醒人们注意政治完全主宰行政的危险,而韦伯则提醒人们注意行政主宰政治的危险。参见 P. Overeem, *The Politics-Administration Dichotomy: Toward a Constitutional Perspective*, Boca Raton: CRC Press, 2012, p. 74.

② 彭和平、竹立家等编译:《国外公共行政理论精选》,北京:中共中央党校出版社1997年版,第15页。

中都存在两种最基本的政府功能,即国家意志的表达和国家意志的执行,亦即政治与行政。① 综合行政学者的经典思想可以看出,政治与行政应该分离的原因主要有:两大功能的性质及实现方式应有不同,政治更应分权以防止国家意志表达权的垄断及滥用,行政应集权以便负责和提高效率;鉴于当时美国在行政管理上相对于欧陆国家的后发地位及美国与其在政治体制上的差异,对政治和行政进行技术性区分策略便于最大限度排除政治因素而从欧陆学习行政管理技术;有助于推进针对广受诟病的政党分肥制而进行的功绩制行政改革,进而提高行政效率。

但政治与行政的分离是相对而非绝对的,特别是以下两点广为后世故意忽视或误解。首先,政治功能与行政功能作为政府的两种功能,政治机构和行政机构作为政府的两种机构,这二者之间存在区别。古德诺就明确指出"政府的这两种功能分化明显,但是将这两种功能分配给两个分立的机构执行却是不可能的"②。实际上,两大功能的划分主要是分析性和策略性的,并非事实,而机构的设置却应该是现实的。其次,政治功能与行政功能要取得协调。政治与行政的适当分离是必要的,但古德诺的著作更多的论述则是二者如何协调,其主要路径包括政治对行政的适度控制、行政集权、政党体制协调等。政治要对行政进行控制,但不能超过一定限度,这种限度体现在机构和人员两个方面:一是控制部分机构,主要是狭义上执行法律的机构,基于民意决定的政策问题背景下的司法、准司法、统计和半科学等机构应该独立;③ 二是控制部分官员,主要是官僚体制的高层级官员,因为他们对政策问题具有决定性影响。也就是说,并非基于民意的机构或人员必须受到控制,而是从事相对科学客观工作或难以对政策产生非民意方面影响的机构和人员不应因受到不必要的控制而影响其工作(见图3-2)。

---

① 〔美〕弗兰克·古德诺:《政治与行政:政府之研究》,丰俊功译,北京:北京大学出版社2012年版,第18页。
② 〔美〕弗兰克·古德诺:《政治与行政:政府之研究》,丰俊功译,北京:北京大学出版社2012年版,第18页。
③ 古德诺意义上的行政与孟德斯鸠意义上的行政和现代意义的行政的概念内涵和外延均有所区别,参见图3-2。

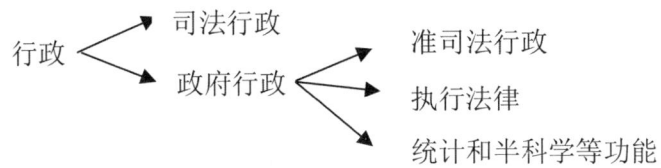

图 3-2 古德诺意义上的"行政"

资料来源：根据《政治与行政：政府之研究》一书第四章绘制。

实际上，政治与行政相分离也是现代化社会化大分工趋势在政府领域的体现，行政有必要从政治中相对分离出来，是与现代化内在要求告别政治与行政混同现象，实现行政专业化和标准化的趋势相关。政治与行政二分法的基本逻辑可简单概括为：在民治政体中，民意就是国家意志，政治就是民意的表达，行政就是民意的执行，政治与行政可以相对分离，民意直接控制政治，并通过政治间接控制行政。在当时民众痛恨政党分肥导致行政效率低下的情况下，民主和效率是不相矛盾的，恰恰相反，民主的真义要求通过使行政与政治相分离提高其效率。

在政治与行政二分法的视域下，回应社会和公民被认为是政治的功能，即便是按理应受政治控制的行政也只需要回应控制者而非社会和公民。行政只负责中立地执行命令，因而只回应执行命令的情况，是纯粹的执行工具。在图 3-3 所示的回应模型中，层级越低，组织机构数量和人员的总和越多；层级越高，组织机构和人员的数量总和越少。从最低层级到最高层级的回应的归纳整合成分越来越高，是一个逐级由分到总的过程；最高层级作为由最低层级发起的回应的出口功能又是一个由总到分的过程，以"一对多"的形式回应公民和社会的多元化需求，因而这种回应只能是形式上的，最高层级的回应内容会部分作为对下一级的工作要求部署下去。美国学者雷德福德将美国民主与行政国家实践中的这种模式称为"连锁监控民主"（overhead democracy）①。这种模式认为，民主控制是沿着从民选代表到那些以政府的名义行使权力的人这样一条单一的线进行的，这条线从人民延伸到人民的代表国会和总统府，到作为首席执行者的总统，然后到部门，再到官僚机构，然后到小一点的单位，一直延伸到行政的指尖为止，只有司法、准司法、准立法和审计功能不是沿着这样的线进行控

---

① E S. Redford, *Democracy in the Administrative State*, New York: Oxford University Press, 1969, pp. 70-72.

制的。这种模式基于四种理念：一是整合，希望将行政部门的责任整合成一条首席执行者所主导的线；二是层级，通过组织层级实现对权力的责任控制，上一层控制紧挨的下一层；三是法定，层级的顶层制定的规则应该引导所有次级层人员的行动；四是政治的优越地位，行政从属于通过法律和层级控制实行的政治方向和监控。① 以上认知具有合理性，但过于简单，实际上的政治与行政活动比这个要复杂得多。

不难看出，官僚制作为现代公共行政的典型组织形式，强调对上级命令的服从和对规则及程序的遵循，其回应主要是内部性的。但是，在民主政治的现实运作中，官僚制中的人员是回应上级官员还是回应基于民意制定的法律依然不时存在冲突，公务人员需要遵循一定的准则并掌握较高的技巧才能善处二者的关系。在上述逻辑下，认为行政应与政治相分离但又担心这种分离不具备民主控制合法性的学者就提出了政府官僚制可以以其专业能力来回应民众和善尽其行政责任。② 但这只是一种宣称式的辩解，二分法视域下行政回应政治而非社会的逻辑没有受到撼动。政治与行政二分法之后的行政学理论正是在逐步突破二分法的局限基础上来展开行政回应性的，这些突破的着力点包括组织的开放性、服务于公共目的的专业判断能力、官僚的代表性、官僚组织的公共服务功能和官僚个体的公共服务动机等。

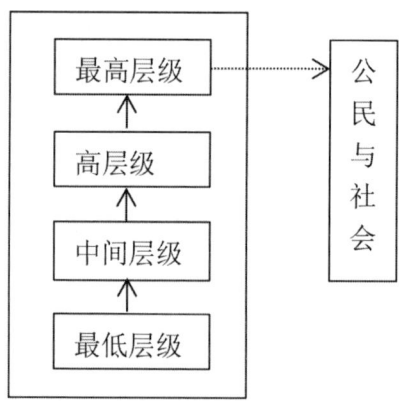

图 3-3　政治与行政二分法视野下的政府对公民与社会的回应模型

注：实线箭头为实质回应，虚线箭头为象征性回应。

资料来源：作者自制。

---

① E S. Redford, *Democracy in the Administrative State*, New York: Oxford University Press, 1969, p. 71.
② 蔡允栋：《官僚组织回应的概念建构评析——新治理的观点》，载《中国行政评论》，2001年第10卷2期，第95页。

二、组织开放系统论：基于组织学原理的政府回应性

行政组织的开放面向社会，行政与社会必然发生联系，基于此的政府回应性也就在所难免。政治与行政二分法将行政组织视为与政治机构相分离且受其控制的存在，有过于简单化之嫌，仅看到政府内部的分工而忽视了行政组织所受的外部影响。在政治学领域，政治系统理论与政治沟通理论都将政治生活视为一个与外界存在输入、输出信息交换、加工等关系的系统。如果把视野聚焦，从组织学的角度来看，政府组织也是一个开放系统。行政组织不是生活在仅有政治控制的真空中，而是必然与环境之间存在着资源、信息等方面的交换。

虽然贝塔朗菲早在 20 世纪 30 年代就提出一般系统论，① 之后有学者将组织视为开放系统，但首先将组织视为开放系统并进行完整研究的是丹尼尔·卡兹与罗伯特·卡恩。② 组织理论在其刚诞生之时，主要就组织内部开展研究，将组织视为一个封闭的系统，是可控制并加以塑造以用于实现一定目的的工具，强调对组织的理性设计和规划。与此同时，一种将组织视为自然系统的观点也在组织研究领域萌生，这种观点不强调组织作为实现目的的工具面向，而是强调组织目标的复杂性和组织中社会行动的非正式、非理性特征，强调组织为适应特定环境而求得生存。③ 开放系统论整合和拓展了理性设计和自然系统观点的组织理论，充分强调组织与环境关系的重要性。

在开放系统视角下，"组织并非与环境割裂的封闭体系，而是依赖于外界的人员、资源和信息的开放系统"④，是植根于运行环境中的、与参与者处在不断变化关系之中的相互联系、相互依赖的体系。⑤ 作为一个开放系统的组织，其特征包括：组织与环境的互动是开放系统运行的一大关键，从环境中获取资源的加工能力是开放系统的重要特征；开放系统有边界，但维护边界需要耗费能量，维持和改变系统既有的形态、结构和状态是开放系统进程的两个基本设置；开放系统通过从环境中输入大于其所输出的能量，进而形成剩余能量供组织故

---

① 〔美〕冯·贝塔朗菲：《一般系统论：基础、发展和应用》，林康义、魏宏林等译，北京：清华大学出版社 1987 年版。
② D. Katz and R. L. Kahn, *The Social Psychology of Organizations*, New York: Wiley, 1978.
③ A. W. Gouldner. "Organizational analysis", In R. K. Merton (ed), *Sociology Today*, New York: Basic House, 1959, p. 405.
④ 〔美〕W. 理查德·斯格特：《组织理论：理性、自然和开放系统》，黄洋等译，北京：华夏出版社 2002 年版，第 25 页。
⑤ 〔美〕W. 理查德·斯格特：《组织理论：理性、自然和开放系统》，黄洋等译，北京：华夏出版社 2002 年版，第 26 页。

障修复使用。①

开放系统论的一个重要流派是组织权变理论。其创始人之一詹姆斯·汤普森将组织的内在要素与外要素结合起来，认为组织要综合目标、技术、因果理解、内部依赖与协作、任务环境等不确定性的因素建立适应性的结合和行为模式；组织行政的基本职能是调配多重行动流，处理在相互依赖而非绝对控制条件下存在的不确定性进而实现组织目的；为了实现组织目的，需要进行分层组织设计，既要优化内部和流程组织设计以适用理性需要，同时要开放组织边界和建立专业的边界扩展部门来处理组织对任务环境的依赖。②

总之，组织开放系统的核心视角在于将组织与环境的相互依赖关系和交换关系、组织的目的、组织的理性、环境的不确定性和复杂性、组织的适应性等融合起来进行系统考虑，这在某种程度上揭示了政府回应性的组织学原理。事实上，新公共行政学就持有开放和动态的组织观点，强调公共组织要形成顾客导向、弹性灵活的组织形态。③

在组织开放系统视域下，政府回应性是公共行政组织生存、应对社会不确定性和复杂性的必然要求。既然公共行政组织是开放系统，那么政治与行政二分法就是不对的，因为行政组织应该直接与社会环境产生能量交换并求取存在价值，必须回应社会需求，而不是单纯的国家意志执行工具。二十世纪六七十年代以降，西方的行政改革在一定程度上反映了将公共行政组织视为开放系统的观点，强调行政机构对作为任务环境的公民和社会的回应性通过设立政府公共关系机构、下放权力和引入市场机制等手段实现公共行政组织的边界拓展，以期能更好地形成对公民和社会的回应。

三、新公共行政学：基于"公共"导向和专业判断的回应性

20世纪60年代以降，西方国家出现了政治、经济和社会等方面的多重危机，政府改革呼声日盛，公共行政学也亟须对此做出回应，然而如果继续固守政治与行政二分逻辑则难以对此有所作为。乔治·弗雷德里克森等公共行政学者在反思传统的公共行政学基础上，用现象学、阐释学、批判理论等哲学领域的方法研究公共行政，形成了"新公共行政学"。广义的新公共行政学除了包括

---

① 〔美〕W. 理查德·斯格特：《组织理论：理性、自然和开放系统》，黄洋等译，北京：华夏出版社2002年版，第83—85页。
② 〔美〕詹姆斯·汤普森：《行动中的组织》，敬乂嘉译，上海：上海人民出版社，2007年版。
③ 丁煌：《西方行政学说史》，武汉：武汉大学出版社2004年版，第317页。

明诺布鲁克会议、弗雷德里克森等的观点外,还包括黑堡宣言相关作者的观点,这里根据研究回应性的需要做一个简单而笼统的综述。

如果说政治与行政二分法更多地研究"行政",那么新公共行政学则更多地研究"公共",体现其学说鲜明的价值取向。新公共行政学的主要观点①有以下几个:(1)传统的"效率至上"观点有目标置换的嫌疑,单纯追求机械的效率是无意义的,必须让效率服务于人民幸福,而不是把效率本身当作目的。(2)政治与行政相分离是一种虚构的神话,既使公共行政研究画地为牢,又不符合二者相互渗透的现实,行政体系常态化参与政策制定,参与社会价值的权威性分配过程。因此,公共行政学应加强公共政策研究,回应社会的现实需求。(3)行政机构和人员并不是价值中立的,既然他们自身必然存在价值偏向,那么就要让这种偏向朝向社会公平,应该将社会公平视为公共行政的核心价值。弗雷德里克森认为,"社会公平强调对公众要求作出积极的回应而不是以追求行政组织自身需要满足为目的"②。(4)增强政府对公众需求的回应性,建立能满足公众需要的弹性化公共组织。(5)以自身的专业能力追求公共利益。③

在新公共行政学视域下,公共行政人员具有相对大的独立性,这种独立性始于其在政治生活中扮演的角色和专业地位,公务员必须对社会和公民做出回应。公共行政人员不是单纯执行政治方面所发出指令的消极工具角色,也不能在各种回应压力面前无动于衷。公共行政人员必须积极地以回应社会公平和公共利益为价值皈依,秉持专业的公共行政精神、专业判断和专业责任,回应来自政治家、立法机关、司法机关、压力社团和社会与公民的要求,但绝非单纯地答应这些方面的要求,更不能以专业主义行"专家统治",而是要服膺于民主原则。按照此观点,在美国等西方国家,公共行政官僚机构就有点类似于部分学者所谓的"政府的第四分支"④(the fourth branch of government)。

不难看出,新公共行政学强调的是基于"公共"的回应性,这不但超越了政治与行政两大功能分离的观点,而且大大强化和拓展了行政的政治功能。这种功能拓展的原则就是追求社会公平和维护公共利益,这就要求公共行政要积

---

① 丁煌:《西方行政学说史》,武汉:武汉大学出版社2004年版,第305—317页。
② 丁煌:《西方行政学说史》,武汉:武汉大学出版社2004年版,第310页。
③ 这一点应更多地归功于黑堡学者,参见 G. L. Wamsley, *Refounding Public Administration*, Newbury Park: Sage Publications, Inc, 1990, p. 40.
④ 或称"政府第四权",此称谓不同于其他关于媒体在美国政治中地位的观点,强调的是公共行政官僚机构相对于国会、总统和法院的独立性与回应性。参见 K. J. Meier, *Politics and the Bureaucracy: Policymaking in the Fourth Branch of Government*, Fort Worth: Harcourt College Publishers, 2000.

极做出回应而不是消极执行命令。在新公共行政学看来,增强公共行政的回应性是增强其合法性和实行民主行政的必然要求,公共行政的存在价值也只有积极回应公民和社会才能得到彰显,这一点在动荡不安的年代意义尤其重大。

四、代议官僚制理论:基于官僚制代表性要求的回应性

新公共行政学强调公共行政要扮演好积极回应的角色,以此争取自身的合法性,其强调的是公共行政独立的具有公共判断能力的专业性。黑堡学派的主要代表甚至更进一步,认为选举不是权力合法性的唯一来源,公务员可以像法官一样代表民意,成为人民的受托者,履行作为行宪者的使命。① 但上述二者的观点都带有较强的主观性。必须认识到,行政权力的使用者只是少数,但现代人民主权原理又认为一切政府权力都是社会和公民所让渡的。权力的少数人使用与多数人拥有之间的矛盾必然需要一个转换中介加以解决,即便从逻辑讲这种解决矛盾的方案不可能是完美的。这个重要的转换中介就是代表。代议官僚制同样是寻求公共行政和官僚制在民主政治下的合法性,破解公共官僚不能受到民选机构充分控制的难题,只不过另辟蹊径想从非选举的代表性的角度强调公共行政受控于民意。

代议官僚制(representative bureaucracy)在国内有时又被译为代表性官僚制,这一概念意味着将非民选的官僚机构视为与民选机构类似的代议机构,从而解决其身份不民主的问题。唐纳德·金斯莱在研究英国行政时较早使用了代议官僚制的概念②,后来经过美国学者的系统研究,代议官僚制理论的内容越

---

① J A. Rohr, *To Run a Constitution: The Legitimacy of the Administrative State*, Lawrence: University Press of Kansas, 1986.
② D. J. Kingsley, *Representative Bureaucracy*, Yellow Springs: Antioch Press, 1944.

来越丰富。综合现有研究成果①，代议官僚制的主要观点有以下八个：（1）官僚制的自由裁量权越大，则其功能越有活力，对基于代表性要求的那种责任的需要越强烈②；（2）代议官僚制的基本原理是：如果官僚制中的人事安排反映了被服务公众的种族、民族和性别等特征，官僚塑造公共政策的权力更可能会回应公共利益③，与这些特征相关的早期社会化经验而形成的态度和价值观会影响官僚个体的决策和行为；（3）代议官僚制可以通过公共官僚人员的构成、行政组织的设置和公民代表个人或社区的直接参与等三种形式来呈现④；（4）代议官僚制有主动代表（active representation）和被动代表（passive representation）两种形式，二者可以分别称为"功能性代表"和"描述性代表"，前者指行政人员或参与政策制定或公共项目的公民应追求他们被认为应代表的那部分人的利益和愿望，后者关注个人的来源及其反映社会的程度⑤；（5）代议官僚制的理想状况是：被动代表或者说一个官僚机构雇佣多样化人口学背景人员的程度，会导致主动代表对反映这些人员利益和需求的政策的追求⑥；（6）被动代表产生主动代表需要条件：行政人员保留与个人社会背景和生活经

---

① 主要参考 J. Dolan and D. H. Rosenbloom, *Classic Readings and Continuing Controversies*: *Classic Readings and Continuing Controversies*. New York: Routledge, 2016; S. C. Selden, *Diversity and Responsiveness in a Government Agency*, New York: Routledge, 2015; Krislov Samuel and Rosenbloom David H, *Representative Bureaucracy and the American Political System*, New York: Publisher Prentice-Hall, 1981; K. J. Meier. "Representative Bureaucracy: An Empirical Analysis", *American Political Science Review*, Vol. 69, No. 2, 1975, pp. 526-542; V. Subramaniam, "Representative Bureaucracy: A Reassessment", *American Political Science Review*, Vol. 61, No. 4, 1967, pp. 1010-1019; 马秀玲、赵雁海：《代表性官僚制理论评述》，载《公共行政评论》，2012 年第 5 卷第 5 期，第 116—149 页；魏姝：《性别因素在公务员录用和晋升中的影响——代表性官僚制理论视角下的分析》，载《妇女研究论丛》，2011 年第 2 期，第 32—39 页；Julie Dolan and David H. Rosenbloom, 胡辉华译：《代表性官僚制》，载《公共行政评论》，2008 年第 3 期，第 1—18 页。
② Krislov Samuel, *Representative Bureaucracy. Englewood Cliffs V.*, *Englewood Cliffs*: Prentice-Hall Inc., 1974, p. 21.
③ F E Rourke, *Bureaucratic Power in National Politics*（3rd edition）, Boston: Little Brown, 1978, p. 396.
④ 彭和平、竹立家等编译：《国外公共行政理论精选》，北京：中共中央党校出版社 1997 年版，第 361—372 页。
⑤ F. C. Mosher, *Democracy and the Public Service*, Oxford: Oxford University Press, 1982, pp. 14-17. 注意：莫舍有时候更喜欢用 representativeness（代表性）而不是 representation，这与许多其他公共行政学者不同。
⑥ S. C. Selden, *The Promise of Representative Bureaucracy*: *Diversity and Responsiveness in a Government Agency*, Routledge, 2015, p. 5.

历相关的立场并相信他们应该代表其所来自的群体，有将代表性立场转化为决策的机会，在非单独决策的情况下有机会表达所属群体的立场和利益，决策须采纳充当代表角色的建议①；（7）官僚代表性可以通过年龄、教育、收入、出生地规模、社会阶层和父亲的就业情况等进行测量②；（8）代议官僚制的优点包括：反映人口多样性的代议官僚制有象征性群体平权、保护弱势群体的作用，影响议题在议程内的优先性，代议官僚的增加会促进相应的人口学群体与官僚机构之间的合作，促进人力资源的使用效率，等等③。

代议官僚制提出通过"非选举代表性"来增进官僚制的回应性，既是对代表理论的拓展，也是对政府回应性研究的重视。在代议官僚制理论视域下，人口学特征意义上的相似性被视为可能会产生代表性的前提，在其他一些条件成立的情况下，代表性会变得实质化，进而产生回应性，即代表性产生回应性。除了这些条件很难同时满足（如官僚的代表性构成是一种自然事实，还是人为的制度设计？社会化是一个动态的持续进行的过程，人口学背景和态度及价值之间的联系会被组织社会化减弱）和学者难以就一些问题达成共识（如存在代议官僚制既是为了控制官僚的自由裁量权同时又以官僚的自由裁量权为实现条件的自相矛盾的观点）外，代议官僚制的政府回应观点还面临其他重大难题。这种回应性到底是回应公共利益还是回应基于特殊群体利益聚合而成的利益？回应的公平性如何体现？在不同于这种"代表谁，回应谁"的逻辑顺序的政治体制中，如果坚持"代表谁，为了谁"的逻辑，用代议官僚制的政府回应性观点又会有何不同？

五、新公共管理理论：基于顾客关系管理的服务回应性

20世纪70—80年代，为了应对自身面临的严重财政、管理和信任危机，许多西方国家特别是英语系西方国家的政府掀起了政府改革的浪潮，形成"全球公共管理革命"（唐纳德·凯特尔语）。新公共管理作为一种政府改革实践和改革学说同时存在。尽管这些改革内容和模式不尽一致，如存在管理主义导向的威斯敏斯特模式改革和强调再造政府的美式改革有所区别，但都被称为"新公

---

① Julie Dolan and David H. Rosenbloom，胡辉华译：《代表性官僚制》，载《公共行政评论》，2008年第3期，第10—12页。
② K. J. Meier, "Representative Bureaucracy: An Empirical Analysis", *American Political Science Review*, Vol. 69, No. 2, 1975, pp. 526-542.
③ S. C. Selden, *The Promise of Representative Bureaucracy: Diversity and Responsiveness in a Government Agency*, New York: Routledge, 2015, pp. 6-8.

共管理运动"。尽管不同学者对改革的认知大相径庭，但是其学说可能都被归为新公共管理。

综合研究新公共管理的代表性人物的观点①，可以将新公共管理的主要观点概括如下：强调用具有一定灵活性的管理取代呆板的传统行政；按照设定的绩效标准进行绩效测评；强调公共部门的产出和结果；强调私营部门的管理方式；强调在公共部门中形成关于提供公共服务的竞争关系；强调效率和经济，即所谓"更少投入，更好工作"（work better, costs less）；强调市场化改革；强调组织弹性化和扁平化；强调服务中心和顾客导向定位；强调分权与放松管制等。新公共管理的上述主张大大突破了传统公共行政的核心主张，甚至有学者不无夸大嫌疑地宣称，新公共管理不像旧公共管理那样只是将技术的专业化引入公共行政内部，而是致力于完全取代传统行政模式。②虽然学者对新公共管理的评价有言过其实的成分，但其主张中透露出鲜明的类似于私营部门对顾客或服务对象的那种重视，无论采取何种方式，其目标似乎都是满足顾客的要求，回应顾客的需要。

新公共管理不只是对公共部门自身的改革，更是对公共部门与政治控制和公众关系的重塑，新公共管理视域下的官僚回应性演变为以服务回应性为中心的顾客回应性。一方面，行政对政治的回应被淡化。要有效应对自身面临的公信力与合法性方面的危机，公共部门需要有效回应社会和公民，进而就必须对社会变化和民意诉求有及时、准确和充分的感知，要做到这一点必须具有自身的灵活性，从而改变作为执行工具的传统角色定位，更多地参与政策的制定。这导致一定范围内的政治官员和公务员之间的界限出现一定程度的模糊化，二者的角色出现重叠，行政机构作为命令执行者对政治控制作为命令发出者的回应这种提法似乎已经不合现实，可以将二者视为一种双向互动的关系和政府内部的信息沟通关系，虽然政治对行政的控制依然存在于没有得到根本改变的传统问责体系和新的绩效管理体系中；另一方面，政府回应的重心变为对"顾客"的服务回应。在公共选择等理论将政治市场化想象的影响下，政治领域的公民

---

① D. F. Kettl, *The Global Public Management Revolution*, Washington D. C.: Brookings Institution Press, 2006; C. Hood, "A Public Management for All Seasons?", *Public Administration*, Vol. 69, 1991, pp. 3-19；〔美〕戴维·奥斯本、特德·盖布勒：《改革政府：企业精神如何改革着公营部门》，上海市政协编译组、东方编译所编译，上海：上海译文出版社1996年版；〔澳〕欧文·E. 休斯：《公共管理导论》（第3版），张成福等译，北京：中国人民大学出版社2007年版。

② 〔澳〕欧文·E. 休斯：《公共管理导论》（第3版），张成福译，北京：中国人民大学出版社2007年版，第60页。

概念被经济领域的顾客概念取代，公民成了政策与公共服务的消费者，其作为服务对象因而成了回应对象，政府机构的绩效以顾客的满意度反馈为重要评价标准。不仅如此，为了让顾客满意，政府机构还要采取内部竞争，或采用竞争性外部招标等手段为顾客提供多种服务选择，以取得近似于私人部门通过市场竞争提高服务质量那样的效果。

虽然政府回应性这个提法的流行与西方推进的新公共管理改革有很大关系，新公共管理也在事实上采取了一些措施提升了政府的回应性，但新公共管理的政府回应观点与其本身一样存在许多问题。政府回应是不简单地在服务时充分尊重顾客的意见，而应有其深刻的价值皈依和体制基础。政府回应不像私营部门那样简单地讨好顾客。新公共管理的主张有急于挽回民意而进行无底线讨好之嫌，是用顾客回应性取代政体回应性，用顾客关系管理取代政府与公民的权利义务关系，用具体的顾客服务契约矮化现代政治社会得以组织的社会契约，是一种去政治和制度的市场营销，是对公民和政府角色的双重矮化，忽视政府回应的制度框架和价值皈依。

六、新公共服务理论：基于民主和公民身份要求的服务回应性

作为对新公共管理的系统性反动，新公共服务理论更多地从民主公民权等民主社会重要价值的角度和公共行政的后现代视角进行理论批判与理论建构。新公共服务的基本主张已广为人知[①]：公共行政官员服务的对象应该是公民而非顾客；公共行政官员要追求公共利益，虽不是公共利益的唯一定义者，但在其中扮演着关键角色；重视公民权而非企业家精神，因为前者能更好地促进公共利益；公共政策和方案的制定要有战略性，其实施则需要通过集体努力和共同协作来进行；公共行政责任不似传统公共行政和新公共管理那么简单，不能只关注市场，应关注宪法及法律、政治规范、社区价值观和公民利益等多方面的责任；公共行政人员扮演的日趋重要的角色是帮助公民表达利益并在对不同公民和组织团体之间的利益进行协调的基础上寻求和满足共同的利益，而非去掌控社会发展方向；尊重公共行政人员甚至公民的公共服务动机，分享领导权以为其提供机会参与公共组织的运作。

通过其基本观点可以看出，在新公共服务理论视域下，政府回应的压力和

[①] 〔美〕珍妮特·V. 登哈特、罗伯特·登哈特：《新公共服务：服务，而不是掌舵》，北京：中国人民大学出版社2004年版；丁煌：《西方行政学说史》，武汉：武汉大学出版社2004年版，第409—413页。

动力都来源于公民对民主、公民权的要求，公共行政人员的回应客体是公民，回应对象围绕的主题是公共利益和公民权利，回应的方式是服务（不是具体意义上的服务，而是帮助公民表达利益并在对不同公民和组织团体之间的利益进行协调的基础上寻求和满足共同的利益①），回应的假定动机是公共行政人员的公共服务动机。

作为一种建立在民主和公民身份基础上的政府回应性观点，新公共服务理论意义上的政府回应性是对新公共管理简单粗暴地排除其他价值单取顾客回应性的一种价值纠偏和伦理反动，其理论内容针对新公共管理理论的主张进行逐条批驳，刷新了政府回应性的认知视角，具有较大的理论意义。但新公共服务理论自身存在诸多缺陷，如对新公共管理理论的误解、假说成分多于理论成分②、对"服务"等概念的混乱使用等，都使其政府回应性观点的说服力显得有欠缺。单就政府回应性来说，新公共服务理论没有太多的理论创见和启发，更多是对之前理论的一种折中与糅合。如果对比政治学的相关理论，其原创性方面的欠缺和对在政府回应性理论方面的乏力状况就更为明显。

七、西方治理理论：基于权力回归社会的政府回应性消解

虽然世界银行并非"治理"这一概念在学术和实践领域的最早使用者③，但其于1989年用"治理危机"（crisis in governance）讨论非洲发展问题的举动是使"治理"概念流行起来的重要转折。如今，全球治理、国家治理、省域治理、城市治理、乡村治理、社区治理、政府治理、市场治理、社会治理、公共治理、公司治理、合作治理等冠以前置限定语的"治理系"概念十分泛滥④，恰如乔治·弗雷德里克森的一篇文章的标题部分内容所言：治理，治理无处不

---

① 〔美〕珍妮特·V. 登哈特、罗伯特·登哈特：《新公共服务：服务，而不是掌舵》，北京：中国人民大学出版社2004年版；丁煌：《西方行政学说史》，武汉：武汉大学出版社2004年版，第100页。
② 周义程：《新公共服务理论批判》，载《天府新论》，2006年第5期，第88—92页。
③ 有公共行政学者认为，是哈兰·克利夫兰（Harlan Cleveland）首先将"治理"作为公共行政的替代，认为公民想要"更少的统治和更多的治理"（less government and more governance），参见 Harlan Cleveland, *The Future Executive: A Guide for Tomorrow's Managers*, New York: Harper&Row, 1972.
④ 此处主要从理念上论及西方治理理论的核心理念对政府回应性理论的意义，后文再详细论述中国的国家治理与西方治理理念的异同。

在（Governance, Governance Everywhere）①。

虽然"治理"一词被广泛使用，但对治理的理解千差万别。人们在不同意义上都自认合法地使用着"治理"这个概念，这不得不让人怀疑这一概念的实际功用，甚至被学者批判为"空洞的能指"。②但既然这一概念如此流行，确有必要分析其背后的理念。"治理一词的基本含义是指在一定的范围内运用权威维持秩序，满足公众的需要。治理的目的是在各种不同的制度关系中运用权力去引导、控制和规范公民的各种活动，以最大限度地增进公共利益。"③

西方治理理论的基本内容可以被概括为："去中心化"和多主体，政府不是社会唯一的权力主体，而是整个治理网络中的一个主体，政治权力向社会回归；国家与社会、公共部门和私人部门之间的界限模糊化；参与治理的主体之间存在权力依赖，并会形成一个自主的网络；手段多元化，除了传统的命令、强制以及新公共管理的市场化手段外，治理还有很多其他手段，如协商、合作等，应视情况综合使用。④

在西方公共行政学领域，治理理论的内容主要有通过政府内部联合进行的治理、通过政府与社会合作进行的治理、社会进行的公共治理等三个方面。这三个方面亦即治理存在的三种形式⑤：一是司法性和组织性的纵横合作治理（inter-jurisdictional governance），其中的行动者代表自己的利益，通过自愿的合作参与治理，绝大多数情况都是出现在具体的某一个政策领域；二是第三方治理（third-party government），指通过合同外包、特许经营等形式将政府权力扩展到其他行动者；三是公共的非政府治理（public nongovernmental governance），这在政策制定和执行方面与政府有相似的方式和结果，但政府在其中影响有限。

---

① H. G. Frederickson, "Whatever Happened to Public Administration? Governance, Governance Everywhere", *in The Oxford Handbook of Public Management*, Oxford Handbooks Online, 2007, pp. 282-304.

② 王绍光：《治理研究：正本清源》，载《开放时代》，2018年第2期，第153—176、9页。

③ 俞可平：《引论：治理与善治》，见俞可平主编：《治理与善治》，北京：社会科学文献出版社2000年版，第5页。

④〔英〕格里·斯托克：《作为理论的治理：五个论点》，载《国际社会科学杂志》，1999年第1期，第19—30页；俞可平：《引论：治理与善治》，见俞可平主编：《治理与善治》，北京：社会科学文献出版社2000年版，第1—15页；王诗宗：《治理理论及其中国适用性》，杭州：浙江大学出版社2009年版。

⑤ H. G. Frederickson, "Whatever Happened to Public Administration? Governance, Governance Everywhere", *in The Oxford Handbook of Public Management*, Oxford Handbooks Online, 2007, pp. 295-296.

公共行政领域的治理可能单独采取上述三种治理形式中的一种，或者采用不止一种。按照弗氏的上述观点，治理只不过是公共行政的一种形式，而不是要取代公共行政，但治理理论的上述观点对于政府回应性问题确有重要的启示。

在西方治理理论的视域下，政府回应的主体由单一部门发展到部门联合，由政府拓展到政府主导下的第三方行动者，甚至是通过公共的非政府治理来消解政府回应的主体概念。在治理理论中，存在到底谁来回应的问题，可能是联合回应，也可能根本不存在政府回应或政府回应只在必要时才被唤醒，因为传统意义上的被回应者成了回应主体。

不难看出，治理理论对于政府回应性的理论创新具有重要意义，行政权力向社会回归的行政民主化趋势导致政府回应的内涵发生了新变化，甚至在一定程度上消解了政府回应性。但治理对于政府回应性的上述影响没有得到确切评估。到底是公共事务的总量增加了还是说公共事务大都变成了治理意义上的了？西方的治理理论带有一定的后现代意味，特别是倡导所谓"没有政府的治理"①到底有多少实际的意义很成问题。治理意义上的政府回应责任归属于谁？如果治理对非政府行为主体的治理能力过于乐观，那么实际意义上治理对政府回应的消解的程度有多少？既然在使用治理的很多情况下，我们天然地给其贴上正面积极和政府权力隐遁或弱化的标签，那么为何公共管理机构和人员对公民的回应性又成为善治的基本要素之一？② 要理解西方治理理论意义上的治理对政府回应性的影响就必须回答上述问题。

八、公共服务动机理论：基于官僚内在道德性的回应动力机制

与强调公共行政机构和人员的专业性、代表性、民主取向和服务意识等特征不一样，公共服务动机（public service motivation，PSM）理论试图从行为动机的角度去揭示政府回应的动力机制，从而为公共行政的合法性和政府的公信力提供理论支撑。PSM 概念自 20 世纪 90 年代提出③以来，其倡导者詹姆斯·佩里利用其在公共行政学界的影响力［他曾长期担任美国公共行政旗舰刊物《公共行政评论》（*Public Administration Review*）主编］，努力推进关于 PSM 的研究，

---

① 詹姆斯·N. 罗西瑙主编：《没有政府的治理》，张胜军、刘小林等译，南昌：江西人民出版社 2001 年版。

② 俞可平：《引论：治理与善治》，见俞可平主编：《治理与善治》，北京：社会科学文献出版社 2000 年版，第 10 页。

③ J. L. Perry and L. R. Wise, "The Motivational Bases of Public Service", *Public Administration Review*, Vol. 50, No. 3, 1990, pp. 367–373.

希冀使其成为公共行政的独特概念。PSM 研究在西方兴起是应对公众对政府和官僚制信任危机和不满公共选择理论将"经济人"假设运用于公共部门的双重结果。①

PSM 是指"个人敏感于公共机构与目标驱动的心理倾向"②，是"一种服务公共机构和公共利益的利他主义动机"③。综合既有研究的观点④，可以将公共服务动机理论的核心论点扼要总结如下：公共服务动机可能基于个人利益最大化的考量，也可能是基于规则和责任的要求，还可能是基于感性的热爱或同情；公共服务动机有对参与政策制定的渴望、关于公共利益的承诺、同情心和自我牺牲精神等维度；公共服务动机与公共行政的文化与制度存在相关性；公共服务动机非单独存在于公共部门，但在公共部门更为盛行；公共服务动机是一种内在的动机，从事公共服务的人具有强烈的利他主义精神并从展开公共服务中得到内在的满足，而主要不受外在的功利主义驱动；作为一种公共服务伦理，公共服务动机是可以测量和进行国别比较的。按照上述观点，公共服务动机可谓官僚的一种高洁的道德性，是从事公共服务的内在动力，也是回应公民对公共服务需求的自觉道德要求。

在公共服务动机视域下，政府回应性理论的研究单位落到了个人层面，虽然这种回应的动机受公共行政制度和文化的影响，其回应的主体可能是公共行政人员或其他任何想从事公共服务的人，是否具有以公共服务回应他人、社会、组织和公共利益的动机成了判断一个人是不是回应主体的唯一标准。这种以从事公共服务工作的人的内在德行的角度去寻求政府回应的动力机制的做法对拓

---

① 曾军荣：《公共服务动机：概念、特征与测量》，载《中国行政管理》，2008 年第 2 期，第 21—24 页。
② J. L. Perry and L. R. Wise, "The Motivational Bases of Public Service", *Public Administration Review*, Vol. 50, No. 3, 1990, pp. 367-373。
③ H. G. Rainey and P. Steinbauer, "Galloping elephants: Developing elements of a theory of effective government organizations", *Journal of Public Administration Research and Theory*, Vol. 9, No. 1, 1999, pp. 1-32。
④ J. L. Perry and L. R. Wise, "The Motivational Bases of Public Service", *Public Administration Review*, Vol. 50, No. 3, 1990, pp. 367-373; J. L. Perry "Measuring Public Service Motivation: An Assessment of Construct Reliability and Validity", *Journal of Public Administration Research and Theory*, Vol. 6, No. 1, 1996, pp. 5-22; 曾军荣：《公共服务动机：概念、特征与测量》，载《中国行政管理》，2008 年第 2 期，第 21—24 页；叶先宝、李纾：《公共服务动机：内涵、检验途径与展望》，载《公共管理学报》，2008 年第 1 期，第 56—60 页；朱春奎、吴辰、朱光楠：《公共服务动机研究述评》，载《公共行政评论》，2011 年第 4 卷第 5 期，第 147—160 页。

展行政学领域的政府回应性的理解很有启发，但也面临不可回避的诸多问题。经过近30年的发展，现有文献中，PSM被赋予了23种以上的定义以及42种以上的测量方式①，莫衷一是、自说自话的情况使相关研究难以达成共识，歧义丛生使公共服务动机作为公共服务人员内在回应动机的来源之效力大打折扣。公共服务动机作为一个具有明显价值导向的概念是否有真正意义的测量价值值得怀疑。公共服务动机似乎是一种对从事公共服务的人的先验假定，但基于动机复杂性和多样性特点，这可能并非现实。此外，抛开制度等外部控制手段而单纯寻求做出回应行为的个体内在动机很有可能是缘木求鱼。

第四节　西方政府回应性理论的逻辑及问题

前文已经阐明，西方政府回应性的历史和运行逻辑基于代议制民主政体，是一种"政体回应性"。而作为对西方政府回应性实践的理论解释，关于西方政府回应性的政治学和行政学理论同样有着浓烈的"政体决定"色彩。

一、西方政府回应性理论的逻辑：政体回应性下的理论生产

在代议制民主政体下，政治与行政相对分离是西方政府回应性理论的潜在逻辑假设，即便是否认政治与行政二分法的学者也潜移默化地将自己的观点部分建立在这种划分的基础上。因此，西方没有一个统一的政府回应性理论，只存在民主回应性理论和行政回应性理论两个相对独立的研究领域，这不自觉对应了政治与行政二分法。

在民主回应性方面，政府回应性理论在政治学上与民主理论相联系，相关研究主要居于对民主和代表的研究的羽翼之下。西方的政府回应性主要是基于代议民主制政府的制度设计的逻辑要求，人民通过选举授权代表而间接行使国家权力，"人民授权—政府回应"是这种回应的基本逻辑。随着代议制民主中代议与民主之间的张力关系被从理论上发掘，代议制并不民主的论调在侵蚀西方民主的合法性，即便客气地将其视为"弱民主"的学者也在寻找代议制民主的补充方案。参与民主、强势民主、协商民主等注重公民直接参与的民主理论被

---

① 陈重安、许成委：《公共服务动机：回顾、反思与未来方向》，载《公共行政学报》，2016年第51卷，第69—96页。

提出来，相应的回应逻辑也就变为"公民参与—政府回应"。但关于"人民授权—政府回应"名不副实和"公民参与—政府回应"实践局限的质疑从来没有停止过，民主回应性的理论与实践存在深刻的张力。

在行政回应性方面，政府回应性不但要考虑回应公民与社会的问题，还要考虑政治与行政的关系。行政学领域的政府回应性研究本质上是借助回应性描述公共行政的合法性，主要回答了"为什么要回应"和"回应谁"这两个问题。政治与行政二分法强调的是行政的工具性，其回应来源于政治的控制，并不回应社会。新公共服务理论，代议官僚制和治理理论等试图借鉴政治学中的民主回应性逻辑从民主政治角度论证公共行政的回应性之必要和可能，但诸多的理论难题让从民主中求取行政的合法性的行为无异于缘木求鱼。既然如此，行政回应性理论就只有从具有高尚的利他主义动机、提供了实质性的公共服务等角度来论证持有公共权力的公共组织及人员符合行政正义和公共性的必然要求，因而具有回应性。

西方的行政回应性理论研究基于政治与行政若即若离的关系进行。二分法将行政回应性视为一种政府内部的关系发展到行政回应社会的原理分析，其分析的单位有公共组织和个人，从组织开放系统、组织的专业性、组织的服务功能、组织成员构成的代表性、组织成员的行为动机、组织分权等角度开展论证，既借鉴政治回应性关于民主和代表的相关理论，又希冀发展出独立的行政回应性理论。这一现象深刻反映出官僚制行政与民主之间的深刻张力，无论强调其代表性和民主控制，还是强调其有服务公民的专业能力和动机，都不过是在回应关于官僚制不民主的诘难而已。直接让行政权力回归社会的治理理论体现出的后现代特征则与政治回应性中强调直接参与的民主理论相呼应，已经成为雄心勃勃但杂乱无章的理论大熔炉，既消解了政治与行政的分离，也消解了政府回应的他者假定。

政治学与行政学的回应性理论虽然相对分离，但是有其共同点。一是都渴望尽可能抓住"民主"这个正当性标签，都希望尽量将理论建立在民主政治的逻辑之上，之所以要回应公民与社会，是因为这种回应是民主政治的直接或间接的要求；二是均将政治和行政视为一个开放系统，必然与社会和公民发生实质性的能量交换。此外，既然强调政治与行政的分离是不符合现实的，那么将政治回应性与行政回应性结合起来也应该是西方政府回应性理论的一个方向。在第三次明诺布鲁克会议上，蒂娜·纳巴奇就呼吁公共行政要认真对待协商民主,以应对官僚和民主精神的紧张关系,改善公民权和"民主赤字"。①

西方政府回应性理论的展开深受西方代议制民主政体话语霸权的影响,将代议民主运行"政体回应性"移植到理论研究中,并在理论研究上贯彻和阐释"政体回应性"。政府回应性理论的政治学与行政学分野与勾连,相关政治学理论中民主理论的强势地位,以及相关行政学理论在民主话语面前自证清白的诸多努力等无不昭示着西方代议制民主政体对理论研究者思维的形塑。

二、西方政府回应性理论的问题:政体回应性的困境

从其展开逻辑可以看出,西方政府回应性理论比较碎片化,缺乏有机整合,没有独立性而是从属于民主、代表等理论。作为基于西式代议民主"政体回应性"导向的理论丛林,西方政府回应性理论还有以下更深层次的问题。

(一)政体的形式论证与回应性的实质指向的悖论

从西方代议民主政体的回应逻辑论证来看,这种论证是形式性的,意为人民形式上的授权需要得到回应。西方的代表、民主与回应性主要解决的是政府的形式合法性问题,但有效性反过来会影响形式合法性。恰好回应性就是一个实质指向的概念,关于民主的形式论证不能肯定导出政府回应人民这一实质结果,这就是矛盾所在。按照林肯关于民主的"民有、民治、民享"理解,民有主要是指通过选举产生代表和更换代表的形式来体现公民对于国家的主权,即"人民主权";民治则主要是指公民通过直接参与民主政治过程来体现民治,即"人民统治";民享是指政治产出的结果要符合人民的利益,即"利为民所谋"。

民治、民享等实质指向在西方民主理论中是相对缺位的,没有在形式理论中和价值理论中得到足够强调。更强调形式上的民主而相对忽视实质上的民主,这是现代西方民主不同于古希腊民主的关键部分。民主经由熊彼特等的惊人简化之后变成了一个工具性、形式上的概念,故而回应性作为一个实质概念被这批人认为不再是民主质量的衡量标准。这实际上割裂了民主的两个侧面,即形式合法性和实质有效性。论述至此,我们不禁要问,民主在实质上无效的情况下能长期合法吗?既然选举民主的有效性问题没有得到解决②,那么在这种情况下是否能维持民主的合法性,或者说难道民主是先天就合法的吗?说到底,

---

① T. Nabatchi, "Why Public Administration Should Take Deliberative Democracy Seriously", In R. O'Leary (ed), *The Future of Public Administration around the World: The Minnowbrook Perspective*, Washington D. C.: Georgetown University Press, 2010, pp. 159-165.

② 张飞岸:《被自由消解的民主:民主化的现实困境与理论反思》,北京:中国社会科学出版社2015年版,第50—51页。

西方的代表、民主等与回应性相关的理论主要解决的是政府的形式合法性问题，但有效性反过来会影响合法性①，必须从单解决合法性问题转变到同时解决有效性问题。

结合政府回应性视角，可以将西方自由民主在近代的发展历程简述如下：不平等的投票权（不平等的形式回应性）—平等的投票权（平等的形式回应性）—不平等的回应（不平等的实质回应性），最终形成了形式回应性的平等与实质回应性不平等相结合的政府回应性格局。其根源在于虽然每个人的投票权是平等的，但每个人在非投票期间的政治运作资源和能力是不平等的，而后者往往成为个人介入实质性政策网络的关键因素。可以说，在形式民主逻辑确定的定期选举面罩遮挡下的日常政策过程才是决定政府回应性的直接因素。非选举期间（between-election）代表关系的民主功能也成为近年来西方政治学家比较关注的领域之一，与选举相关的代表机制是选举轮换（electoral turnover），而两次选举之间与代表相关的机制是回应性②，也就是说除选举之外的其他政治参与方式对于实质的回应性具有更为根本的作用。

（二）代议民主政体下用回应性证明行政合法性的困境

西方代议制民主政体及其自由主义哲学基础包含着对政府及不经民主授予的权力的深深敌视。这一点对行政权力而言显得尤为明显，遂采取了用其他权力制约或者直接由议会权力控制行政权力的方法。但现代事无巨细的公共事务洪流又对行政权力有着现实的需求，这导致公共行政备受关于合法性的质疑却又无法不存在。在西方民主体制下，民主具有话语霸权上的优势地位，从一定意义上讲不民主就是在理论上不合法。既然实质的民主要求对公民需求的持续回应，那么屡遭关于自身不民主指责的公共行政及官僚制只要能回应公民是不是就具有合法性了呢？逻辑显然并不完全如此。在"能回应就合法"的逻辑表述中，回应性成了合法性的充分条件，而从民主关于回应性要求的表述只可以看出回应性是民主的必要条件。显然这二者在逻辑上的表述是不等价的。

上述问题导致了西方政治学与行政学理论中的一个关于回应性的悖论：部分研究民主的政治学家想放弃回应性的概念而部分行政学家却想拿起回应性的概念。一方面，形式回应和实质回应之间巨大的落差使不少政治学的民主和代

---

① 有西方学者承认，治理的正当性取决于公平的感觉，西方的民主制注重合法程序形式，并不能保证治理正当性。参见〔法〕皮埃尔·卡蓝默：《破碎的民主：试论治理的革命》，高凌瀚译，北京：生活·读书·新知三联书店2005年版，第93页。

② 例如，H. M. Narud and P. Esaiasson, *Between-election democracy: The representative relationship after election day*, Colchester: ECPR Press, 2013, 特别是该书第3页。

表理论家认为回应性对于衡量民主而言是一个不太重要的概念,政府回应性作为民主的实质面向被相对搁置;另一方面,公共行政面临不民主的指控而实质回应性是民主的一个面向,既然公共行政无法通过形式的民主回应性来论证自身的合法性,那么其可以抓住自身能在实质上具有回应性这一点来弥补自身在民主方面的先天缺陷,因此,政府回应性又被行政学理论工作者紧紧攥在手里。虽然民主行政理念经过许多学者倡导,但是这种倡导存在逻辑上的困境,行政在普通西方人心目中的不民主形象也并未得到根本改观。通过行政的回应性来证明其合法性只能是一种结果主义的取向,即通过事后的结果来反证之前的行为是合法的,并要将这种合法性继续使用到下一次结果出来之前。这显然存在逻辑上的问题,即这次的行为所产生的结果并不能赋予之后行为的合法性,而且基于结果合法性的链条随时可能断裂。不仅如此,合法性在本质上具有一定的先在性和先赋性。按照结果逻辑反推,如果将通过结果而赋予的合法性倒推到最开始的地方,合法性就很可能不存在。因此,在西方体制下,将行政合法性诉诸回应性是迫不得已的选择,其理论困境是难以突破的。

(三)代议民主政体政府回应性公共价值阙如的困境

公共价值本应是政府回应的重要对象,但西方政府回应性理论缺少公共价值的立锥之地。

西方代议制民主政体缺少回应性公共价值的设计导致政治理论研究中缺少对政府回应公共价值的关注。美国一位学者在其著作中也公开承认,"认为世界上存在着不同于私人利益总和的公共利益"这一看法不合时宜。[1] 公共价值是一个社会中有关公民权利、利益、义务和政府及政策的原则基础的规范性共识。[2] 对集体的和非集体的公共的回应是公共理论的一个要件。[3] 无论从何角度建构政府回应性理论,公共价值都是一个极端重要的回应对象,因为政府在本质上是公共的而非私人的,所以我们很少看到有人用"公共政府"这样有语义重复嫌疑的表述。但在西方,公共概念有其自由主义渊源,西方政府回应性理论的建构也是以自由主义、个人主义、功利主义等为理论基础的,基于此的民主理论、代表理论、政治沟通理论都是通过不同个人利益及其代表或利益集团

---

[1] 〔美〕孔飞力:《中国现代国家的起源》,陈兼、陈之宏译,香港:香港中文大学出版社2014年版,第130页。

[2] B. Bozeman, *Public Values and Public Interest: Counterbalancing Economic Individualism*, Washington D. C.: Georgetown University Press, 2007, p. 13.

[3] 〔美〕乔治·弗雷德里克森:《公共行政的精神》,张成福等译,北京:中国人民大学出版社2003年版,第41—42页。

之间的利益相互竞争交锋来取得对相应群体的回应性的，所谓"公共"在本质上只是政府版本的私人利益相互妥协的结果。不同种群的分类代表的政府回应性也可能是局部利益的竞争，在最坏的情况下是不同利益的相互倾轧，在最好的情况下也只是能寻找到不同利益的共同点，部分达成共同利益，不保证能产生公共利益，因此不能回应公共价值。

在代议民主政体下，行政学视角的政府回应性理论在回应公共价值方面同样存在较大不足。二分法视野中的行政拒绝回应公民和社会；开放系统行政组织观也将回应做技术化处理而未言明其应回应公共价值；代议官僚制理论既沿袭了政治学代表理论的逻辑，又接收了代表的个人主义理论基底，同样忽视公共价值；新公共管理理论强调回应顾客，消解了回应性的公共价值；新公共行政学、新公共服务理论虽明确提出了追求公共利益的观点，也体现了公共精神，但理论上缺乏翔实的建构；治理理论应该说具有一定以公共价值融合政府与社会的意涵，但其理论建构要么混乱，要么还是建立在个人主义基础之上的利益相关者理论，与真正的公共价值存在不小距离；公共服务动机理论具有一定的公共价值取向，但同样只是在代议民主体制下的一种回应动机畅想，缺乏具有普遍说服力的论证，且动机是个人层面的，而公共价值是系统层面的，二者甚至会存在竞争关系。①

（四）以代议民主政体为既定标准展开讨论的困境

与很多领域的"西方中心论"一样，无论其面临多少理论和实践上的困境，西方学者都试图建立起自己的话语霸权。这种霸权在政府回应性理论中的最集中的体现就是"只有西方代议民主制才能有回应性"的话语霸权。政治学的相关理论总是将回应性纳入西方民主体制的框架进行讨论，将非民主国家的"异例"处理为自我标准下的变种，创造出一大堆建基在原本概念之上的变异概念。西方政府回应性理论的体制依赖症本质上是先发西方国家以自己为中心而将后发国家视为边陲的思维定式，是"中心—边缘"世界体系模式的表现。

西方政府回应性研究的隐含逻辑是这样的，首先假定西式代议民主政体才应该有政府回应性，其次看要研究的国家是否属于西式代议民主政体继而建构对应的回应性解释。如果是西式代议民主政体，则研究其政策回应性、官僚回应性等议题，并分析政党制度、选举规则等制度设计的差异导致的政府回应性

---

① L. B. Andersen, T. B. Jørgensen, A. M. Kjeldsen, et al, "Public Values and Public Service Motivation: Conceptual and Empirical Relationships", *The American Review of Public Administration*, Vol. 43, No. 3, 2013, pp. 292—311.

的差异,在发现西方民主国家回应性不佳并不得不承认这一现实状况的时候,一种论调就强调"回应性并非民主的首要价值"。如果不是西式民主政体,则将研究对象打入另册,创造基于西式民主思维的新名词,如"回应性威权"① 等,来分析非西方国家也存在政府回应性的具体原因。这样的研究路数使西方关于政府回应性的研究陷入了自相矛盾的境地,西式民主应该有回应性,但最终得出的结论只能以"回应性并非民主的首要价值"这样与预设相矛盾的说辞来开脱,这暴露了西方政府回应性研究的政体思维决定论的局限性,也是西方民主实践的内在悖论。与此同时,非西方民主国家在实践中却可能有很强回应性,这对西方相关研究形成的范式而言本身就是一个足以导致其被超越的异例或反常事件②。经过数十年的研究,基于西方民主思维的政府回应性研究已经难有突破性的进展,西方学者在以非西方国家为研究对象的学术开疆拓土过程中,越来越发现"西方中心"的研究视角难以涵括世界各国治理多样性的现实,西方政府回应性理论面临典范转移。行政学的相关理论同样囿于西方体制的框架,公共行政权力的合法性始终受人质疑。

此外,西方政府回应性理论与西方的民主和代表理论等一样面临后现代③、网络社会等的挑战,政治代表的终结④、国家"空心化"⑤、解构官僚制,去政治化等已经让很多基于现代性建构起来的政府回应性理论面临崩解。

综上所述,西方政府回应性理论的问题本质上是代议民主制的"政体回应性"的问题,这根植于西方的代议民主制设计及其逻辑,以及这种设计和逻辑对理论研究者潜移默化的规训。

---

① R. Weller "Responsive authoritarianism", *Political Change in China*: *Comparisons with Taiwan*, Boulder: Lynne Rienner, 2008, pp. 117-133.
② 〔美〕托马斯·库恩:《科学革命的结构》,金吾伦、胡新和译,北京:北京大学出版社2012年版.
③ 〔美〕查尔斯·J. 福克斯、休·T. 米勒:《后现代公共行政:话语指向》,楚艳红、曹沁颖、吴巧林译,北京:中国人民大学出版社2002年版。
④ 哲学家和政治理论家都表现出政治代表行将终结的观点,鲍德里亚认为联系(connect)已经取代代表(representative)成为政治运作的重心;西蒙·托梅也认为关于政治代表的"元叙事"行将终结,自己而非代表才是自身利益的最佳判断者,据此政党也深陷危机中。参见 Jean Baudrillard, *The Divine Left*: *A Chronicle of the Years* 1977-1984, David L. Sweet (trans), Los Angeles: Semiotext (e), 2014; Simon Tormey, *The End of Representative Politics*, Cambridge: Polity Press, 2015.
⑤ H. Milward and K. Provan, "Governing the Hollow State", *Journal of Public Administration Research and Theory*, No. 10, 2000, pp. 359-379.

第三章

使命回应性：中国政府回应性实践和理论逻辑的特殊性

理论与实践是相伴相生的，特殊的实践需要理论创新进行解释。中国与西方有着迥然不同的历史文化和现实国情，更有着完全不同的政治体制，走着不同的政治发展道路。与西方政府回应性在和自由、民主等价值的地位比较中处于次要地位不同，中国政府特别强调其回应性，实质意义上的回应性的地位甚至超过了其他政府治理价值。有学者将此视为我国政治体制的比较优势，认为具有比较强的回应性是中国体制的优势之一。① 本章从中国政府回应性变迁历程和理论逻辑入手，从宏观上阐述使命驱动型先锋队执政党领导下我国政府回应性实践和逻辑的特殊性，提出区别于西方"政体回应性"的"使命回应性"概念来概括这种特殊性，并以此讨论政府回应性理论突破的第二个必要性。

第一节　中国政府回应性变迁的简略历程

笼统的阶段划分有其缺点，如中央政府和地方政府的区别不能呈现，但能够帮助我们在宏观上对这一问题有整体把握，这也符合本书从理论上研究政府回应性整体逻辑的需要。学界已经存在不少与我国政府回应性变迁历程相关的观点，兹举几例如下：

王绍光将近 200 年我国治国之路分为形成治国能力、实施政府管理和开展国家治理三个阶段，分别对应的时间段是 1800—1956 年、1956—1990 年前后、1990 年至今。② 许耀桐将迄今的改革开放分为六个阶段，分别是改革的酝酿起步阶段和局部试验阶段（1978 年 12 月—1984 年 9 月）、全面展开经济体制改革和探索政治体制改革阶段（1984 年 10 月—1989 年 5 月）、波动和调整坚持阶段

---

① 王绍光：《中国·政道》，北京：中国人民大学出版社 2014 年版，第 102 页。
② 王绍光：《中国·政道》，北京：中国人民大学出版社 2014 年版，第 90—97 页。

(1989年6月—1992年9月)、建立社会主义市场经济体制阶段(1992年10—2002年10月)、完善市场经济体制和推进制度改革创新阶段(2002年11月—2013年10月)和改革进入新时期和推进全面深化改革阶段(2013年11月至今)。[1] 高尚全将我国的改革历程分为"目标探索"(1978—1991年)、"框架构建"(1992—2002年)、"体制完善"(2003—2011年)和"五位一体的全面深化改革"(2012年至今)四个阶段。[2] 杨光斌将改革开放以来的政治实践以大约10年为一个周期,提炼出每个周期标志性的民主形式:从1978年到20世纪80年代末,选举民主是主要形式(标志性事件是1979年修改选举法和差额选举风行),在实践中也培育了协商民主(重要标志是党的十三大提出建立"社会协商对话机制");20世纪90年代,基层民主或称村民自治是主要形式;21世纪第一个十年,网络民主—党内民主—协商民主结合起来作为主要形式;2012—2022年,推进国家治理现代化是主要实践。[3] 李伟权通过将政府回应发展分为控制型、管理型和参与型三个阶段,提出了我国政府回应的发展历程:中华人民共和国成立后的高参与和高回应阶段(1949—1954年)、建设时期的回应阶段(1955—1977年)、重新进行机制创立和制度设计的阶段(1978—1988年)、从转型到管理阶段(1989—1997年)、回应体制和制度的创新完善阶段(1997年以后)。[4] 赵晗将中华人民共和国成立以来的政府回应机制的历史演变分为创立阶段(1949—1958年)、建设阶段(1958—1978年)、改革阶段(1978—1992年)、完善阶段(1992年至今)。[5]

分析上述观点可以看出,出于不同的研究需要,阶段划分的起止点并不一样,阶段划分的节点与划分人对历史事件的重要性的判断和划分的用途密切相关。重要的节点包括:中华人民共和国成立(1949年)、开启改革开放(1978年,党的十一届三中全会)、提出建设社会主义市场经济(1992年,党的十四大)、市场经济体制完善和全面建设小康社会(2002年,党的十六大)、全面深化改革(2013年,党的十八届三中全会)等。

---

[1] 许耀桐:《当代中国改革的基本特点》,载《中共福建省委党校学报》,2017年第12期,第5—7页。
[2] 高尚全:《中国改革开放40年的回顾与思考》,载《同舟共进》,2018年第1期,第4—5页。
[3] 杨光斌:《第一辑——"民主新论"推介》,见张飞岸主编:《被自由消解的民主:民主化的现实困境与理论反思》,北京:中国社会科学出版社2015年版,第16—19页。
[4] 李伟权:《政府回应论》,北京:中国社会科学出版社2005年版,第88—118页。
[5] 赵晗:《中国地方政府回应机制建构研究》,吉林大学博士学位论文,2011年,第51—54页。

不难看出，我国社会的历史阶段有很强的执政党主导色彩，阶段划分的关键节点都以中国共产党的重要会议和关键决策作为标志。中国共产党在其中的主导作用与中华人民共和国是通过"以党建国"模式成立和由中国共产党一党执政密切相关。在充分认识中国共产党对1949年中华人民共和国成立以来我国国家—社会关系重大形塑作用的基础上，主要基于回应是政府与社会关系的一种反映这种观点，从国家（政府）与社会的关系视角，将中国共产党主导下的国家与社会关系调整分为控制、管理和治理三个阶段，并以此对"建设"和"改革"阶段进行二次划分。需要说明的是，因以下表述多次援引执政党和政府的表述和行动，而"社会"一词在各处表述的外延范围并不完全一样，但整体上都是相对于政府而言的。

一、社会主义革命和建设时期：制度化政府回应性的缺失

中华人民共和国成立之后到改革开放前，稳定新生政权成为压倒一切的首要任务。执政党主导下的政府与社会关系更加紧密，政治运动与经济建设同时存在。政治运动的根本任务在于维护政权的性质和稳定，保障中国共产党的领导权与执政权。虽然努力搞建设改变经济的落后面貌在一定程度上成了稳定新政权的一种必要行动，但是一旦认为有关建设的争论或其他因素影响到政权的纯洁性和稳定的时候，政治运动和阶级斗争就会成为更优先的执政选择。例如，虽然1956年召开的党的八大认为，"无产阶级与资产阶级之间的矛盾已基本解决，人民对于建立先进的工业国的要求与落后的农业国的现实之间的矛盾，人民对于经济文化迅速发展的需要与经济文化不能满足这种需要的状况之间的矛盾成为主要矛盾"，但是，1962年召开的党的八届十中全会又将无产阶级与资产阶级之间的矛盾视为主要矛盾，强调要"以阶级斗争为纲"。

可见，政治运动之所以能有效开展，其根本支撑在于中国共产党全面领导我国社会在政治、经济、军事、社会建设，这使中国共产党拥有强大的社会动员能力。关于这种情况的理论概念，无论是邹谠从国家出发提出的所谓"全能主义国家"[①]还是孙立平等从社会角度出发提出的所谓"总体性社会"[②]，其揭示的都是"强国家、弱社会"的政社关系格局，而这种格局之所以出现，是因为中国社会面临的全面或总体性危机需要革命的力量和意识形态进入社会的各

---

① 邹谠：《二十世纪中国政治》，香港：牛津大学出版社1994年版，第142页。
② 孙立平、王汉生、王思斌、林彬、杨善华：《改革以来中国社会结构的变迁》，载《中国社会科学》，1994年第2期，第47—62页。

个领域并占据主导权。在全能主义国家中,政治权力、行政权力无远弗届,国家主导社会或国家社会同构,社会秩序依赖国家控制实现,国家和社会之间没有中间组织因而会出现"牵一发而动全身"的现象,社会生活乃至私人生活政治化特征明显,政治动员频繁但国家缺少与民众正常的政治沟通。

政社关系的紧密结合是通过计划经济体制、单位制、户籍制和身份管理等制度实现的。计划经济体制是全能主义国家下的经济体制,生产、消费都是依国家指令进行,经济领域的行动者没有自行其是的余地,这是经济落后背景下进行社会控制以促进社会稳定的国家行为选择。与计划经济体制相适应的组织体制是单位制,单位制则将全国所有人都划入一个个单位,即便是农村人也被划入类似城市单位的"公社",实行"单位办社会",一个人的衣食住行、教育、医疗甚至婚嫁都由单位包办,国家通过一个个单位实现了本应由社会去承担的许多功能,而通过单位制,国家也能轻松实现对人民的政治动员和对社会的紧密结合。户籍制度和身份管理则是革命与建设时期国家与社会关系结合的重要制度工具。"党的领导在很大程度上是通过领导和有效运作国家政权来展开的,即通过执政展开的。执政是党实现其领导的具体方式"。但"以党的领导为核心进行国家建设和社会改造的最大特点是:党不仅成为国家建设和社会改造的领导力量,而且成为国家建设和社会改造的组织基础。""党的领导在自觉或不自觉中形成党、国家与社会三位一体的组织基础。""在党、国家和社会三位一体的格局下,党通过其强大的体制力量和组织力量,实现了对国家、对社会的全面整合和领导"。①

巩固政权是执政党领导下的政府的首要目标,政府的回应主要通过单位制等组织形式内部化了。具体说来,这段时期内,虽然通过了以1954年、1975年和1978年三个版本宪法为代表的制度文本,确立了政权形式和公民的基本政治权利,但公民的政治参与是被动员起来的非正常参与,政府机构改革在程序上不规范、改革内容主要是"精兵简政",虽然致力于回应社会的需求,且出台了一系列经济、社会等方面的政策,但终因时代条件所限,回应效果远逊回应意愿,政策议题来自政治精英对时局的判断,对政策的民意基础缺乏科学把握,政策层面政府回应性的群众获得感难以彰显,行政层面的回应性有待加强。可见,这一时期的政府回应性虽因时代局限而不足,但为更科学规范的制度建设积累了制度经验,比如,清理整顿国民经济、稳定社会秩序等回应了人民群众

---

① 林尚立:《领导与执政:党、国家与社会关系转型的政治学分析》,载《毛泽东邓小平理论研究》,2001年第6期,第37—44页。

对反帝反封建、巩固新生的人民政权的呼声，只是回应面窄且制度化不足。

二、中国特色社会主义的形成与拓展时期：职能转变中增量回应性

1978年12月，我国开启了持续至今的改革开放伟大实践。1981年召开的党的十一届六中全会指出，社会主义改造完成之后的中国社会的主要矛盾是人民日益增长的物质文化需要同落后的社会生产之间的矛盾。党领导政府和人民解决社会主要矛盾，就要吸取改革开放前的经验教训，调整国家与社会关系，调整党政关系，通过行政体制改革调整政府与社会的关系，逐步把全能主义国家转变为执政党领导下的有限政府。

首先，调整党政关系。在我国的政治体制之下党政关系的调整是政府与社会关系调整的前提，也只有党政关系规范化之后，才存在真正意义上的政府与社会的关系，不然就只有党与社会的关系。改革开放年代，调整党政关系就是为了改变过去党政不分、以党代政和权力过度集中带来的危害。1980年，邓小平同志在中央政治局扩大会议上作了《党和国家领导制度的改革》的讲话，提出要解决党政不分、以党代政的问题。1982年的中共十二大政治报告提出党的工作和政府的工作必须适当分工。1987年的中共十三大政治报告也提出要实行党政分开。此后，中国共产党不断改变和完善领导方式和执政方式，通过法制化等途径实现了党政关系规范化。①

其次，调整政府与社会的关系。面对改革开放的现实需要，调整当时的政府与社会关系是增强社会活力的必然要求，也是建立有限政府的题中之义。改革开放以来的数次政府机构改革通过强调转变政府职能实现政企分开、政社分开，不断调整政府与社会的关系。党的十三大报告第一次提出"为了避免重走过去'精简—膨胀—再精简—再膨胀'的老路，这次机构改革必须抓住转变职能这个关键"，这一点在1988年的政府机构改革方案中得到贯彻。1993年的政府机构改革在建立社会主义市场经济的背景下再提转变政府职能，将推进政企分开作为政府职能转变的根本途径。1998年的政府机构改革方案明确提出要"逐步建立适应社会主义市场经济体制的有中国特色的政府行政管理体制"，将转变政府职能和实现政企分开作为改革的基本原则，明确了政府职能包括宏观调控、社会管理和公共服务等内容。2003年的政府机构改革具有转折意义，因为这次机构改革是中国自2001年加入世界贸易组织之后的首次机构改革，对于

---

① 朱光磊、周振超：《党政关系规范化研究》，载《政治学研究》，2004年第3期，第51—57页。

规范政府与市场、政府与企业、政府与社会等方面的关系意义重大。这次改革明确政府职能包括经济调节、市场监管、社会管理和公共服务，提出决策、执行和监督相互协调的要求，重点部署了宏观调控和关于国有资产、金融、流通、食品安全和安全生产等方面的监管体制改革，回应了加入世界贸易组织对宏观调控和市场监管提出的新要求。2008年的改革强调进一步加强和改善宏观调控，特别强调要改善民生，加强社会管理和公共服务职能，按照大部门体制要求整合部门职能，理顺权责关系。政府管理社会的理念与行动逐步取代了政府控制社会的理念与行动。

为了贯彻上述改革要求，我国出台了许多重要的改革举措，进一步调整了政府与社会的关系。例如，20世纪80年代实行家庭联产承包责任制，对农村社会和农民的国家控制开始松动；逐步废除政社合一的人民公社，恢复乡镇政府并在村层面实行村民自治；2001年9月，我国全面开启行政审批制度改革，实现行政审批规范化并在2003年通过《中华人民共和国行政许可法》；制定或修订社会组织管理行政法规，在给予社会组织一定发展空间的同时加强对其的管理。总之，经过改革，社会的自主领域活力增强，社会领域逐渐扩大；计划经济条件下的行政指令被社会主义市场经济下的审批、服务和监管所取代；原来由单位制和人民公社内部提供的服务被由政府向社会提供公共服务和社会自我服务所取代。政府在这一阶段的国家与社会关系的调整中，也将自己由全能型转变为有限政府。

伴随着政府与社会关系的调整，这一时段的政府回应性是一个量由少到多逐步增加的过程，政府回应性的增量可以通过对这一阶段再做一次划分进行认识。可以近似地将1978—1992年作为政府回应社会的初步探索，其主要内容是转变政社不分的思想观念，社会活力逐步增强，社会的回应要求逐步增加。1993—2002年作为政府回应性的监管回应阶段，在这一阶段，随着计划经济的解体和市场经济的逐步建立，市场将国家与社会之间的分离程度逐步拉大，此阶段主要任务是发展市场经济，理顺政企关系，突出政府的宏观调控和市场监管职能。将2003—2012年作为政府回应性的服务回应阶段，此时波兰尼意义上的国家社会的双向运动的主题已经由市场的扩张渐渐转移到社会的保护性运动上来，[①] 教育、医疗等大量的社会问题涌现，中国共产党提出全面建设小康社会、和谐社会的理念，越来越强调政府的社会管理和公共服务职能，建设服务

---

① 王绍光：《大转型：1980年代以来中国的双向运动》，载《中国社会科学》，2008年第1期，第129—148页。

型政府的趋向越来越明显，同时提出要加强社会建设并将之纳入中国特色社会主义总体布局、出台促进社区建设和社会组织发展的多种政策措施。

总之，通过数十年的改革，我国政府的回应性逐步增强。一是政府回应性有了一定的体制和制度保障，相关法律法规也逐步完善。例如，中国共产党领导人多次提出要解决官僚主义问题，健全社会主义民主和法制；1979年，《中华人民共和国选举法》颁布，开始为政府回应社会设立制度化的渠道；党的十三大的政治报告强调要建立社会协商对话制度，发扬"从群众中来、到群众中去"的优良传统，倾听群众的意见、要求和呼声，在国家、地方和基层三个不同的层次上展开协商对话；改革开放以来，除1982年的政府机构改革是在当年召开的党的十二大之前进行的，从1988年开始，所有政府机构改革方案都是在前一年的中国共产党五年一次的全国代表大会之后的第二年出台，形成了较为稳定的操作惯例，合理体现了执政党全面领导之下的党政关系，为政府回应社会奠定了基础；政府服务承诺、政务公开、旁听、听证等政府回应的制度机制广泛建立起来。二是强调决策的科学化和民主化，强调决策要了解民情、反映民意和集中民智，公众参与的政策回应性机制逐步建立起来。三是在具体行政行为上逐步强调服务意识和公民参与。除了直接通过政务公开和政务服务中心开展规范化服务外，即便是社会管理也强调以人为本和寓管理于服务中，充分发挥信访办等直接提供回应的机构的作用，并开始通过网上电子政务形式回应公民与社会。在公共服务和社会管理中注重党委领导和政府负责下的社会协同和公民参与，通过让公民和社会参与到具体公共事务中实现政府的回应性。

三、中国特色社会主义进入新时代：治理现代化中的政府回应制度和能力现代化

2012年以来，中国特色社会主义进入新时代。虽然改革开放以后社会焕发出一定活力，新形势下社会管理仍然面临很多压力，如民生建设有待加强、法治保障不足等①，这就要求升华社会管理的理念。2013年，党的十八届三中全会提出，全面深化改革的总目标是实现国家治理体系和治理能力现代化。作为国家治理现代化的重要次级面向，社会治理现代化和政府治理现代化为我国进入社会治理阶段提出了要求，需要形成新的政社关系。其实，在2012年党的十八大报告中对此就有相关表述，只是没有直接使用"社会治理"这个概念，该

---

① 姜晓萍：《国家治理现代化进程中的社会治理体制创新》，载《中国行政管理》，2014年第2期，第26页。

报告以"在改善民生和创新管理中加强社会建设"作为第七部分的标题,将民生改善、公共服务和社会建设融合在一起进行通盘考虑,并将社会管理体制、基本公共服务体系、现代社会组织体制和社会管理机制共同列为"构建中国特色社会主义社会管理体系",将党的十七大政治报告中关于社会管理体制的表述升级为"党委领导、政府负责、社会协同、公众参与、法治保障",明确提出现代社会组织体制的特征是政社分开、权责明确、依法自治。党的十九大报告则用"社会治理"的概念取代了"社会管理",依然将社会治理与民生改善放在一起进行布置,提出"打造共建共治共享的社会治理格局",在党的十八大报告"学有所教、劳有所得、病有所医、老有所养、住有所居"的表述上增加了"幼有所育"和"弱有所扶"。

社会治理需要与其相匹配的政府。社会治理要求政府扮演不同于社会管理时代的角色,要求在政府主导下进行多元主体互动,赋权社会自我调节,运用多样化手段,培育社会力量作为治理伙伴,促进社会公平正义。① 为此,党的十八大政治报告提出"深入推进政企分开、政资分开、政事分开、政社分开,建设职能科学、结构优化、廉洁高效、人民满意的服务型政府","推动政府职能向创造良好发展环境、提供优质公共服务、维护社会公平正义转变"。党的十九大报告则指出"使人民获得感、幸福感、安全感更加充实、更有保障、更可持续","转变政府职能,深化简政放权,创新监管方式,增强政府公信力和执行力,建设人民满意的服务型政府"。这就进一步明确了政府负责的社会治理需要将重点从管理社会转向维护人民的权利,包括改革成果共享、参与社会治理的权利,实现以服务为导向的社会治理。

伴随着我们进入实现国家治理现代化的进程,政府回应性也进入了治理现代化的阶段。党的十九大报告指出,当前我国社会的主要矛盾已经转变为"人民日益增长的美好生活需要同不平衡不充分发展之间的矛盾",这一判断本身就是回应性的一个典型表现,而执政党领导下的政府回应的核心内容就是满足人民对美好生活的多方面需要。修改宪法,提出全面深化改革的总目标是"实现国家治理体系和治理能力现代化",并据此拟定了数百条改革措施,在中央成立全面深化改革领导机构,根据改革的需要调整政府机构等致力于实现治理体系现代化的举措本身也是执政党领导下的政府对社会发展和公民需求的一种制度回应。将国家治理体系和治理能力并列,强调政府回应能力,重视治理效果。

---

① 郁建兴、关爽:《从社会管控到社会治理——当代中国国家与社会关系的新进展》,载《探索与争鸣》,2014年第12期,第10页。

"放管服"改革、供给侧结构性改革、招生考试政策改革、职业职称政策改革、降低社保费率等政策回应了人民群众最关心、最直接、最现实的利益问题。从共治共享的角度更加注重保障公民的社会权利，引导公民有序参与立法，从各层次各领域扩大公民有序政治参与，通过公民参与实现政府回应的特点更加凸显，秉持共享发展理念，回应人民对共享改革发展成果的期待。

不难看出，在革命与建设和改革开放年代的政府回应性变迁都是在中国共产党的领导下开展的。这是由中华人民共和国成立的历史逻辑和发展的实践逻辑决定的。所有重大决策都是在中国共产党的领导下做出的，中国政府回应性的制度框架、法律依据、行为变迁等都是在其领导下确立和改变的。历次政府机构改革的一个共同程序就是在前一年的党的重要大会上决定，在次年的人代会上公布方案，这一例子生动体现了执政党对政府的领导。因此，中国政府回应性逻辑的体制决定因素是中国共产党。

第二节 中国政府回应性的理论逻辑：先锋队政党统领下的使命回应性

从我国政府回应性的变迁过程来看，一个鲜明的特点就是中国共产党始终在其中发挥领导作用，政府回应性几乎都是基于中国共产党重要会议文件和领导人的重要讲话逐步增加的。这一特点在2018年版本宪法中以"中国共产党领导是中国特色社会主义最本质的特征"的表述进行了强调。而西方的政党更多地充当竞争选举的工具和在非选举期间于政权内部起协调作用，没有领导国家的功能，在美国等西方国家的宪法中也甚少有关于政党的规定。可以认为，不同的政治体制设计特别是政党在政府回应性中的作用不同是中国与西方国家政府回应性最大的不同之处之一。总体来说，可以将中国的政府回应性称为执政党统筹下的"使命回应性"。

一、"政党—国家—社会"三元关系下的统合回应性

新中国的国家建构遵从这样的逻辑：是首先成立政党凝聚国家建构的先进力量，其次领导人民通过革命对社会进行改造和重组，最后通过强大的整合能力完成国家建构。这与西方先有民族国家，后从派系政治中生成现代政党去角逐执政权这一情况不同。因此，不同于西方国家政党作为代议民主制政治体制

运行的机制或工具,中国共产党就是中华人民共和国成立和发展的关键性主导力量。

在成为执政党之后,中国共产党凭借其在革命年代积累的合法性和领导经验继续在政权建设中发挥领导和执政的双重作用。它是中华人民共和国唯一的执政党,是最高政治领导力量。它是当代中国政治体制的中轴①,它"不同于世界政治现象中的一般政党的意义,事实上构成了一种社会公共权力,相当于国家组织而又超越了国家组织"②。中国共产党"作为执政的力量,是政治制度的实际操作者,作为领导的力量,可以不依赖政治制度,即国家制度,而拥有实际的政治力量"③。在这种政治形态下,单纯地采用西方的"国家—社会"二元分析来说明我国政府回应性的理论逻辑显然是不够的,不少学者呼吁必须充分认识到我国执政党不同于西方执政党的特殊性,将中国共产党作为行动者纳入考察视野中,形成"国家—政党—社会"三元关系结构④。

执政党与国家政权的关系是一国政治体制运行的基本内容。在西方,政党政治在现代社会是一种普遍现象,政党以取得执政权为目标,在代议制民主中占有非常重要的地位。在中国,中国共产党长期执政,政党与国家的关系更是中国政治体制的一个最基本观察角度。中国的政党与国家的关系有一个历史发展过程。中华人民共和国成立后的相当长时间我国实行的是由执政党直接管理国家事务和社会事务,形成对从宏观战略制定到微观管理行为各个层次治国理政活动的统筹。这种体制在当时的历史条件下发挥了积极作用,解决了治国能力的问题,但存在法治不足等问题。改革开放之后,中国共产党吸取了改革之前全面直接领导的经验教训,为了实现国家政权和政治生活的正常化、规范化、法治化,根据加强和改善领导的需要,逐步改变了过去的执政方式,充分认识到通过改善执政方式来加强和改善党的领导以及加强党的自身建设的重要性,形成了通过领导人大从而将自己的领导战略和执政意图上升为国家意志、通过

---

① 景跃进、陈明明、肖滨主编:《当代中国政府与政治》,北京:中国人民大学出版社2016年版,第3页。
② 胡伟:《政府过程》,杭州:浙江人民出版社1998年版,第98页。
③ 林尚立:《集权与分权:党、国家与社会权力关系及其变化》,见陈明明主编:《革命后的政治与现代化》,上海:上海辞书出版社2002年版,第153—154页。
④ 不少研究中国政治的学者都持这一观点。如王长江:《构建中国化马克思主义党建理论体系的方法论思考》,载《科学社会主义》,2017年第6期,第32—39页;林尚立:《论人民民主》,上海:上海人民出版社2016年版,第84页;景跃进:《党、国家与社会:三者维度的关系——从基层实践看中国政治的特点》,载《华中师范大学学报》(人文社会科学版),2005年第2期,第9—13、29页。

领导政府将自己的执政举措直接贯彻下去、通过同时领导人大和政府并遵循人民代表大会制度关于政府向人大负责的要求等程序性规定实现议行真正合一和协调等方式来全面执掌国家政权的转型。继续通过领导覆盖广泛的工会、共青团、妇联、侨联、科协、残联等群众组织来维持执政的各领域群众基础，同时，通过数量庞大、分布广泛（包括作为国家工作人员）的党员队伍的先锋模范作用维系和体现自己与社会的直接关系，进而实现了在改革开放条件下对国家领导的相对间接化①、规范化，但又没有削弱执政的群众基础。

中国共产党主导当前中国政治运行的基本逻辑。在中国共产党领导下，根据民主集中制原则实行人民代表大会制度，行政机关、司法机关、检察机关均由人大选举产生，并对其负责，执政党的领导同时实现了上述机关的相互协调。

党政关系是政党与国家关系之下中国政治体制的一对核心关系，是中国最基本的政治关系，②甚至有学者直接将中国的体制称为"党政体制"③。在现代社会，公共事务日益繁复，行政国家现象日趋突出，作为与公民产生联系最频繁的国家机关，政府行政部门的管理权限不断扩大，党政关系的重要性更加凸显。加强执政党对中国特色社会主义事业的领导，其中的一个最重要的方面就是加强对政府的领导。在逐步破除改革开放前党政不分和以党代政的党政关系的基础上，如今我国的党政关系逐步规范化。

在制度程序层面，一方面中国共产党通过人大将党的意志上升为有法定效力的国家意志，然后由政府去执行；另一方面，政府要将一些公共行政事项（比如，国民经济和社会发展规划纲要等）变成具有法定效力的文件，就需要先向执政党报告并取得其同意，然后以执政党的建议的名义送人大通过法定表决程序获得合法性。

在组织机构层面，通过在人大、政协、政府等非党的组织中设立党组、将分散在党政组织机构的某一大的方面事务归口到党的一个部门进行管理（所谓的"归口管理"）、在党内设置协调性质的小组或委员会协调党政某方面的工作、党的中央领导人在政府机构中任职、一个机构同时挂党的部门和政府部门

---

① 之所以用"相对间接化"一词，是因为在很多国家事务领域还是由执政党在直接领导，而且这些由执政党在直接领导的事项在不同时期会有不同的调整，2018年的《深化党和国家机构改革方案》将一些政府机构管理事项调整到党内机构的做法是这一点的最新例证。

② 朱光磊：《当代中国政府过程》，天津：天津人民出版社2008年版，第48页。

③ 景跃进、陈明明、肖滨主编：《当代中国政府与政治》，北京：中国人民大学出版社2016年版。

的牌子、党政机构合署办公等方式实现执政党对国家政权机关的全面进驻，实现了党政在组织机构方面的深度融合。①

在具体行政方面，中共中央和国务院、中共中央办公厅和国务院办公厅乃至地方各级党政部门经常联合发布文件开展具体的行政管理工作，党下辖的职能部门与政府下辖的业务部门经常开展联合行动管理国家和公共事务。

在干部人事方面，政府的人事任免和公务员管理等要符合"党管干部"的原则，须由党组织提名或推荐并经中国共产党组织部门审查，多数政府公务员的党员身份也显示政府中客观存在的党政关系。此外，即便在看似政府不需要和执政党产生直接联系的一些事项上，也需要执政党利用其领导地位实施协调，从而在实际运行中，也涉及到党政关系。因此，执政党和政府的关系也是与政府回应性联系最为密切的关系，在党政关系极为显著情况下的"政党—国家—社会"的三元关系最集中的体现又是"执政党—政府—社会"三元关系（见图4-2）。

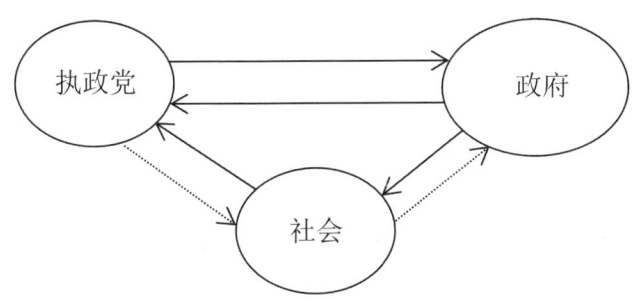

图 4-2 党政关系视域下的中国式政府回应性的三元关系

注：此处的政府专指行政机关；实线表示实际上存在权力关系，虚线表示有实际影响。

在"执政党—政府—社会"三元关系模式下，中国的政府回应性体现为国家机关特别是作为行政机关的人民政府基于党政关系给予中国共产党的回应，中国共产党作为中华民族和中国人民的先锋队，要以组织和组织成员的名义对社会进行回应，国家机关主要是人大和政府要基于人民民主原则回应社会和公民，而政府基于人民代表大会制度要向人大作出回应，政府的公务员要以公共权力受托人和先锋队政党的成员向公民和社会作出回应。不难看出，整个政府回应性具有强烈的统合性，而统合作用则是由中国共产党通过领导和执政来实现的。

---

① 景跃进：《"党政体制"与中国政治》，http://www.aisixiang.com/data/105836-2.html，（访问时间：2018年8月23日）。

二、人民民主政治制度下的政治回应性

在我国国家治理体系中,人民代表大会制度是我国的政权组织形式,是我国的根本政治制度,也是政府回应的制度基础。人民代表大会制度强调党的领导、人民当家做主和依法治国这三个基本要素的有机统一,这三者构成的复合体系是中华人民共和国政治体制演进的基本线索。① 除此之外,中国的民主还有以下特点:坚持人民主权原则,一切权力属于人民;民主是有阶级性的,其主体是人民,人民民主专政就是这种阶级性的官方表述;国家机关实行民主集中制组织原则,国家主席、行政机关、司法机关、监察机关都由人民代表大会选举产生,向其负责,接受其监督;各级人大代表都由公民直接或间接选举产生;民主的首要价值是实现公共利益;民主功能和效用标准是治理国家的有效性和人民权利实现的真实性。②

虽然上述我国民主的基本特点在理论上和实践上都不存在太多异议,但是不同学者对我国民主的具体解读存在一些区别。林尚立认为,我国的民主是人民民主,其价值形态是人民当家做主,其基本价值是平等、共享和正义,其最基本的历史使命是实现人与社会的全面发展,其重要的实践形式是选举民主和协商民主,其治理体系是民主集中制,其在结构上致力于实现人民民主和团结、民主和民生有机统一,其实践形态是人民和政党两大主体的复合而形成复合民主,其中人民作为整体行使当家做主的权力,作为个体或团体实践民主权利,执政党则起到凝聚、组织和动员人民去践行当家做主的作用。③

杨光斌则将民主集中制视为一种与西方代议制民主政体鼎足而立的政治制度或体制,世界上很多政体都是民主集中制政体和代议制民主政体这两种理想类型政体的混合物。④ 将民主集中制视为一种政体的理由主要有三个方面⑤:就

---

① 佟德志:《中国国家治理的复合体系与合力效应》,载《政治学研究》,2016 年第 5 期,第 21—27 页。
② 王浦劬:《国家治理现代化:理论与策论》,北京:人民出版社 2016 年版,第 92—99 页。
③ 林尚立:《复合民主:人民民主在中国的实践形态》,载《中国共产党浙江省委党校学报》,2011 年第 27 卷第 5 期,第 10—22 页;林尚立:《人民、政党与国家:人民民主发展的政治学分析》,载《复旦学报》(社会科学版),2011 年第 5 期,第 1—10 页;林尚立:《论人民民主》,上海:上海人民出版社 2016 年版。
④ 杨光斌:《世界政治视野下的中国国家治理现代化》,载《行政论坛》,2015 年第 5 期,第 6 页。
⑤ 杨光斌、乔哲青:《论作为"中国模式"的民主集中制政体》,载《政治学研究》,2015 年第 6 期,第 3—19 页。

理论上的民主集中制而言，民主与集中的动态均衡是其显著特征，民主主义是其政治属性，集体之善是其文化机理，民本主义是其思想基础，群众路线、选举民主、协商民主、参与式民主和分权民主等是其微观实现机制；就实践而言，民主集中制是国家机构、中央与地方关系、改革开放后的政治经济关系和国家社会关系的组织原则；就决策过程而言，民主集中制将决策的形式与过程相统一。

王绍光区分了代议型（representative）民主与代表型（representational）民主，认为代议型民主侧重看代议是怎样产生、选举与集团政治是否有竞争性、政治制度是否带有民权、自由和法定程序等形式特征；而代表型民主侧重看政府是否有代表性、政策是否反映人民的基本需求、政治制度是否能产生公平正义、善治和"民享"等实质结果。中国人民的民主需求是实质民主而非形式民主，中国的民主供给是代表型民主而不是代议型民主，中国的民主供给符合需求，具有正当性。[1] 中国的代表型民主代表的客体是人民，代表的主体是所有行使政治权力的人或称为"干部"，代表的内容是随形势变化而变化因而需要代表去了解的人民的客观需求，代表的方式是群众路线。

纵观上述观点，林尚立是从建构人民民主的角度进行系统论述的，其观点几乎涵括了我国人民民主从理论到实践的所有内容；杨光斌和王绍光则分别抽取我国政治体制关涉民主的某一个方面，即民主集中制的组织原则和不同于西方的代表理论，进行由小及大的理论建构，以期形成与西方民主关键概念相对应的中式民主概念。本书借鉴上述学者观点的合理部分，结合党的领导、人民当家做主和依法治国三个维度来阐述我国人民民主制度的内在逻辑及其对我国政府回应性的内在规定。

中国共产党是人民民主的整合与领导力量，主张人民当家做主的人民民主政权需要党的领导。中国和西方都在抽象意义上承认人民主权原则，认为权力来源于人民。二者的根本不同之处在于，中国从具有层次性的人民概念出发去认知和建构民主，其本质是整合主义和共同体视角的，而西方的民主则从个人或个人组成的群体的出发去进行制度设计，其本质是个人主义或自由主义视角的。因为单个的人难以具有整体的人民的立场和价值取向，是否有一种相对超然的力量领导、整合则成为中西方在民主上的主要区别。西方的代议民主制是分阶层、群体和区域等因素来呈现民意，然后让不同民意的代表展开竞争，本质上是不同个人或集团利益的竞争，很容易呈现"弱肉强食"的结果，缺少对

---

[1] 王绍光：《代表型民主与代议型民主》，载《开放时代》，2014年第2期，第152—174页。

整体利益、公共利益和社会公平的制度性整合；中国的人民民主则是重在体现需要判断和整合的整体利益和价值，虽然有局部和个人形式上的代表表达利益和诉求，但这些表达的形式化意味超过实质意味，表达的重点在于协商以求得共识而不在于竞争，而民意的发现主要通过中国共产党主动践行群众路线这一形式，最终由领导力量中国共产党依靠自己的独立判断用"民主集中制"整合起来。具体说来，党的领导在人民民主中主要体现在判断、代表、制度化、具体实践四个方面。

第一，中国共产党对人民民主中的人民需求作出判断。民主的一个重要面向是对民意的判断。人民民主有"党导民主"[①] 的重要面向，暗含党对于人民需求的总体判断，这一判断的党内话语形式就是对社会所作的"人们需要与社会现实之间的矛盾"判断，如党的十九大提出的"人民日益增长的美好生活需要和不平衡不充分的发展之间的矛盾"。人民民主是党领导下的民主，是党的领导作用和人民的主体作用的有机结合，是党的正确领导和人民的真实意愿的完美契合。因此，人民民主建立在人民真实需求的有序表达和党对需求的科学判断与综合的基础上，党通过政策等形式对人民需求作出回应。

第二，中国共产党领导的人民民主代表的整体与具体逻辑。中国共产党作为人民当家做主的领导力量，代表中国人民和中华民族的整体利益，这在其章程中有明确的规定。这种代表是整体性的。也正是中国共产党在其发展历程中展现出来的代表人民和致力于实现人的解放与民族复兴的一系列行为和现实中对这种代表地位的庄严承诺，使中国语境下的代表具有多重、多层属性，其最根本的是中国共产党作为中华民族和中国人民的代表，在具体操作中同时存在分行政区域、分身份界别的代表和党代表、人大代表、民意代表等多种代表形式的交叉融合。

第三，中国共产党领导依法治国以实现人民民主的制度化。人民民主由一种理论变为制度设计需要通过法律的形式。一方面，中国共产党领导人民制定法律和依法治国，实现人民民主法治化，即通过民主立法实现民主的制度化，为人民民主提供制度保障；另一方面，依法治国含有对人民民主和党的领导活动的双重规范，给予人民行为和自身行为以宪法和法律的限制。既要求民主形式法治化和规范化，又要求这种领导符合规范要求；既防止民主变为"大民主"式的民粹，又防止党的领导随意化，实现所谓"扩大公民有序的政治参与"的目标。党的十八届四中全会在依法治国前加上了"全面"二字，使之成为"四

---

① 柯华庆：《党导民主制：正当性与价值》，载《学术界》，2017年第5期，第22—40页。

个全面"战略布局之一,更显示出中国共产党强调这种规范的刚性和决心。依法治国是中国共产党执政的基本方略之一。作为领导核心,中国共产党通过对其领导下的人民当家做主提供制度保障和进行制度规范,突破了不通过执政而实施全面直接领导的"人治"困境,实现了民主与法治的有机结合。中国共产党明确要求自身在宪法和法律范围内活动、依法治国理政的同时,其相对自成体系的党内法规又日趋完善,强化党内民主集中制,为党内民主和自我治理提供了遵循。

第四,中国共产党领导人民民主的具体实践。我国的人民民主不同于西方限制公民参与的运行要求,而是按照依法治国的要求规定了民主参与的多种形式,依法实行民主选举、民主协商、民主决策、民主管理、民主监督,赋予公民广泛参与民主政治生活的权利,以多种民主形式全过程体现人民当家做主的理念。人民民主的许多具体实践在各个层级都有体现,在基层体现得更明显,中国共产党基层组织利用其政治功能在基层人民民主实践中发挥了重要的引领作用。民主集中制的整合功能和人民民主的多种形式让人民当家做主的要求既能得到全方位的生动实现,切实体现"民治"的要求,又不至于陷入绝对的自由主义民主之中而忽视了整体的价值和利益,达到整体有序又充满活力的局面。

综上所述,在人民民主的关键环节和全过程都体现了中国共产党的领导作用,形成了全过程人民民主。这是考察人民民主逻辑下的中国政府回应性的重要理论前提,决定了回应的必要性、主动性、整合性,体现了中国共产党作为回应主体、人民作为回应客体、整体利益作为先导性回应内容的逻辑。在我国人民当家做主的语境下,人民是国家的主人,作为为人民服务的人民政府必然要回应人民,但这种回应从根本上是基于执政党整合的整体性回应,在人民对政府过程的广泛参与中党和政府就一些国家和社会事务进行回应。此外,人民民主的法治化要求政府依法行政,要求其准确及时回应公民具体诉求,不断提升政府公信力。

三、先锋队政党逻辑下的执政党回应性

在西方,政党一般不直接掌控国家政权,而是通过让本党成员担任政府职位来实现执政,公民则选举政党推举的人作为自己的代表参与政治。在上述过程中,政党、选举、代表和民主等因素有机结合起来,因此,政党被认为是代议制民主不可或缺的重要组件。不同于西方议会民主政党通过选举取得合法代表地位,作为武装夺取政权的无产阶级先锋队政党,中国共产党在理论上是基于其先进性而取得领导地位和代表地位的,先锋队政党掌握社会发展规律,肩

负将无产阶级由自在的阶级变为自觉的阶级的历史使命。在中国,执政党回应性与政府回应性在一定程度上是复合在一起的,执政党从先锋队的使命角度普遍回应人民和民族,政府在执政党的领导下基于法律回应公民,因而执政党成为考察政府回应性的最重要一环。这也是本书在论述人民民主政治制度下的政府回应性之后,要单独论述先锋队执政党的原因。此处从先锋队政党的代表角色、群众路线、民生主义等角度论述先锋队政党逻辑对回应性的要求。

(一) 回应的原理:先锋队政党的代表角色要求

政党都具有代表功能。但与西方政党代表功能融入代议民主体制并成为其一个组件的情况不一样,中国共产党的代表功能既以界别的形式被部分融入了人民民主体制,同时又强调自己作为先锋队政党的独立代表角色和功能。

先锋队政党代表理论是一个逻辑缜密的体系。此处将景跃进对先锋队代表理论的总结大致归纳如下:社会发展具有客观的规律,表现为生产力与生产关系,经济基础与上层建筑的对立统一的矛盾关系,而阶级斗争则是推动社会发展进步的根本动力;社会化大生产时代的无产阶级是最先进生产力的代表,具有冲破资本剥削的革命性;工人阶级的自发斗争只集中在经济利益方面,资产阶级操控的意识形态遮蔽了工人阶级对自身真正利益的认知,这种遮蔽需要有外在于工人阶级的力量帮忙去除,这种遮蔽去除之后工人阶级才会在外部力量的灌输和引导下认识到自身的根本利益;这种去除遮蔽、实施灌输和引导的力量是少数掌握了马克思主义真理的知识分子,他们目光如炬,洞悉社会发展规律,同时甘愿服务于无产阶级的真正利益,也就是说其在能力和德行上都具有先进性;掌握了马克思主义真理的少数知识分子按照民主集中制原则成为政党组织,组织也就具有了先锋队的性质,组织领袖领导全党和党员,党员则去发动群众进行革命;先锋队政党没有自己的利益,其根本宗旨是全心全意为人民服务,坚持"人民的利益高于一切",也就暗含了人民在整体和根本利益上是一致的内涵,在处理利益矛盾时,要服从先锋队政党所代表的长远利益和根本利益[①]。简单来说,先锋队代表的主要逻辑就是:社会发展的客观规律昭示了无产阶级是先进生产力的代表,但无产阶级仅靠自身不足以实现人类解放的历史使命,必须有掌握了社会发展客观规律(马克思主义)的先进分子从外部对无产阶级进行革命灌输,促使其由自在的阶级变为自为的阶级,这些先进分子有着强大的能力(掌握了社会发展的规律)和崇高的使命(为了人民的利益),

---

① 景跃进:《代表理论与中国政治——一个比较视野下的考察》,载《社会科学研究》,2007年第3期,第19—20页。

按照民主集中制原则组成政党为了人民的根本利益而奋斗。因为先锋队代表中的先锋性质由其掌握社会发展规律与人民利益和人类解放为其使命驱动这两点来体现，这种先锋队政党代表又被称为"规律—使命式代表"①，以区别于西方代议民主制的选举式代表。

在先锋队代表理论中，充当代表者具有先锋队性质，是社会发展规律的掌握者和人民真正利益的判断者。代表主体的组织成员是具有道德内涵的，不追求私利，且能高瞻远瞩，但其高瞻远瞩和高风亮节使其在履行代表功能方面有较大的自主性，而被代表的人民群众则被认为既具有力量又需要被教育、领导和发动，被代表的利益在整体上是根本一致的，代表的方式是通过实施领导而代表（亦称"带领"或"引领"）。在我国，中国共产党就是这种马克思列宁主义意义上的先锋队政党，其作为一个整体是"中国工人阶级的先锋队。是中国人民和中华民族的先锋队"，是中国特色社会主义事业的领导核心。中国共产党的先锋队特征体现在其组织成员身上就是共产党员的先进性，走在前，冲在前，模范在先。当然，这种先锋队的性质不是一劳永逸的，而是需要通过不断进行自我治理才能维持的，全面从严治党就是为了保持先锋队政党之先进性的治理行为。②

按照先锋队政党代表角色的要求，回应的原因是基于先锋队政党对人民群众需求的独立判断，这种判断在理论上源于中国共产党根据马克思主义基于历史唯物论对人的需求层次所做的排序。在实践中，基于我国经济社会发展阶段的实际及其主要矛盾，作为回应主体的中国共产党及其党员具有自主性，通过扮演领导与执政双重角色、坚持群众路线等进行回应，回应的客体是人民群众，回应的对象是人民的整体利益和根本利益。

（二）回应的方式：先锋队政党领导的群众路线

群众路线是先锋队政党的重要理论思想和工作方法。为跳出"历史周期率"，中国共产党将在革命时期形成的优良传统——群众路线经过创造性转化，变为其执政时期的重要思想资源，视群众路线为其"生命线和根本工作路线"。根据先锋队政党的逻辑，先锋队政党是高度组织化的精英群体，而群众需要领导和灌输才能具有自主的阶级意识和凝聚起来发挥其历史创造者的作用。虽然党和群众之间有差别，但要做好教育、领导工作，先锋队政党必须了解群众，

---

① 景跃进：《代表理论与中国政治——一个比较视野下的考察》，载《社会科学研究》，2007年第3期，第16—21页。

② 汪仕凯：《先锋队政党的治理逻辑：全面从严治党的理论透视》，载《政治学研究》，2017年第1期，第26—39页。

只有密切联系群众才能增强这种领导和教育的合法性和有效性,而由中国共产党人创造的群众路线正是密切联系群众的主要机制。如果没有群众路线这个机制,先锋队政党与群众的联系就成了问题,先锋队的作用也将难以体现。也是从这个意义上看,有学者将群众路线视为先锋队政党理论的一个必要内容①,而群众路线的内涵也以先锋队政党的领导为假定前提。

经过长时间的发展,群众路线的内涵已较为明确。按照2022年最新版本《中国共产党章程》的表述,群众路线主要是指"一切为了群众,一切依靠群众,从群众中来,到群众中去,把党的正确主张变为群众的自觉行动"。从这一表述不难看出,群众路线暗含了先锋队与群众的二分法,其具体内容包括群众观点和领导及工作方法两方面:一方面涉及对"群众是谁"的认知,即群众是先锋队政党要依靠的力量和要为其争取利益的对象,这是关于群众的价值和原则方面的世界观和认识论;另一方面涉及对"群众路线怎么走"的认知,即要不断循环"将群众分散的意见集中起来、去群众中做宣传解释集中的意见以转换为群众自己的意见、群众在实践中检验这些意见是否正确、再次集中群众的意见"这一过程,这是关于群众路线作为工作路线的认识论和方法论。更具体地说,"一切为了群众"暗含了"为了群众"是先锋队政党的作为、只有先锋队政党才能判断群众真正的需求和利益这一含义,又指明了先锋队政党行为的价值指向和强调了先锋队政党没有自己独立的利益,是先锋队政党判断自主性和利益利他性的有机统一。"一切依靠群众"同样具有两方面的含义,即领导和依靠要有机统一。一方面,"依靠"的主体是起领导作用的先锋队政党,也就是说这种"依靠"是以领导为前提的,这暗含了群众需要被外力领导和教育,不然群众就只能是一盘无力量的散沙和一群无觉悟的乌合之众,如果先锋队放弃领导,就成了"尾巴主义",落后于群众而失去先锋队本色;另一方面,"一切依靠群众"鲜明表现出先锋队政党对群众的信任和对群众力量的认可,即便是先锋队的领导也只有转变为群众的自觉行动才能有效发挥作用,如果不充分认识群众的觉悟水平和利用群众自觉开展领导就会成为生硬粗暴且效果不佳的"命令主义"。

除了上述表述,《中国共产党章程》还将中国共产党的三大作风之一的"密切联系群众"视为其"最大政治优势",并将其根本组织原则民主集中制原则视为"群众路线在党的生活中的运用"。因此,有学者将群众路线总结为政治、方

---

① 汪仕凯:《先锋队政党理论视野中的群众路线》,载《社会主义研究》,2014年第6期,第42—48页。

法论和作风三层含义，政治方面的含义是"指党和国家的政治路线和组织路线"，方法论方面的含义是指从群众中来再到群众中去的环线决策模式，作风方面的含义是指以保持同人民群众的血肉联系来克服官僚作风。① 如果加上群众观点这方面，可以较为完整地将群众路线总结为群众价值、组织原则、领导及工作方法和工作作风四方面。

在群众路线视域下，回应的原因、回应的主体、回应的客体、回应的对象、回应的方式几个维度完美统一。政府回应的原因在于领导政府的先锋队政党要求政府回应群众（回应的客体）的最关心、最直接、最现实的利益问题（回应的对象），这种回应既是在程序和制度上对人民群众需求和盼望的一种反馈，又是一种主动掌控回应过程、回应议题的过程，通过不断互动循环，最终实现执政党的判断与人民群众的需要完美融合。回应的主体不仅是政府部门，还包括党员、干部、党政机关；回应的方式就是群众路线。也正是鉴于群众路线是中国政治体制一个独特而天然的回应机制，甚至有学者将群众路线视为中国式民主的一部分。②

（三）回应的内容：先锋队政党的民生主义

民生是有关国民生计与人民生活、生存和发展利益的根本问题，民生主义则是关于民生问题的主张和思想。当前，民生是具有本土特色的执政话语。先锋队与群众的关系决定了先锋队需要回应群众，先锋队的性质和使命决定了其回应群众的内容是群众的真正需求，这种真正的需求就是广大人民群众的"民生"。先锋队政党的民生主义在本质上是通过"为了谁"来显示"代表谁"，这不同于西方先代表后回应的模式。

按照先锋队政党的逻辑，马克思主义政党已经排他性地掌握了社会革命的规律，在其已掌握政权的前提下，也就排除了非由其领导的所有革命的合法性。其领导的自我革命和改革的主要目标就是朝着理想的社会愿景迈进，履行其代表人民群众真正利益、根本利益和长远利益的使命，而分步适时满足符合社会发展阶段实际的民生需求就成为先锋队执政党的日常任务，也是回击关于"共产主义太过遥远"之类诘难的必然选择。马克思主义关于人民为了创造历史必须首先要生活，而生产物质生活本身是"一切历史的一种基本条件"，"人们首

---

① 陈明明：《发展逻辑与政治学的再阐释：当代中国政府原理》，载《政治学研究》，2018年第2期，第24页。
② 欧树军，王绍光：《超越"代议制"的民主四轮驱动》，载《社会观察》，2012年第8期，第20—24页。

先必须吃、喝、住、穿,然后才能从事政治、科学、艺术、宗教等等"①,人的全面发展等方面的思想已经为先锋队政党的民生观提供了思想基础。

按照中国历史传统的传承逻辑,民生问题始终是历朝历代兴衰治乱的关键性问题,以民本为核心的与民生问题相关思想也极为宏富,民生主义更是近代革命先行者孙中山所主张的"三民主义"的内容之一。民本主义是中国传统思想的重要组成部分,民本的最基本含义就是《尚书》所言"民惟邦本",社稷、君王都因为人民而存在,而非相反,所谓"民为贵,社稷次之,君为轻"(《孟子·尽心章句下》),"天之生民,非为君也,天之立君,以为民也"(《荀子·大略》),"政在养民"(《尚书·大禹谟》);还有一种理论模式就是形式上用天或天下制约君而在实质上贵民,董仲舒的"天人之际,合二而一"(《春秋繁露·阴阳义》)和黄宗羲的"天下为主,君为客"(《明夷待访录·原君》)就是例子,所以施政者应该"爱民",施行"仁政",并"严以治吏,宽以养民"(王夫之《读通鉴论》)。②传统民生思想则建立在传统民本主义思想之上,其逻辑是:既然在社会中民是根本,那么人民的生活应受到格外重视则是这种根本地位的最基本要求。因此,传统民生思想就强调爱民、教民、养民、富民、保民、安民等方面的举措。在传统民本主义和民生思想的传承中,孙中山先生做出了很大贡献,其民生主义大致包括以下四点③:第一,什么是民生和民生主义:"民生就是人们的生活""社会问题便是民生问题""民生主义就是社会主义、共产主义和大同主义""民生主义是社会主义的本题",民生主义和资本主义的不同处在于前者以逐利为目的而后者以养民为目的。第二,民生主义的重要性:民生问题是社会中各种失范现象的原因,"民生主义是社会的原动力"。第三,民生主义的内容:民生主义的第一个问题是吃饭问题,除此之外的基本民生还包括衣、住、行等。第四,解决民生问题的办法:解决民生问题的两个办法是平均地权和节制资本,解决民生问题必须同时解决生产和分配两方面的问题。传统社会的民生观的主张是利于重视民生问题的,对于减轻人民负担和改善人民生活起到过积极作用,但其根本缺陷在于没能改变统治者将民生策略性地用作维护统治地位的工具;孙中山的民生主义则基于当时中国积贫积弱的社会现实,其民生的关注点是最基本的民生,也就是生存方面的基本需要,对

---

① 中共中央马克思恩格斯列宁斯大林著作编译局编:《马克思恩格斯选集》(第3卷),北京:人民出版社1995年版,第79、776页。
② 关于中国传统民本思想的更多论述超出了本书任务的范畴,可参见金耀基:《中国民本思想史》,台北:台湾商务印书馆股份有限公司1993年版。
③ 孙中山:《孙中山选集》,北京:人民出版社2011年版,第832—912页。

于人民群众在发展方面的考虑则显得不足。

正是在结合马克思列宁主义先锋队政党理论、中国传统民本主义思想和孙中山的民生主义思想的合理成分的基础上,中国共产党这一先锋队执政党在革命、建设和改革过程中逐渐形成了自己的民生观,并在执政中显示出强烈的民生主义。① 在执政宗旨上,中国共产党强调实现共同富裕、执政为民和"利为民所谋"。在执政思想上,强调通过科学发展保障和改善民生,以人为本,实现经济社会和人的全面发展;强调共享发展理念和以人民为中心的发展思想;强调满足人民对美好生活的需要,增强人民幸福感、获得感和安全感;强调"就业是民生之本";强调"抓住人民最关心最直接最现实的利益问题,既尽力而为,又量力而行"。在政策举措上,出台打赢脱贫攻坚战,实施乡村振兴战略,全面建成小康社会的一系列重大举措;出台教育优先发展的众多措施;实施健康中国战略;做到养老保险全覆盖;持续推进基本公共服务均等化;等等。

概括起来,作为先锋队政党,中国共产党的民生主义对民生需求内容的阶段性和解决民生内容的举措都主要依赖于先锋队的判断。民生需求通过群众路线的信息收集后由先锋队政党根据实际情况进行自主判断,而保障和改善民生的举措则由先锋队政党根据实际民生需求和满足这种需求的实际能力来决定。可以将我国先锋队政党民生主义的运转逻辑按以下流程进行展示:人民群众产生需求→中国共产党通过群众路线了解需求→中国共产党利用自身的能力分析真正的需求→中国共产党结合我国的发展阶段实际分析满足需求的能力→中国共产党制定政策满足合乎实际的真正需求。在这种对民生需求的满足中,执政党对社会和人民的回应内容得以彰显。

在先锋队政党逻辑和人民民主体制视野中,中国政府的政策回应性体现为先锋队政党领导下的统合性政策回应性。其体制基础和运作机制都贯穿先锋队政党和国家机构的民主集中制,因政策出台的过程被视为在广泛听取各方意见基础上"共识达成"的过程,这种政策模式又被一些学者称为中国式的"共识

---

① 甚至有文章将"民生政治"视为中国共产党执政的首要意识形态。参见赵丽江、马广博、刘三:《民生政治:当代中国最重要的意识形态》,载《武汉大学学报》(哲学社会科学版),2012年第65卷第3期,第33—40页。

型"决策模式①。这种共识型决策有两方面的运作机制②：一是结合社会主动"闯进来"、决策者将外部政策研究者"请进来"、决策者"走出去"开展调研和了解民意三种方式的"开门参与"机制。二是在决策者内部按照民主集中制原则构建的层层"闭门磨合"互动决策机制。决策者的集中权和自主选择"开门"的范围程度的权利保障了决策的有序性和决断力，避免了久拖不决和各自为政，有利于实现决策科学化和民主化的统一。基于这种决策模式的政策回应性模式呈现出民主回应和自主回应相统一的特征。

四、政府转型逻辑与服务型政府的回应性

在中国特色的党政关系框架下，政府的回应性是在执政党的领导和主导下相对独立进行的。有的政府回应行为是在执政党的范围内和意义上完成的，如公务员走群众路线，打通服务群众的"最后一公里"等；有的则是在执政党的施政报告中进行部署，以政府行政的形式进行落实，先锋队执政党的民生主义特色在政府领域的表现就是从发展型政府转型为服务型政府；还有的就是独立成分更大地以政府的形式进行的回应，其鲜明的例子就是数字政府的技术赋能背景下的网络回应，而这也是政府回应这一话题得以兴起的直接原因之一。在城市化、市场化、工业化、全球化和信息化等多重影响下，执政党的角色及党政关系面临转型，而政府角色也受到前面两个方面的双重影响而转型（其具体关系见图4-3）。在执政党的执政观受外部环境影响而改变和政府直接受外部环境的影响的情况下，服务型政府和数字政府是用以形容我国政府角色转型逻辑的两个重要名词。其中，服务型政府体现了外部环境变化直接影响及通过促使执政党和党政关系转型间接影响政府转型，而数字政府则更多体现了直接受到外部环境影响并对其做出回应的转型侧面。在中国的党政话语体系和政府治理实践中，数字政府则被更多用作实现服务型政府的一个工具，被整合进服务型政府之中。

---

① 樊鹏：《中国式共识型决策模式揭秘》，载《北京日报》，2013年8月26日，第2版；樊鹏：《论中国的"共识型"体制》，载《开放时代》，2013年第3期，第45—59页；王绍光、樊鹏：《中国式共识型决策："开门"与"磨合"》，北京：中国人民大学出版社2013年版。

② 王绍光、樊鹏：《中国式共识型决策："开门"与"磨合"》，北京：中国人民大学出版社2013年版，第272—313页。

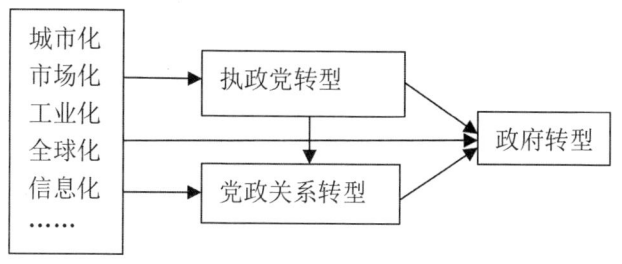

图 4-3 中国体制下的政府转型逻辑

服务型政府是中国本土政治学与行政学理论的原创性学术概念，也数次进入执政党和政府的重要报告，体现了理论与实践的有效互动。服务型政府是在公民本位、社会本位、依法行政的理念指导下，明确在整个社会民主秩序的框架下和市场经济条件下的政府角色定位，通过法定程序，按照公民意志组建起来的以服务公民为宗旨的负责任的政府。① 从理论逻辑上讲，既然服务型政府是理论和实践上转型后的政府形态，那么服务型政府之前肯定是其他的政府形态。然而对"服务型政府之前的政府形态是什么"这个问题存在颇多不同的看法，如"竞争型政府""发展型政府""管制型政府""审批式政府""监管型政府""管理型政府""经济建设型政府"等。此外，学术界也远未就服务型政府的理论基础达成共识。即便如此，我们还是可以从提出背景和主要理念等方面对服务型政府做一个简单概括。

服务型政府的提出时间在第四次政府机构改革期间（1998—2002 年），其提出至少有以下几方面的背景。第一，跳出政府机构改革怪圈的需要。经过几次的单纯机构精简，理论界和实务界都充分认识到，政府机构改革虽然在一定程度上提高了行政效率，但没有走出精简后又重新膨胀的怪圈，必须从根本上转变政府的价值理念。在政府占主导地位的前提下，任何对政府规模进行限制的技术性举措都是公权力导向的、有选择性的，不能跳出"膨胀—精简—膨胀"的循环，因而这些技术性修正都是低效甚至无效的，而且政府规模本身也不存在绝对意义上的标准。② 因此，必须从价值理念上从政府本位转向公民本位和社会本位。第二，对接世界贸易组织规则的要求。中国在 2001 年加入世界贸易组织，正式融入经济全球化。中国在计划经济年代遗留下来的全能型政府治理

---

① 姜晓萍、刘汉固：《建设"服务型政府"的思路与对策》，载《四川大学学报》（哲学社会科学版），2003 年第 4 期，第 51—55 页；刘熙瑞：《服务型政府——经济全球化背景下中国政府改革的目标选择》，载《中国行政管理》，2002 年第 7 期，第 5—7 页。

② 张康之：《限制政府规模的理念》，载《行政论坛》，2000 年第 4 期，第 7—13 页。

模式以及受此影响的改革开放后的对市场和社会有限放活情况下的审批和管制型政府治理模式需要做出符合世界贸易组织规则的相应调整，特别是要重塑政府与企业、市场的关系，重新梳理政府的服务职能与监管职能的关系，确立政府职能明晰的服务导向和服务角色。第三，建立行政服务中心的地方实践。行政服务中心是中国政府转型到服务型政府的一个可见性例证，它的建立是我国行政审批制度改革的重要内容。1998年，浙江省金华市率先开始了"一站式"服务大厅的探索。2001年，全国第一个省级政务中心四川省人民政府政务服务中心对外办公。经过几年的努力，行政服务中心由点到面，由一级到多级，全方位发展起来，形成了省、市、县、乡镇或街道四级的政务服务中心体系，有力地推进了政府流程再造和职能转变。2004年，国务院总理温家宝在省部级主要领导干部"树立和落实科学发展观"专题研究班结业式上首次提出了"努力建设服务型政府"的目标，这一提法也被写入了次年的政府工作报告，这标志着"服务型政府"建设进入了中央层面的战略议程。

　　从服务型政府提出的背景不难看出，我国对服务型政府存在不同层次的认知。在宏观上，服务型政府指的是一种迥异于农业社会的政府治理模式和工业社会的管理型治理模式的新型政府治理模式，即通过服务去实现治理，其立足点在于公民本位和社会本位，实现了政府与市场和社会关系的根本性调整和治理的根本性转型，政府的所有其他活动都需要从根本上建基在为公民和社会服务之上。宏观意义上的服务型政府是一种理想类型的发展趋向，更多是理念上的，认为所有的政府活动都以服务为皈依。在中观上，服务型政府指的主要是政府职能结构中公共服务所占的比重居于主导地位，相应的财政支出结构也以公共服务支出为主，虽然政府依然存在宏观调控、市场监管、社会治理、环境保护等职能，但是职能的重心已不在这几个方面而在公共服务上。中观意义上的服务型政府捕捉到了政府职能结构调整或称政府职能转变这个在我国政府治理领域耳熟能详的话语，是对市场经济条件、对外开放条件下政府角色定位的理论认识，是行政管理体制改革的新方向，这个意义上的服务型政府又被一些学者称为"公共服务型政府"。在微观上，服务型政府指的是行政审批制度改革中建立起来的行政服务中心及相关的服务制度（如"服务承诺制""为民服务代理"等）、流程再造等公共服务方面的具体实践成果，是服务型政府的实践支撑。微观意义上的服务型政府是其现阶段可见的政府业务样态，但最多只能被过誉地称为服务型政府的初期形态，服务型政府的进化必须在逐步转变职能重心的基础上实现治理模式的根本转型。通过长期愿景、中期规划、分步落实等举措，近年来，我国已初步构建起覆盖全民的国家基本公共服务制度体系，基本公共服务设施不断改善,基本公共服务项目和标准得到全面落实。①

服务型政府提出的同时,我国的信息化战略也将电子政务作为一个重要内容。数字政府被认为是服务型政府的实现路径,为服务型政府由理念变为现实提供了可能。党的十七大报告就明确将电子政务与公共服务联系在一起,提出建设服务型政府要"完善公共服务体系,推行电子政务,强化社会管理和公共服务"②。电子政务也因其便捷、高效、低成本、便于服务和流程整合等特征而成为服务型政府从理论走向现实的一个利器。通过单纯的政务公开,服务型政府发展到网上办事和开展监督反馈,再发展到公民和社会通过电子政务参与公共服务,目前正迈向智慧政府阶段。电子政务可谓对政府和公民的双向赋权,最终实现了公共服务供给质量和效率的跃升。与此同时,通过网络空间的"众声喧哗"而形成的民意反过来助推了服务型政府的建设,特别是作为社会矛盾反映的"群体性事件"与网络传播的结合,在一定程度上使我国政府加快了服务型政府建设,以满足人民对公共服务日益增长的需求,也将"人民满意"作为服务型政府建设的最终目标。

中国政府向服务型政府的转型是在中国共产党领导下为了实现发展方式转型,这本质上是先锋队政党的民生主义引致了政府治理中的民生主义,突出强调"为了人民",实实在在地回应了社会形势发展和民意。这种民生主义强调通过服务增强民众的获得感,认为"让民众获得"是对民意的回应,对民生实事、社会保障、医疗保障、教育等方面强化保障,回应民众对改革发展成果分享的要求。目前,这种回应已经逐步从通过对经济社会发展的目标进行局部修正来进行回应转变为通过直接系统改革体制进行回应,以建立人民满意的服务型政府。在这一过程中,伴随着网络信息技术的大规模应用,政府回应方式实现重大升级,来自公民和社会的回应量也爆发式增长,回应也存在琐碎化、去时间和空间化特征,回应行为反作用于回应观念,使政府回应社会成为一种常态。事实上,也是在网络上回应公民这一实践样态催生了关于"政府回应性"这一概念的使用繁荣。

---

① 国务院:《"十三五"推进基本公共服务均等化规划》,http://www.gov.cn/zhengce/content/2017-03/01/content_5172013.htm.(访问时间:2018年9月10日)
② 胡锦涛:《高举中国特色社会主义伟大旗帜 为夺取全面建设小康社会新胜利而奋斗——在中国共产党第十七次全国代表大会上的报告》,北京:人民出版社2007年版,第32页。

第三节 中国政府"使命回应性"的理解难题

在作为使命驱动的先锋队政党的中国共产党领导下,中国政府回应性被深深打上了"使命回应性"的烙印。"使命回应性"主要基于身兼领导、执政和治理等数职的先锋队政党的使命驱动,与西方的"政体回应性"主要基于其代议民主制政体的驱动颇为不同。这就导致"使命回应性"的理解难题,即"使命回应性"需要更深入的理解,但西方的"政体回应性"理论没有提供相关现成方案。这进一步引出一个问题:"使命回应性"与"政体回应性"这两种回应性如何对话?

一、中国"使命回应性"的逻辑与完善需要理论支撑

中国的政府回应性本质上是中国共产党领导的"使命回应性"。在国家与社会的关系、政治与行政的关系中,中国共产党都处于主导地位。在这种背景下的中国政府回应性在很大程度上取决于中国共产党的立党宗旨、领导方式、执政方式、治理方式以及包含其中的对与人民群众关系和回应人民群众问题的认识。在当代中国,"使命回应性"是由执政党主导,将人口进行"先锋队—普通群众"的划分,作为先锋队的执政党致力于实现自己的使命,通过群众路线去回应人民群众的需求特别是民生需求。人民民主制度所代表的政治回应性和作为行政机构的"人民政府"的行政回应性是居于"使命回应性"之下的,"使命回应性"则贯穿立法机关和行政机关(司法机关也强调"司法为民""回应群众期盼")的回应行为中,并成为其表现的检验标准。可以认为,在中国共产党领导的国家机构中,基于"使命驱动型"先锋队政党特征的"使命回应性"广泛存在,同时中国共产党独立面对人民群众展现其"使命回应性"。

"使命回应性"的落实和完善需要理论研究的支撑,但相关理论还较少。作为一种独特的政府回应性逻辑,"使命回应性"以先锋队政党组织所肩负的使命作为其领导下的政府回应性的根本驱动力,并企图在组织和个人双重层面将这种"先锋"特征和使命感注入政府机构的日常运行。"使命"需要落到实际行动中,否则就是"空想",也就不会有回应性。"使命回应性"也有其基本体制,就中国而言这种体制最根本的就是人民民主体制。在基本体制得以确立的背景下,"使命回应性"的具体特点、面临问题和未来的完善方式等议题都需要理论关注。然而,正如在绪论部分指出的那样,国内的政府回应性研究缺乏对

中国独特的政府回应性相关理论的关注，落入了宏观论证与微观实证的两极中，缺乏解释性理论生产。这种理论生产的迫切需求还来自这一事实，如果不对话语进行转换，"使命回应性"无法与西方的"政体回应性"进行理论对话，从而一方面导致西方对我国政府回应性的误解，另一方面导致作为后发国家的中国无法在完善政府回应性上向西方先发国家借鉴一些对中国适用的经验。

二、中国"使命回应性"与西方"政体回应性"理论的沟通难题

西方政府回应性理论本身面临着碎片化甚至被部分民主理论家放弃的困境，且其出发点在于西方代议制民主政体的逻辑，是一种有鲜明而深刻的体制伴生性的"政体回应性"理论，难以与不同体制下的政府回应性进行理论交流。通过本章之前的分析可以看出，中国政府回应性的逻辑与西方有着重大区别。例如，西方政府回应行为对外碎片化，内部相互龃龉，在多个环节设置"否决玩家"以相互制衡，导致决策困难，而中国政府回应性强调执政党领导下的统合回应性，虽然不同回应主体回应内容不同，但回应实质化、回应标准相对统一。这种区别导致了在现有理论条件下，西方的"政体回应性"理论与中国的"使命回应性"难以沟通和对话。

虽然塞缪尔·亨廷顿早就指出，"各国之间最重要的政治分野，不在于它们政府的形式，而在于它们政府的有效程度"[①]，但西方很多政治学理论仍然有意或无意带有一套预设的体制框架和意识形态前提，实际上是一种"西方中心论"，其不加反思的前提是"西方先发论"，即西方在现代文明方面领先于其他地区发展起来，所以后发国家的现代文明须以先发的西方路径为蓝本。在这些理论的生产者看来，世界上的国家不是西式民主政体就是威权政体，而威权政体被一概称为是"脆弱国家"（fragile states），意为这类国家随时可能崩溃。

总之，基于西方中心的政治学理论无法解释世界各国广泛政府回应性的现实，更无法解释中国政府回应性如此强劲的事实，因此，我们迫切需要不同于西方现有"政体回应性"理论的政府回应性理论理解中国的"使命回应性"逻辑，并实现中西理论的对话。

---

① 〔美〕塞缪尔·P.亨廷顿：《变化社会中的政治秩序》，王冠华、刘为译，上海：上海人民出版社2008年版，第1页。

第四章

治理回应性：国家治理现代化话语与政府回应性理论更新

本章从分析国家治理现代的内涵及理论意义出发，尝试从国家治理现代化的角度更新政府回应性理论，提出治理回应性的概念和分析框架，以调和"政体回应性"与"使命回应性"之间的话语龃龉。前文已经指出，西方的政府回应性理论不具备通用性，但目前对中国政府回应性逻辑的理论解释又是比较缺乏的，政府回应性的理论突破十分必要。我国的国家治理现代化话语为理论突破提供了很有意义的启示。2013 年，在改革进入深水区之际，党的十八届三中全会提出了全面深化改革的总目标是"完善和发展中国特色社会主义制度，推进国家治理体系和治理能力现代化"。自彼时起，国家治理现代化的话语开始占据中国政治学与行政学研究的阵地，其理论意蕴和意义对于构建一个有别于西方的、统一的、一般性的政府回应性理论提供了重要契机。

第一节 国家治理现代化的内涵及理论意义

一、治理、国家治理与国家治理现代化的内涵

在近几年的中国社会科学界，充斥着"各种治理"。粗略地在中国知网以治理为标题检索词进行检索可以发现，"综合治理""公司治理""治理模式""社会治理""社区治理""国家治理""乡村治理""环境治理""专项治理"等相关文章均有超过 1000 篇，多的甚至近万篇。这显示了治理研究的繁荣，也预示了关于治理概念滥用的隐忧：如果某一概念什么都是，那么它就什么都不是，什么都说明不了。因此，所有冠以"治理"的研究必须有关于治理概念的澄明。

（一）治理的内涵

"治"是政治内涵的一个重要方面。顾名思义，政治，"政"要以"治"的效果作为评判其优劣的最终依据。这在中西方国家都是共识性的观点。早在 200 多年前，美国建国先贤就认识到了治理的意义，在《联邦党人文集》这本论述

美国政治制度设计的著作中承认"优良政体的真正检验标准应视其能否有助于治国安邦"①。中国古代更是以"天下大治"作为执掌政权的重大业绩。治理一词的起源和含义演变则经历了比较漫长的过程。

在中国古代,"治"在汉语中的最初含义是水的名称,后来引申为治水,再后来进一步被引申为治理国家;"理"的本义则是从沿着玉石纹路切割,后来引申为依照规则和顺应规律办事,如"理"政就强调"政之所兴在顺民心,政之所废在逆民心"(《管子·牧民》)。在此基础上,"治理"一词于战国晚期形成。②此外,"治"作为动词和形容词同时存在。动词的"治"是治理、管理的意思,而形容词的"治"则是有秩序、太平的意思,与"乱"相对,如"教不善则政不治"(《国语·齐语·桓公为政既成》)、"君臣上下贵贱皆从法,此谓为大治"(《管子·任法》)。按照此思路,"治"(动词)必须以"理"的方式进行,即管理国家必须顺应规则和规律才能实现"治"(形容词),故而结合"治"与"理"的"治理"一词较好地反映了我国古代的治国理政思想,即国家统治和管理必须尊重经济社会发展等方面的客观规律和民心所向(所谓"顺天应人")才能实现"治"(甚至是"垂拱而治"),因而可称为国家治理,倒行逆施则不能称为国家治理。也就是说,治理在古代中国的含义具有较为明显的褒义偏向。

在西方,治理对应的英文单词是 governance。按照不列颠百科全书网站的解释,治理指的是规则的模式或实施治理(governing)的实践。③这一单词源自 govern。"治理"一词最初来自古法语 gouvernance 一词,其在拉丁语中的对应词有"驾驶船只"的意思。早在 2000 多年前,亚里士多德在其名著《政治学》中多次使用"治理"一词,也使用了"治理良好""治理不良""治理混乱""治理修明""城邦的治理""治理的方式""治理体系""一人治理""共同参加治理""治理以法律为依归"等搭配,其论及治理时的主体主要有主人、自由人、希腊人、父亲、成年人、统治集团,治理的客体则是奴隶、野蛮人、子女、未成年人、平民,治理者与受治者很多时候都是成对出现。④"主人治理奴隶同政

---

① 〔美〕汉密尔顿、杰伊、麦迪逊:《联邦党人文集》,程逢如、在汉、舒逊译,北京:商务印书馆 1980 年版,第 402 页。
② 卜宪群:《中国古代"治理"探义》,载《政治学研究》,2018 年第 3 期,第 81—86 页。
③ 参见相关条目:Mark Bevir:"Governance", https://www.britannica.com/topic/governance,(访问时间:2018 年 9 月 27 日)。
④ 〔古希腊〕亚里士多德:《政治学》,吴寿彭译,北京:商务印书馆 1983 年版。

治家和君王统治人民完全相同。"① 这句话显示了亚里士多德意义上的"治理"与"统治"的同义关系。在相当长的时间里，治理的概念并没有背离亚里士多德的所指。变化出现在20世纪60年代，治理开始在英语国家的公司治理（corporate governance）领域投入使用并逐渐蔓延开来，后来被延伸运用到公共事务治理方面，在新自由主义背景下被赋予了限制政府行为的内涵。② 治理在政府和公共事务领域被广泛使用，与欧美福利国家危机不堪重负、发展中国家管制能力不足、全球化对调整国家角色的要求等因素密切相关，③ 西方公共部门新自由主义导向的治理改革、发展中国家的治理危机和全球治理催生了治理理念和概念。美国的哈兰·克利夫兰（Harlan Cleveland）被认为是在公共行政领域首先使用"治理"一词的人④，诺贝尔经济学奖得主奥利弗·威廉姆斯在经济学界、世界银行在治理实践中对"治理"一词的频繁使用，则使"治理"一词在理论界和实务界流行开来。此时的治理内涵杂乱，已经在很大程度上遮蔽了其原初含义。为了应对滥用"治理"一词导致的理解困局，在治理前面加限定词成为一种潮流，如"新治理"（new governance）、"善治"（good governance）等。

在当前的中国公共管理、社会学、政治学等理论领域，治理的概念主要是经过俞可平教授等引进⑤、消化、再创新后的复合物，使用领域多，含义不尽相同。这一概念基本上是吸收了西方治理理念和理论中关于政府权威相对弱化（极端的表述就是"没有政府的治理"）、不依赖政府权威或虽然需要权威但这种权威不来源于政府的认识，这一点使治理从根本上区别于统治和管理。在此基础上，政府权威自上而下施展的运行向度被上下互动、平等协商、合作治理

---

① 〔古希腊〕亚里士多德：《政治学》，吴寿彭译，北京：商务印书馆1983年版，第10页。
② 〔法〕皮埃尔·卡蓝默：《破碎的民主：试论治理的革命》，高凌瀚译，北京：生活·读书·新知三联书店2005年版，第4—5页。
③ 王绍光：《治理研究：正本清源》，载《开放时代》，2018年第2期，第156—158页。
④ 这一点在前文"治理理论"相关部分已经述及，王绍光教授也采信了这一看法。参见王绍光：《治理研究：正本清源》，载《开放时代》，2018年第2期，第159页。
⑤ 最广为征引的是罗茨所谓六种定义、斯托克所谓五个论点、全球治理委员会所谓四个特征。参见R. A. W. 罗茨：《新的治理》，载《马克思主义与现实》，1999年第5期，第42—48页；格里·斯托克：《作为理论的治理：五个论点》，载《国际社会科学杂志》，1999年第1期，第19—30页；Commission on Global Governance: *Our Global Neighborhood: The Report of the Commission on Global Governance*, Oxford: Oxford University Press, 1995, p. 23. 上述三个重要文献都在俞可平教授主编的《治理与善治》一书中直接呈现或主要观点被引用。

所取代。与此同时，治理理念的引介者也承认治理有其局限：治理不能代替国家掌握合法的政治权力，不能代替市场进行有效的资源配置。①

（二）国家治理的内涵

"国家治理"的概念应该是由我国所独创。按照西方治理理论的观点看，"国家治理"似乎是一个自相矛盾的概念。西方治理理论认为治理是国家、政府和政治权力不在场的社会自发、自治的行为，而国家治理强调的是国家这一主体在治理这一活动中的在场。因此，单从西方治理理论的角度去理解"国家治理"这一概念似乎是行不通的，必须从中国的实际去寻求理解的钥匙。

对于中国而言，国家治理现代化既是目标又是任务，这一提法本身就表明了存在非现代的国家治理。2014年10月13日，中共中央政治局的学习主题就是"中国历史上的国家治理"，旨在从我国数千年文明中学习国家治理的经验、教训和警示，以此作为国家治理现代化的镜鉴，这也表明了中国共产党领导人视野中的国家治理概念并不仅仅是现代的，而是历史的。这其实是将国家治理视为"治国理政"活动或者是治理国家的活动。刘建军认为，当中国目前的国家治理体系是在传统、苏联、西方三方面因素影响下建构起来的，其中，传统因素影响至深②，这实际上也是将国家治理视为一种活动。事实上，已有国内学者明确指出官方所谓"国家治理"实际上等同于治国理政。③当前我国"国家治理"在中国共产党的话语体系中被称为"党领导人民治理国家"④，而非西方部分学者意义上的治理，后者本质上是后现代的。王绍光认为，过去20多年的治理研究基本上是一种模糊的规范性主张，是"空洞的能指"，要让治理回归到它本来的意思，而中国共产党正是在这个本来意思上使用"治理"一词的。⑤世界银行似乎也在为自己提出的治理概念正名，从其旗下的知名的"世界治理"指数所包含的具体指标⑥来看，其也是在国家治理和政府治理的意义上而不是

---

① 俞可平主编：《治理与善治》，北京：社会科学文献出版社2000年版，第7页。
② 刘建军：《中国国家治理：历史传承与现代突破》，https://www.jfdaily.com/news/detail? id=4693（访问时间：2018年9月1日）。
③ 王绍光：《治理研究：正本清源》，载《开放时代》，2018年第2期，第153—176页。
④ 王浦劬：《国家治理、政府治理和社会治理的含义及其相互关系》，载《国家行政学院学报》，2014年第3期，第12页。
⑤ 王绍光：《治理研究：正本清源》，载《开放时代》，2018年第2期，第153—176页。
⑥ 世界银行从1996年开始对世界上200多个国家或地区的治理状况进行评价，评价指标包括话语权和责任、政治稳定性和没有暴力、政府效率、规管质量、法治和腐败管控等六个方面，参见http://info.worldbank.org/governance/wgi/index.aspx#homE。这些指标在一定程度上去除了西方意识形态的偏颇，反映的是一个国家政府治理的状况，而非西方许多治理理论家所言"没有政府的治理"。

在没有政府权力存在的意义上使用"治理"一词。

　　但我们也应该看到，虽然作为一种活动的国家治理在古今中外都存在，但国家治理的价值、工具、理念等在历史进程中不断演变。因此，俞可平认为古代的"国家治理"只是术语或词汇，不同于现在我们提出来使用的国家治理，后者是概念和理念。① 这一观点亦有其合理之处，也符合我国治理的一些实践。例如，在治理的一些领域，中国共产党的执政文件也要求要实行"社会共治"，这又带有一定西方意义上的"治理"所强调的非政府主体参与治理的观念。即便是对于我国的传统治国理政经验，我们也强调要对其进行创造性转化才能应用于目前的国家治理实践。在这种古今中外的交融中，国家治理的概念显然发生了一定的变化。

　　综上所述，一般意义上的国家治理可以被定义为"国家政权的所有者、管理者和利益相关者等多元行动者对社会公共事务的合作管理，其目的是维护社会秩序，增进公共利益"②。具体而言，国家治理主要有主体、客体、目标（价值）、方式、手段等要素，现代国家治理与传统国家治理在这五方面有着鲜明的区别：主体由单一变为多元，客体由被动变为主动，目标由追求秩序变为以人为本，方式由恣意神秘变为透明规范，手段由人治变为法治。③ 中国国家治理的具体领域则有党的治理、政府治理、市场治理和社会治理等。④

（三）国家治理现代化的内涵

　　国家治理现代化应该说同样是中国共产党的原创政治话语。在西方治理理论的意义上，因为国家治理这个概念看似不合理，由此导致国家治理现代化这个概念同样看似不合理。"国家治理现代化"这一提法同样要在将国家治理视为一种国家主导的治理活动的基础上才能得到理解。在中国共产党的话语体系中，古今中外都存在国家治理，中国仍然行进在迈向现代化的道路上，国家治理现代化还没有实现，因此国家治理需要走向现代化，才有"国家治理现代化"这一提法。官方提及的国家治理现代化的内容主要包括国家治理体系现代化和国

---

① 俞可平：《国家治理现代化的若干问题（上）》，载《福建日报》，2014年6月8日，第7版。
② 何增科：《国家治理现代化的维度与面向》，载《人民论坛》，2014年第9期，第44—48页。
③ 姜明安：《国家治理现代化过程中国家治理要素的转变》，载《法制与社会发展》，2014年第20卷第5期，第42—44页。
④ 胡鞍钢：《中国国家治理现代化的特征与方向》，载《国家行政学院学报》，2014年第3期，第4—10页；俞可平：《推进国家治理体系和治理能力现代化》，载《前线》，2014年第1期，第5—8页。

家治理能力现代化。按照中国共产党的战略部署,到 2035 年,"国家治理体系和治理能力现代化基本实现";到 2050 年左右,"实现国家治理体系和治理能力现代化"①。目前,我国国家治理对象的特征与现代化过程相关,不能简单套用已有的治理经验和手段,必须使治理体系和治理能力与现代化进程中伴生的公共问题相对应,也就是必须要跟随公共问题的演变调整和完善治理体系,进而使国家具备治理这些公共问题所需要的能力。社会主要矛盾变化为"人民日益增长的美好生活需要同不平衡不充分发展之间的矛盾",这就是目前对我国迈向治理现代化所面临公共问题的宏观判断。

从时代背景看,前现代的传统因素,迈向现代化过程中的现代性因素,全球化时代的后现代因素交织在一起,形成了目前我国国家治理的时代方位。中国的国家治理现代化既要正确认识我国悠久的历史传统和文化土壤,又要在全球化时代面临已经实现国家治理现代化并在国家治理方面呈现许多后现代特点的西方政治文化的冲击,需要善处传统社会文化的强大惯性、现代化进程中的复杂治理需求、西方政治现代化的话语霸权以及后现代治理理念等方面交叉融合的关系,走出一条符合自身历史和现实的独特的中国国家治理之路。

一方面,中国国家治理要植根于本国的国情民意,不能割断中国的历史文化传统。即便在全球化时代,一个国家的历史传统也深深地影响其当前的国家治理实践,因而国家治理的国别性是不言而喻的。即便是西方先发国家的国家治理经验,也并非千篇一律,而是各有千秋,因为这种经验在各国同样是根据该国历史和国情所进行的治理实践中形成的。

另一方面,中国国家治理既要通过开放交流学习先发国家经验,又要避免简单照搬西方做法。西方发达国家在其实现政治和治理现代化的进程中积累了有益经验,经过引进和改造,许多治理举措已经在我国的治理实践中得到了有效应用。但西方国家也过火地宣传和输出其民主和自由等价值,形成了关于政治价值的话语霸权。特别是,在不管不顾非西方国家国情的情况下,脱离具体情境歌颂其政治价值,多少有将这些政治价值"宗教化"的色彩,从而形成一种貌似正义与合法的意识形态。事实上,我们对人类的一些共同价值的承认已经在社会主义核心价值观中得到表达,只是对这些价值的实践不能简单苟同于人类已有的实践,而是根据中国的具体情况去探索和寻找相应的实践路径,拒绝简单粗暴的"拿来主义"。因此,中国国家治理现代化并不排斥历史的和西方

---

① 习近平:《决胜全面建成小康社会 夺取新时代中国特色社会主义伟大胜利——在中国共产党第十九次全国代表大会上的报告》,北京:人民出版社 2017 年版,第 36—37 页。

的治理经验，但绝不是返古保守和全盘"西方化"。

从语义分析来看，中国共产党在处理国家治理现代化的相关表述时，在前面加了一句"完善和发展中国特色社会主义制度"。这一表述的巧妙之处就在于给国家治理现代化限定了政治制度前提，这既符合了中国共产党独特的政治属性和政治纲领，又开放性地强调了国家治理现代化这一各国都经历过或正面临的普适性任务。这种"存异"基础上的"求同"策略实际上变相将传统、现代、中国、西方四方面都囊括进去：以"中国"体现传统和现实国情，以"中国特色"既强调此社会主义区别于其他国家的社会主义，又强调此社会主义区别于西方资本主义，结合起来就是中国特色社会主义。"完善和发展中国特色社会主义制度"这句话综合起来就体现出中国国家治理与传统社会的治国传统、社会主义制度的双重关联。一方面，我国有悠久的治国历史，形成了大量的治国理政经验和静水深流的治理文化，需要将这些传统因素创造性转化以利于实现国家治理现代化；另一方面，现有的国家制度框架是社会主义架构的，这是在中国共产党的话语体系中我国实现国家治理现代化的默认选项和逻辑起点。目前，我国依然处于社会主义初级阶段，制度的具体内容还有待完善，这个完善的过程就是实现国家治理现代化的过程。国家治理现代化是在维持基本体制不变下的治理体系的系统改进和治理能力的增量积累，是维持政体不变下的自我改良，旨在实现政治制度更加成熟和定型。

从具体内涵来看，国家治理现代化是我国政治发展和政治现代化的重要内容，[1] 因此，国家治理现代化的制度前提条件是党政关系的合宪化、政治过程的法治化以及政治生态的常态化。[2] 理论上的国家治理现代化应该包括国家治理现代化的价值取向、国家治理体系现代化和国家治理能力现代化三方面最基本的内容。国家治理现代化并不是价值无涉的，而是存在价值前提的，在中国共产党话语体系中的表述就是"完善和发展中国特色社会主义制度"。社会主义意味着对消除两极分化、实现公平正义等价值观念的追求，国家治理现代化的价值取向就在于社会主义核心价值观包含的十二项价值。不少学者则认为公平

---

[1] 何增科：《国家治理及其现代化探微》，载《国家行政学院学报》，2014年第4期，第11—14页。
[2] 陈水生：《统筹治理：国家治理现代化的内源式重构》，载《南京社会科学》，2014年第7期，第62—68页．

正义是国家治理现代化所应该追求的核心价值。① 国家治理体系现代化包括治理理念的现代化、治理制度的重构、治理主体的协作、治理过程的科学化以及治理绩效的优化，国家治理能力现代化包括决策能力、发展能力、执行能力、分配能力、保障能力和统筹能力的现代化。②

此外，从实现标准看，学者普遍认为民主和法治是国家治理现代化的最重要的两个标准。国家治理现代化的内在要求之一是实现民主治理。民主是现代社会的共识性价值，"没有民主，就没有社会主义，就没有社会主义的现代化"③。国家治理现代化的另一内在要求之一是法治，在中国共产党的话语体系中一般称"依法治国"。古代之法从君而用，有阶级性，在一定程度上要受制于人治。现代之法则增加了其公共性，强调不能因人废法，力求无偏私和公正。"法律秩序已经成为一种最重要的、最有效的社会控制形式。其他所有的社会控制方式，都从属于法律方式，并在后者的审察之下运作。"④ 在中国国家治理现代化的视野中可以将民主与法治二者的关系总结为"民主之良法，依法之善治"。除了这两个标准外，国家治理现代化的衡量标准还包括制度化、科学化、效能化、公平化等标准。⑤

二、国家治理现代化的理论意义

"国家治理体系和治理能力现代化"的提法兼顾了人类文明中国家治理普遍存在的事实和中国国家治理的独特性和阶段性特征，在尊重人类政治发展通则的基础上形成了可与西方进行对话的话语，提供了中国政治学和公共行政学进行理论创新的契机，具有重要理论意义。本部分首先指出国家治理这一提法所体现的"存异求同"的政治发展策略，进而从政治与行政二分法这一西方政府

---

① 很多学者都强调"公正"应该作为价值核心，特别是在社会主义语境中谈国家治理，这一点显得尤为重要。例如，竹立家：《社会转型与国家治理现代化》，载《科学社会主义》，2014年第1期，第8—12页；范逢春：《国家治理现代化的价值反思与标准研判》，载《东南学术》，2014年第6期，第72—76页。
② 陈水生：《统筹治理：国家治理现代化的内源式重构》，载《南京社会科学》，2014年第7期，第62—68页。
③ 邓小平：《邓小平文选》（第2卷），北京：人民出版社1994年版，第168页。
④ 〔美〕罗斯科·庞德：《法律与道德》，陈林林译，北京：中国政法大学出版社2003年版，第3页。
⑤ 虞崇胜：《科学确立中国国家治理现代化的衡量标准》，载《中州学刊》，2014年第10期，第5—9页。

回应性分野的基准、西方政治学中的民主回应性等两个方面①分析国家治理这一概念相比于西方既有理论建基逻辑基础的优势。

(一) 坚持自身政治发展道路下的"存异求同"策略

中国古代"和而不同"的思想和中国共产党指导思想中关于"普遍性和特殊性"之间关系的认识是中国在世界政治舞台坚持"求同存异"的理论基础。国家治理现代化的提法同样表明了这一点，只不过这里的逻辑顺序表述为先"存异"后"求同"更为合适，因为"完善和发展中国特色社会主义制度"的表述在前，而"推进国家治理体系和治理能力现代化"的表述在后。

一方面，我国将国家的社会主义性质置于宪法的第一条，这体现了我国国家制度的属性和定位，这区别于世界上很多已实现政治现代化和没有实现政治现代化的国家，这是"存异"之举，是中国共产党国家治理话语体系的前提性表述，表明国家政治发展道路选择不能强求一致的基本观点；另一方面，国家治理及实现其现代化的任务是普遍存在的。无论古今中外，不论以资本主义还是以社会主义为意识形态的国家都存在治理的问题，国家治理现代化亦即国家社会关系的法治化和民主化也是世界各国曾经和现在普遍要完成的任务。这体现了"求同"，有利于与世界其他国家开展治国理政经验交流。

上述话语策略实际上体现了我国政治发展的取向，即政治发展和政治现代化不是走"西方化"的道路，而是要"走自己的路"，要设计自己国家的"治理体系"并使之形成"治理能力"。但我国是后发国家，其政治发展或多或少会借鉴其他先发国家的经验，而这种借鉴的基础在于国家治理及现代化的共同任务而不在于西方的政治制度。这既为自身独特道路提供了论证，又并非单纯闭门造车，使政治发展交流互鉴成为可能。

(二) "国家治理"二分法与政治与行政二分法

社会科学中的很多人认为分类都具有相对性，建立起来的类型学只是现代社会各方面分化及对这种分化进行认知的近似描述。政治与行政二分法就属于这种分类。关于国家意志的表达和国家意志的执行的分类，认识到了现代社会对政府管理与政治无直接相关性的具体公共事务的能力提出的诸多要求以及政府专门提高能力以满足这种要求的重大历史现象，对于推进公共行政实践和公共行政学的诞生都具有振聋发聩的重要的理论意义。但这种分类是抽象和理想

---

① 如果深入分析，国家治理现代化的提法还在政党理论、国家理论等方面都为突破西方现有理论框架提供了契机，但这超出了本书的任务范围和笔者的能力所及。为了聚焦研究主题，本书只是在涉及相关部分时简单地、工具性地述及相关内容。

类型意义上的，国家意志表达和执行是相互衔接及相互渗透的，所谓执行不只是技术性的事务，其背后大都存在政治意涵，肩负国家意志执行功能的机构在事实上也扮演着国家意志表达和解释的功能，二者在现实中的职责往往只是表达或执行所占比例的多少问题而非仅执其一。

政治与行政二分法的理论意义与现实状况之间的张力是西方政治学与行政学研究的重要内容，不少学者甚至深陷其中难以自拔。有鉴于此，当治理这个概念在政治学和公共行政学研究中泛滥开来之后，不少人寄希望治理来破解关于政治与行政二分法困境。因为治理既牵涉纯粹技术性的调整，更关涉国家与社会关系的调整和国家制度的变革。但那些对治理概念最为热衷的学者企图把国家和政府排除在治理之外，这样的治理理念和治理概念显然不能解决政治与行政二者之间若即若离带来的理论难题，而仅仅是确认了公共行政的一种新形式和开拓了公共行政研究的一个新领域而已。"重新请回国家"的"国家治理"概念则有效地整合了政治与行政，将其表述为"国家治理体系和国家治理能力"两个方面，将国家制度和运用国家制度管理社会各方面事务的能力两个方面结合起来，以治理实际问题而非去背景化地谈论国家的功能，不去纠结于二者是否应该分开的问题。事实上，只有政治与行政有效整合才能实现有效的国家治理。

此外，政治与行政二分法的立论背景是西方代议制民主政体，更多地起源于、适用于部分西方国家特别是美国的政治语境，而不适合很多其他国家。例如，前文所述中国党政关系规范化就避免了政治要不要和行政分开的恼人问题，以制度及其实际效用作为处理党政关系的准绳。"国家治理"及其涵括的两方面内容却是所有国家都存在的问题和面临的任务。国家治理现代化整合了政治发展和行政发展，要求提高执政党科学、民主、依法执政水平，同时要求实现国家治理制度化、规范化和程序化。不难看出，将"国家治理"分解为国家治理体系与国家治理能力两个密切联系的方面比政治与行政二分法更好更具世界共识。通过国家治理整合政治与行政之后，国家治理现代化就把政治发展和行政发展整合在一起，实现治理民主化、法治化和理性化（或按照中国共产党的话语体系称为"科学化"）。

（三）"治理民主"与"代议民主"

西方的代议民主体制能见度最高的就是选举民主，代议民主也被一些理论家简化为选举民主而对外进行输出。但即使选举也只是"选"而无"举"，因为普通人不加入大政党就很难被提名，根本不可能当选而只能投票"选"别人。西方的代议制民主具有形式与实质的悖反性，带有贵族统治和混合政体特征，其实质只不过是对统治权力来源的形式认证,因此其不断陷入合法性和信任危机。按照"有竞争性选举才民主"的逻辑,作为代议民主制度整体中的要件之一的公共行政及官僚制就更不可能是民主的了。到对公民存在显著影响的公共行政中去寻求民主,也是一厢情愿的没有说服力的辩护行为,可谓缘木求鱼。一些政治理论家看到了代议民主的危机,边批判边给代议民主打补丁,参与民主、协商民主理论就是这批理论家的代表作,但这些理论修补是在承认代议制民主的前提下进行的改良,且其举措大都具有乌托邦性质,可操作性极为有限,其效果也不可能很大。

西方代议制民主在一定程度上遮蔽了国家及权力运行的维度,而这恰恰是任何国家治理都不可能忽略的要素。选举民主形式大于实质,最终对社会价值进行权威分配的还是握有和使用权力的人,而能常态化影响握有和使用权力者的人是自身掌握了各种权力和资源的人而非普通人,西方注重为公共行政进行民主辩护的一个重要原因就是行政权力会进行实质性的社会分配,会影响到公民的切身利益。在越来越多的社会资源由行政权力分配的情况下,过度强调选民手中选票的重要性显得不合时宜,这也是西方民主面临政治冷漠等危机的一个重要原因。这也说明了民主的形式和实质只有结合起来才能增强民主的公信力,政治权力和行政权力的授予、使用、监督必须同时纳入民主范围。显然,这样的要求已经超出了以代议民主为核心的西方民主实践和理论。不仅如此,许多简单复制西方代议民主的后发国家都陷入了"治理的危机"。因此,我们迫切需要对民主的新理解或者关于民主的新理论。

在国家治理的视域内,民主归根结底是国家和社会关系的一种状态,是一种"治理民主"①。虽然关注民主授权的重要性,但"治理民主"主要是一种关于权力使用的民主,强调民主的形式合法性必须以治理的有效性为支撑,而不能将民主的形式与实质、民主的合法性与有效性割裂开来。民主是现代国家与社会关系的根本特征甚至是这种关系的总和,而"治理"则是国家与社会关系的有效连接。国家治理整合政治民主和行政民主,"治理民主"则整合民主理论和治理理论,形成有机融合。因此,"治理民主"就是国家治理现代化视域下的民主。用杨光斌的话来说,"治理民主"理论认为,"理想的国家或理想的社会必须是'可治理的','可治理的'国家又必须是民主的"②。"治理民主"的三

---

① 目前,治理民主的概念和理论还处于诞生初期,其主要倡导者是杨光斌教授。本书参考了其观点,但与其并不完全相同。
② 杨光斌、石本惠:《治理民主:民主研究的新进程——对话杨光斌教授的民主理论研究》,载《党政研究》,2014年第5期,第16页。

个要素是参与、回应和责任,其基本逻辑大致是这样:在绝大多数现代国家,因为广土众民,要真正实现"人民的治理"是有一定难度的,只能是尽可能扩大人民参与治理的范围(而这恰恰是代议民主所反对的),而政府对这种参与和人民的需求进行回应,抽象的"人民主权"通过人民有序参与和人民需求及利益实现来落实,而回应和满足人民的需求是政府的责任①。参与属于形式和程序上的,回应和责任则是实质上的,因此,治理民主实现了民主形式与实质的统一。

治理民主致力于建构一个一般的、中性的民主理论,便于世界各国就民主展开理论对话。治理民主不像西方代议民主那样人为竖起意识形态高墙,是一种近似值民主而不是二元论民主。② 也就是说,其相应的民主观认为民主是程度问题,而不存在一个绝对标准来划分民主与不民主。治理民主虽涵括了西方所谓的民主治理,但又不同于西方的民主治理。西方的民主治理主要是强调治理特别是治理方式的民主特征,如政府权力的软化和政府角色的非主导特征、普通公民的广泛参与、多主体平等协商等,这里的"民"主要取其与"政府"和"精英"相对立的意思。即便政府不参与治理的公共事务领域,治理民主也能涵括,而这正是西方治理理论意义上的治理。

治理民主含有这一层意思,即民主治理或治理的民主化,但治理民主还有另一层意思,那就是民主也是治理的对象,需要得到治理。民主制度本身会存在这样那样的问题,不可能一劳永逸,需要通过不断修正和调试来改进民主。此外,采用治理民主而不是民主治理还有一个原因,即民主治理也是代议制民主下所衍生出来的一个西方化的意识形态概念。任何国家都有国家治理的任务,任何现代国家都声称追求民主这一价值,因此,"治理民主"是一个可以在不同国家间通用的民主概念。

就中国而言,为了保证民主化对经济社会的正向作用,国家主导和推进民主建设的一项重要战略就是通过"治理定位民主",以应对民主化过程可能削弱

---

① 杨光斌:《超越自由民主:"治理民主"通论》,载《国外社会科学》,2013年第4期,第9—18页。
② 把是否有竞争性选举作为是否民主的标准的观点是二元论民主观点,认为民主广泛存在且是一个受情景影响很大的程度问题的观点是近似值民主观。参见杨光斌:《民主观:二元对立或近似值》,载《河南大学学报》(社会科学版),2012年第52卷第5期,第54—65页。杨光斌关于近似值民主的观点则来自哲学家杜威的实用主义民主观,关于这一民主观的详细介绍可参见《民主理论导论》一书第8章:〔加〕弗兰克·坎宁安:《民主理论导论》,谈火生、年玥等译,长春:吉林出版集团有限责任公司2010年版。

国家能力的情况，同时将民主建设本身视为可用的治理资源。① 中国共产党话语体系中的人民民主就是一种"治理民主"，将执政党角色、人民和依法治理有机结合，执政党和国家权力的在场，人民民主权利得到保证，治理又有法治保障，制度化、规范化、程序化的现代性要求得到满足，是一种结合了民主与法治的民主形态②，也结合了治理与民主。中国共产党主要通过民主集中制和群众路线的方式领导中国的治理实践，通过领导民主立法为治理提供法治保障，并致力于实现权为民所用、情为民所系、利为民所谋，这保证了人民参与权（民主权利，侧重形式）和获得感（利益分配，侧重实质）的统一。前文已经谈到，中国共产党对人民的需求和盼望有自己的科学判断，这就保证了中国共产党领导下的国家在治理过程中的自主性。中国共产党主张实现民主选举、民主协商、民主管理、民主决策、民主监督的结合，实现了对公共权力的来源、使用和监督三个关键环节的全覆盖，克服了西方在对外输出政治价值时空谈民主形式的弊端和在实际的政治运行中行政民主求之难得的困境。作为使命驱动型的先锋队政党，中国共产党将自身视为实现人民和民族利益的工具，并使之为立党的"初心和使命"，这是中国情境下"治理民主"的责任之维，并辅以"全面从严治党"这种自我革命的方法来保证对这种责任的持续担当，从而使一般意义上的"治理民主"演变为具有国别特征的"党领导下的治理民主"。因此，一般意义上的治理民主的三个维度在中国演变为"领导—参与—回应—责任—监督"五个维度，执政党对治理民主的领导和自我治理使"治理民主"在中国呈现参与有序、回应自主的特征。

---

① 林尚立：《建构民主：中国的理论、战略与议程》，上海：复旦大学出版社2012年版，第173—175页。
② 实际上国内学者已经论证了对于中国而言，法治是比民主更迫切的事情，要破除民主迷信。当然了，在西方的鼓吹下，民主已经成为一种强势的价值主张，全世界几乎没有否认民主的，要破除的迷信是对西方代议民主的迷信，能够将民主与法治结合起来的治理现代化路径是可取的。参见潘维：《法治与"民主迷信"：一个法治主义者眼中的中国现代化和世界秩序》，香港：香港社会科学出版社公司2003年版。

第二节　治理回应性：国家治理现代化视域下的政府回应性理论

在坚持民主和法治两大基础性现代价值的前提下，政府回应性是研究政治与行政发展的一个重要视角。政府回应公民是一种现代现象，因此，政府回应性是一种现代公共价值。西方政府回应性的政体定位使其不能解释与西方不同政体的政府回应性实践，其本身也存在诸多困境，因此，需要建构一个更为一般性的政府回应性理论。国家治理现代化的提法为不同政治文明交流互鉴提供了更一般的对话基础，因此，国家治理现代化视域下政府回应性理论同样应该是一个兼顾不同政治体制的一般性理论。从现代性的理论视角来看，国家治理现代化视域下的政府回应性首先是一种现代性价值；从概念建构来看，国家治理现代化视域下的政府回应性应该是治理回应性；从理论建构来看，国家治理现代化视域下的政府回应性是体制秉持一定价值而对公民需求和社会问题进行回应与治理的活动。

一、价值定位：政府回应性是一种现代公共价值

（一）政府回应性是一种现代价值

政府回应公民与社会的前提是国家和社会的分离，而国家与社会分离是现代性的一个基本特征，但这种分离不可能是绝对的，且必须有一定的机制来沟通国家与社会的关系以实现二者的有机结合，从而实现政治社会的有效整合。现代国家与社会之间进行沟通的价值原则是"人民主权"，即民主，必须承认政府权力的最终来源是人民而不是其他什么，这种来源通过宪法这一法定"契约"进行形式规定，而政府用权则通过具体的法律进行细化，人民和政府都须同时服从宪法与法律。一方面，政府如果不承认现代的"人民主权"原则，就无须回应公民和社会，因此，前现代并不存在严格意义上的政府回应性，而一旦承认"人民主权"，政府回应性作为一个现代价值就是政府需要秉持的；另一方面，政府回应的前提是被回应者对政府及其法定权力的承认和服从。法国大革命时期的记者布里索（Jacques-Pierre Brissot）曾深刻地指出了"权力来源于人民"与"人民服从权力"之间矛盾而必然的关系，"一切权力来自人民。可是人民只能通过服从这一权力而使之得到维持。因为倘若人民不服从自己已授予

权力的那些公民，……将不再有法律、和平或公共安全。不服从公共权力的公民就是不服从自己"①。因此，政府回应性建立在上述政府和人民的"双重承认"逻辑之下，是显示国家与社会关系的一种现代价值。

通过祛魅走出神启和克里斯玛时代、走进个人主体的理性时代是现代社会的重要特征。理性化的一个突出表现就是标准化，人们试图用一定的标准来框定复杂的社会进而认识社会，实现化繁为简，并以此为基础对其进行管理，进而追求确定性。因此，现代性意味着一定程度的"削足适履"。就国家治理而言，理性化和标准化在现代社会的主要实现方式是法治化与组织化，通过非人格化和无情感的法律与官僚制在主体意识发达的现代社会中彰显政府及国家的自主性，使整个社会看起来"合理化"。

这种理性化本质上是一种工具理性，但我们又试图对这种工具理性赋予一定的价值。因为工具是有可替代性的，而频繁更换工具则意味着一种机会主义取向。例如，我们本来要通过法律的标准化形式来实现国家治理的可预期等理性化目的，走出人治的恣意妄为，但如果没有对法律这一工具的信仰——这种信仰的表达就是通过法律的治理，简称"法治"——那就会出现有法律而没有法治的情况，这里的法治是一种价值理性。现代性就是在这种关于工具理性与价值理性的二维紧张中逐步展开的。政府回应性同样应该有其制度规范和体制依托，以保证政府回应性是一种必需的价值，而不是一种可主观选择的随意性工具。因此，作为一种现代价值的政府回应性具有现代制度强制性。

除了理性，现代性另一个重要面向是主体与他者、中心与边缘的对立，而主体和中心被认为是理性的承载者。虽然哲学上的主体性概念经过胡塞尔的主体间性概念②和哈贝马斯倡导的对话性交互的情景化主体③等的冲击已经被宣称进入"黄昏"时分，④ 但在现代民族国家视野中的政治权力，其主体和客体之间的界限依然分明，甚至可以说这种主体原则是居于统治地位的，即便在许多

---

① 转引自〔美〕托马斯·雅诺斯基：《公民与文明社会》，柯雄译，沈阳：辽宁教育出版社2000年版，第65页。特别是"不服从公共权力的公民就是不服从自己"的论述较为精辟而常为人所引用。
② 主体间性（intersubjectivity）是一个哲学概念，强调存在是共在，主体只有在相互关系中才有意义，而这种情况下的主客体关系也是相互的，这就在一定程度上消解了主体的意义。
③ 〔德〕于尔根·哈贝马斯：《现代性的哲学话语》，曹卫东等译，南京：译林出版社2004年版，第345—379页。
④ 〔美〕弗莱德·多尔迈：《主体性的黄昏》，万俊人、朱国钧、吴海针译，上海：上海人民出版社1992年版。

宣称已久处后现代阶段的国家情况依然如此。国家治理现代化是一个国家迈向现代化的过程，因此，国家治理现代化视域下政府回应性存在较为明显的主客体关系，主体主要是执掌国家权力的广义上的政府，客体或他者是公民和社会。虽然在社会共治观念的影响下，政府部分放权于社会而在一些领域冲击了政府回应性的主体观，但政府和公权力作为政府回应性的主导与中心的基本面，没有丝毫改变。

需强调的是，虽然现代性有其普遍特征，但在理论上现代性不必然是汇入西方的"普世现代性"，而是可能要深受文化背景的影响，会呈现"多元的现代性"[①]。因此，政府回应性作为一种现代价值也会存在多元性。

（二）政府回应性是一种公共价值

政府回应性作为一种公共价值与其作为一种现代价值是相辅相成的。严格意义上的公共性、公共价值、公共行政等冠以公共之名的观念和实践也是现代社会才有的。强调政府回应性是一种公共价值就是强调政府回应性作为一种现代价值的公共性。这与现代政府的公共性有关。

首先，政府是公共机构，从广义上说，所有现代政府的行为都具有公共性，作为公权力使用者的政府是政府回应性的主体，因此，政府回应性是一种公共价值。与此同时，鉴于可操作性问题和权力属性问题，政府绝大多数时候不可能一对一回应每个公民，而是回应整个或部分公民群体，即便单独回应某个人的行为，也只能是偶发的，且其形式和内容也是公开性的，因而具有公共性。

其次，政府回应性的公共性还体现在获得政府回应是公民权利的一部分。现代"人民主权"原则的一个重要后果是在理论上确认了现代国家"政权"和"治权"的相对分离，政权的所有者是人民，但不可能每个人都享有治权。这与古希腊时期的民主有着重要区别。其具体逻辑是将普遍意义的人民转换为在法律意义上的"公民"，现代社会的公民通过民主授权、局部直接参与治理活动，被授权的政府则在法定期限内依照法律规定行使治理权，并在治理中占主导地位。由于"治权"持有者的权力形式上来源于"政权"所有者，前者回应后者存在逻辑合理性，而具体落实到实践，就需要以公民权利的形式确证其有权获得政府回应，最终使得政府回应性具有公民价值导向。

最后，公共领域是政府回应性的重要存在领域。公共领域的一部分是国家与社会的交互领域，而政府回应性是政府和社会的一种交互关系。公共领域生

---

① 参见金耀基：《论中国的"现代化"与"现代性"——中国现代的文明秩序的建构》，载《北京大学学报》（哲学社会科学版），1996年第1期，第24—34、134页。

成的政治压力、监督和批判舆论成为政府回应性的重要动力与回应对象，而政府也通过公共领域作为回应的介体，增强回应公民的效果。① 这种自主的公共领域不以认同功能为皈依，而是致力于对政府的监督和批判，政府需要对其产生的舆论作出回应。在公共行政学领域，作为一种公共价值的政府回应性主要体现在一种相互关系上。一篇对公共价值进行盘点的论文也是在"关系"视角下看待回应性的，它将回应性作为公共价值集合中的一个价值，置于公共行政人员与政治家的关系、公共行政人员与其所处环境的关系、公共行政与公民的关系三大关系中进行考察。②

二、概念重构：从政体回应性到治理回应性

西方的政府回应性理论在本质上是一种西式民主政体回应决定论，但形式上的抽象政体的回应性是很难进行比较的，只有这种政体在治理中展现出来的回应性才能进行对比。如前文所述，治理民主就是试图摆脱政体决定论的尝试，希望用治理的表现来论证政府的回应性，回应性是治理民主的关键概念之一。基于国家治理视域的治理民主观，政府回应性理论可被称为"治理回应性"。

（一）西方政府回应性理论的政体决定论及其缺陷

本书在分析西方政府回应性理论的困境时已经指出，西方代议民主下的政府回应性理论以西方民主政体为分析对象，有着政体依赖症，这种依赖症最终演变为"政体回应性"，强调一点而不及其余，演变成了强调西方民主体制优越性的意识形态，在这种思维下的行政回应性则被边缘化，且被代议制民主的逻辑牢牢地绑在了形式上不可能具有回应性的柱子之上。但强调只有某种体制才具有回应性是不符合政治运作实际的，犯了化约主义错误，是将单一的形式与不同的实质强行组合。这种简单化的思维无法解释相同或相似政体具有不同政府回应性表现的问题，也无法解释不同政体具有相似的政府回应性表现的问题，更无法解释不是论者认为的那种政体却有高回应性③这一问题。西方政府回应

---

① 衣俊卿：《现代性的维度及其当代命运》，载《中国社会科学》，2004年第4期，第13—24页。
② T. B. Jørgensen and B. Bozeman, "Public Values An Inventory", *Administration & Society*, Vol. 39, No. 3, 2007, pp. 360-361.
③ 杨光斌认为，中国的民主集中制和美国的代议民主制是当今世界的两大政体，其他政体形式是这两种政体之间的混合政体。参见杨光斌：《世界政治视野下的中国国家治理现代化》，载《行政论坛》，2015年第22卷第5期，第6页；杨光斌、乔哲青：《论作为"中国模式"的民主集中制政体》，载《政治学研究》，2015年第6期，第3—19页。但中国具有较高的政府回应性，这是西方的代议民主政体决定论无法解释的。

性理论的困境之根源在于政体思维,是政体决定论的产物。因此,必须转变单纯从形式特别是只从某一个形式要素去决定性地看待政府回应性的观念,必须从形式观演进到实质观,或者如某些学者所言,从政体思维演进到政道思维,因为政道角度的民主在本质上要对民众的要求做出实质性回应,而治理的体制不过是"治之术",相比于"治之道"而言,体制因素只能在政道中排在第二位,是实现"治道"的工具。① 也就是说,在国家治理视域中,无论采用什么样的政府体制形式(包含在"治之术"之中),其实质都是为了实现一定的目的("治之道")。在国家治理现代化视域中,体制基于其公平正义的价值追求,回应人民的需求并对社会问题进行治理。

(二)治理回应性的概念及其优势

国家治理是一种普遍存在的实践,国家治理现代化视域中的政府回应性概念就是治理回应性。治理回应性是指作为国家治理主导者的政府基于一定的治理体系和价值,以治理来回应公民的需求和社会问题,同时,基于治理实践中发现的问题去改进回应性基于治理体系的过程。治理回应性是一种基于公共利益和公共价值导向的回应性,承认民主原则,但不能简单地归为民"主"或者官"主"。治理回应性与传统的统治中体恤民情不同,不同于传统的"父权主义"和为民做主,国家要在保持自主性的基础上引导人民认识其真正利益,并对此进行回应。

正如国家治理和国家治理现代化在西方治理理论看来是自相矛盾的概念一样,治理回应性的概念在其看来也是存在问题的。西方治理理论意义的治理更多地强调公民作为伙伴对治理过程的平等参与,主体与客体观念被冲淡,这已经在一定程度上消解了政府回应性的概念,而政府回应性强调的政府作为主体对公民和社会的回应,具有比较鲜明的主客体立场。但如果我们在国家治理现代化的这一视域中来看,治理回应性这一概念就可以被理解,其强调的是政府的国家治理活动要有回应性,要回应人民的需求和社会问题提出的治理需求,政府是治理回应性的主体,需要被治理的对象也就是需要被回应的对象,这里

---

① 参见王绍光:《中国·政道》,北京:中国人民大学出版社2014年版,第20—67页。应该说该观点很有启发性,但相应的话题也应进一步思考:一方面,西方政治思想史上有很多关于"政道"的思想遗产;另一方面,在一些研究中国传统的学者看来,政道是相应政权而言,治道则是相应治权而言,中国古代只有治道而无政道。按照此观点,王绍光教授的政道概念更类似于治道概念,将其分为"治道"和"治术"。参见王绍光:《中国·政道》,北京:中国人民大学出版社2014年版,第32页;牟宗三:《政道与治道》台北:台湾学生书局1987年版,第1页。

的治理与回应二者在一定程度上是相互构建的。一方面，在整体上的国家治理本身就是政府对公民和社会的一种回应，国家治理体系的建构与完善及国家治理能力的形成和强化，最终都是为了回应公民和社会产生了治理需求；另一方面，政府回应社会的实践活动本身就是国家治理的内容。

治理回应性这一概念具有整合性和一般性。从国家与社会的关系来看，虽然国家与社会之间不同程度存在控制、吸纳①、合作等多种关系，但是从更一般和具有涵括性的意义上可以认为，回应和治理是现代国家和社会之间最重要的两种常态化关系，这受到民主这一遍布在现代国家与社会关系之间核心价值的强力支撑，民主要求政府治理国家要有回应性。因此，治理回应性这一价值也是因为民主而存在的，它涵括了现代国家和社会关系的本质在国家治理实践中的体现。从理论意义上，治理回应性能克服西方政府回应性的一些缺陷。正如治理民主将政治民主与行政民主整合在一起，基于治理民主理念的治理回应性可以对民主回应性与行政回应性进行有效整合，从控制结果输出导向的角度来要求政府具有回应性，从而克服从体制开始思考又从体制结束的形式化思维，从政体决定论到综合治理价值和治理结果对公民与社会问题的回应性。与此同时，治理回应性也建立起了西方"政体回应性"和中国"使命回应性"之间平等沟通对话的概念基础，且为二者由理论到实践提供了落地的路径。因此，政府回应性是一个更一般意义上的政府回应性概念，没有定于一尊的体制前提条件，而是将体制与其治理绩效结合起来，只要处在国家治理现代化过程中，这种回应性就是随着民主化的推进而逐步增加的，是增量性的。

治理回应性这一概念还存在另一层含义，就是政府回应性本身是需要治理的。前文述及，治理民主的一个面向是民主需要得到治理，与此逻辑相应，治理回应性有回应性需要治理的含义，其目标在于保持回应的自主性。杨光斌也认为，理想的治理民主应该是基于"参与—自主性回应—责任"②的逻辑，回应的自主性是其中的重要内容。从广义上说，治理回应的自主性是国家自主性③的重要组成部分，国家不仅仅是不同利益竞逐的对象和斗争的场所，还是

---

① 如著名的"行政吸纳政治"，参见康晓光、韩恒：《行政吸纳社会——当前中国大陆国家与社会关系再研究》，载《中国社会科学》，2007年第2期，第116—128页。
② 杨光斌：《超越自由民主："治理民主"通论》，载《国外社会科学》，2013年第4期，第9—18页。
③ 斯考切波被认为是较早开启关于"国家自主性"讨论的学者，相关观点体现在其代表作《国家与社会革命》中。参见〔美〕斯考切波：《国家与社会革命》，上海：上海人民出版社2007年版。

可能追求超越局部需求和利益而追求公共利益的目标。只有保持自主性，国家和政府才能保证其回应的公共性。换句话说，政府回应性不是市场交易，不能无原则和底线地去"迎合"公民与社会，回应对象必须是公共价值和公民与社会真正的正当"需求"，而不是无节制的"要求"①，也就是说，回应不等于满足，政府要有独立判断的立场和能力，不能被民意绑架而掉入民粹主义的泥淖。国家治理现代化视域下政府回应的自主性至少有以下内涵：一是现代政府有了解和回应社会最迫切与必要需求的责任，否则就是政府失责；二是政府对多元社会诉求的回应必须是自主的、有选择的，基于公平正义原则，政府不能在回应性上出现明显的偏狭性；三是面对回应客体的不平等利益表达能力，国家要主动挖掘和回应弱势者的诉求。此外，治理回应性的自主性也要求政府回应性的主动性和前瞻性，不是被动应激反应（这一点恰恰是西方政府回应性理论，特别是行政回应性理论没有很好处理的问题），而是要在完善回应体制、回应对象发现、回应技术改进等方面有面向未来的战略性规划。

三、理论建构：作为一般性政府回应性理论的治理回应性

西方缺乏统一的政府回应性理论，相关的理论建立在其独有的体制基础上，本质是"政体回应性"理论，且面临多重困境。国家治理现代化的话语为构建一般性的政府回应性理论提供了契机，在仔细发掘和分析国家治理现代化的一般性理论意义基础上，前文已经提出了一个不拘泥于西方体制的一般性分析概念"治理回应性"，这里试图围绕这个概念展开形成一个关于治理回应性的一般性分析框架，即做一次构建关于政府回应性"元理论"的尝试。本书提出"治理体系及行动者—回应与治理—需求与问题—公民与社会"的分析思路来构建治理回应性理论。

（一）治理回应性理论的分析框架

如图 5-1 所示，此分析框架从民主和法治的前提出发构建政府回应性，民主和法治要求，治理体系及行动者要对公民和社会表达与呈现的需求以及问题进行回应，而这种回应需要建立在治理能力和自主性判断之上，治理回应性的输出和公民与社会对此的反馈则为完善治理体系、改进治理行动、提升治理能力提出了要求，从而形成治理回应性的循环回路。

---

① 这些需求在官方文件中表述为"A 有所 B"的格式，其中，A 是人民群众的客观需求，B 是对需求的满足行为，如"住有所居"，是基于人的基本生存和发展权利的合理"需求"，结合了客观实际和主观需要，不是脱离实际的、想当然的"要求"。

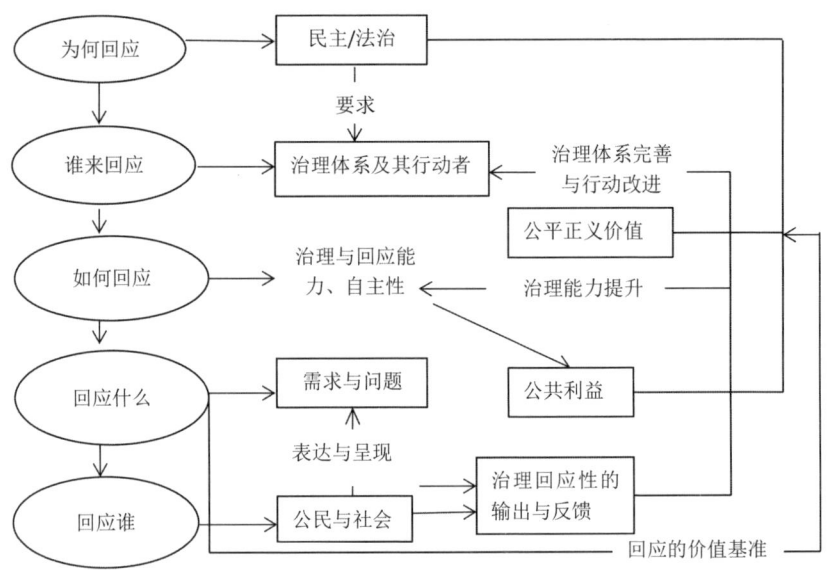

图 5-1　治理回应性的分析框架

资料来源：作者自制。

以民主和法治作为治理回应性的出发点，旨在强调政府回应性是必然性的要求而非可取舍的选项，回答"为何回应"的问题。民主和法治是现代文明的重要标志，是国家治理体系的基础性价值原则，也是国家治理现代化最根本的衡量标准。民主和法治结合起来意味着治理回应性的制度化、规范化、有序化，为政府回应性提供秩序前提和价值基础。其中，民主是治理回应性存在的根本原因，现代国家治理都普遍遵循人民主权原则，认为国家和政府权力来源于人民，这一点从根本上要求国家和政府对社会有回应性。法治则是现代社会的普遍治理方式，其对于治理回应性的核心功能是提供民主的制度化文本，使民主从理念转化为制度行为，进而使得治理和回应也成为制度化、程序化的行为。换句话说，法治就是要形成民主的制度保障及对治理和回应的制度化要求，既防止民主被裹挟而变异成去制度化的民粹主义式"大民主"，又要对现代民主理念下的国家治理体系须回应公民和社会、公民在现代民主社会有要求回应的权力这两点进行法律确认，并使得治理体系及其行动者和公民与社会共同承认上述含义。将民主和法治共同作为政府回应性得以存在的逻辑前提，这就打破了只强调民主而忽视治理体系背后法治保障的弊端，形成了有序回应的价值和制度基础，且不以某种体制为尊，只要治理体系符合民主和法治的要求即可。与此同时，就工具理性而言，法治本身是一种重要的国家治理手段，这种手段既规范公民行为，又"治官"，良法善治将国家治理的主体和客体的行为都限定在必要且合法的范围内，这本身就应该是治理"回应性"的内涵。

治理体系及行动者是治理回应性的主体，公民与社会是治理回应性的客体，分别回答"谁来回应"和"回应谁"的问题。前文述及，政府回应性是一种现代价值，有较为明确的主客体划分。在民主和法治要求下，治理回应性的主客体区分之要求是治理权力经由人民授权之后，通过法律形成治理权威再实施治理的必然要求，也是对公民表达诉求权利的重要保障。此处的治理体系是指国家治理体系，治理体系及其行动者是一个国家制度规定的治理主体及其行为规则，这一表达相较于政治与行政的二分更具有一般性，将手握公权力实施国家治理的所有机构主体和个人主体都视为治理回应性的主体，这一大范围下的具体主体及其关系在各国的制度安排中可能会存在较大差别。国家与社会的关系最终体现为国家和人民的关系及国家治理社会，政府回应公民是一种国家抽象的治理主体回应人民的实践形式，国家回应社会则表现为政府对社会问题的治理，这种治理在本质上也是治理体系对社会问题的回应。因此，本书将公民与社会并列为治理回应性的客体。公民与社会表达和呈现社会问题的民主权利是必须得到保障的，这是人民主权的基本要求，也是治理过程充满活力的必要保证。治理体系及其行动者对公民与社会表达和呈现的问题进行回应及治理，实现了治理回应性主客体的第一次关联，而治理与回应生成的结果所获得的来自公民和社会的反馈则促进治理体系完善、治理行动改进、治理能力的提升，这是对治理回应性的反馈，构成治理回应性主客体的第二次关联，第一次关联和第二次关联形成了治理回应性的回路，进而使得整个治理过程通过回应而运转起来。此外，即便就严格意义的现代国家治理而言，治理回应性的主体客体区分是相对明确而不是绝对分开的，公民和社会可能也是治理体系的一员，治理的客体有可能也是治理体系的行动者，但政府和公权力在治理体系中的主导地位是肯定的。

"如何回应"是一个用什么、以何种回应方式的问题，是关于政府回应性的工具与渠道问题，不同治理体系的回应工具和渠道组合方式及不同工具和渠道所占的比例可能有所不同。基于政治、行政和社会三方关系的分析框架，虽然适用于对西方政府回应性的分析，但没有包含两个很重要的维度，就是治理和回应的能力以及回应的自主性。而回应能力和回应的自主性在深层次上影响着"如何回应"。回应能力是治理体系在回应公民和社会的需求与问题时表现出来的能力，是国家治理能力的重要组成部分。西方的回应性理论主要讨论了回应的原因和意愿等问题，而无论是行政回应性还是政治回应性理论，都忽略了政府回应能力的问题,但仅仅是"应该回应"和"愿意回应"还不够,还必须"能够回应",没有回应能力的治理体系最多也只能是"心有余而力不足"。治理回应性的自主性主要是指治理体系有权在法律范围内决定是否和如何回应公民的需求与社会问题,自主性应该被视为回应能力的重要组成部分。就中国而言,这种自主性是与"使命回应性"联系在一起的,即拥有使命的组织需要有实现使命的自主性,以避免目标短浅和视野狭隘。这种自主性主要体现在两方面:一是自主评估来自公民和社会的需求与问题的性质,判断其真实性、存在范围、严重性、时效性等,防止被虚假需求、虚假问题、狭隘的局部利益、民粹式的"要求"和施压绑架,再自主决定是否将这些需求和问题作为回应对象。这主要是确证真需求和真问题。二是自主评估回应能力,评估自身是否有能力去回应第一个方面确证的需求和问题。如果有回应能力且需求和问题为真,则要进行回应;如果有回应能力但需求和问题为假,则不需要进行实质性回应;如果没有回应能力,则不论需求和问题如何都不可能进行实质性回应。在不进行实质性回应的时候,有必要开展思想政治工作,就相关原因进行解释说明,对相关需求进行引导转化。不难看出,治理回应性的自主性的两个方面是密切联系的,只有有效结合起来才能体现真正的自主性。

治理回应性理论中的政府回应对象包括两个大的方面:一是来自公民和社会的具有公共性的真需求与真问题,二是现代治理体系回应性的价值遵循。其价值前提是民主和法治,价值目标是公平正义,价值指向是公共利益,两个方面结合起来回答"回应什么"的问题,所有政府回应性对象的共同特征是公共性。就具体回应对象而言,公民和社会的需求与问题必须具有公共性才是政府回应性的对象,因为政府无法也不应该去回应细枝末节的私人问题,现代政府的公共性要求其回应对象必须具有公共性,而不论其回应的客体最终是否落实到个人。具有公共性的公民需求和社会问题除了来自治理客体的表达,也有赖于治理体系及其行动者的主动发掘。就抽象回应对象而言,政府必须同时回应政府回应性得以存在的价值前提、价值目标和价值指向,民主和法治是现代社会的基础性价值,公平正义则被认为是治理体系的首要价值,公共利益是现代政府不懈的价值追求,是治理行为的出发点和落脚点。上述价值是公共价值的核心内容,政府回应的具体对象也需要符合上述价值原则。特别是公平正义价值,既要作为回答"如何回应"的重要标准,又要作为"回应什么"的答案之一,是对政府回应性的双重规范。特别是在技术、资本和市场借口科学与自由主义而凌驾于社会之上的当今世界,治理体系对社会公平正义的回应显得尤为必要。从更广义上讲,上述抽象意义上的价值遵循应该贯穿治理回应性整个过程，形成治理回应性的价值体系。

（二）治理回应分析框架的特点

首先，"治理体系及行动者—回应与治理—需求与问题—公民与社会"的分析框架是一般性的，有利于为"政体回应性"和"使命回应性"建立共同的理论与实践基础。这一框架既抓住了政府回应性是现代民主中国家与社会的一种关系这一本质，又兼顾不同治理体系内行动者之间的不同关系，这种不同关系包括政党与国家的关系、政治与行政的关系等，这就为同一框架下不同内容的表达提供了空间，既便于对话和互鉴，又便于保存独立性，为不同国家治理体系形成一种开放自主性提供了可能。这也就避免了西方政治与行政二分法因其先发的理论优势而对其他治理体系及其行动者之间的关系模式形成压制，有利于走出"政体回应性"的困境，为人类治理文明的多样性提供生产余地。这个框架认为，只要承认和坚持民主与法治的价值，现代任何国家治理体系都要实实在在地对公民和社会的需求与问题进行回应，并不只有西方代议民主制才需要回应。这就因应了世界政治中对民主价值的普遍承认和民主实现方式多样化二者相互协调的情况，也能为我国的"使命回应性"提供理解视角。

其次，治理回应性分析框架通过国家治理现代化话语实现了政府回应性分析框架的进化。此框架依然沿用政府回应性分析所要回答的五个问题，即为什么回应、谁来回应、回应谁、回应什么、如何回应，但引入国家治理现代化的话语对第二章的整合性分析框架进行了修正。因为第二章的三元整体性分析框架就是建立在"政治与行政二分法"基础上的，主要是以西方的体制为分析对象而得出来的，其主要用途也在于为第三章分析西方的"政体回应性"提供工具，并使其在第四章分析中国的使命回应性时显示出不足，所以需要用更一般的国家治理现代化话语进行修正。此框架尝试用治理体系和治理能力的二分法取代政治与行政的二分法，用治理民主的原则取代代议制民主的原则，将西方"政体回应性"包含的民主回应性和行政回应性整合进治理过程中，实现了分析框架的进化，使其具有一定的普适性。

再次，治理回应性分析框架采用"治理体系及其行动者"的表述取代国家或政府，为治理主体的多元性留有理论余地。前文述及，中国共产党提出的"国家治理"一词，虽然主要是指政府等公权力的掌握者作为治理主体，但也在事实上吸纳了关于"社会共治"的理念，强调公权力主体之外的行动者作为治理主体的必要性，这在作为制度的国家治理体系中也存在相应的规范性安排。因此，采用治理体系及其行动者的表述将行动者的范围由治理体系进行制度化界定，并照顾到以下可能事实：不同公共事务的治理主体很可能是不同的，一项公共事务中的主体在另一项治理事务中可能是客体，行动者在同一公共事务中可能同时扮演主体与客体双重角色（这一点恰恰是西方治理理论的真义）。因此，治理体系及其行动者的表述强调了治理主体的权威性来自国家治理制度的授权，也保持了治理主体的开放性，不拘泥于传统国家治理中的权威独占性，而是将权威动态化，使其能在不同的公共事务中有不同的权威结构及其承担主体。

最后，治理回应性分析框架中的治理和回应在整体上是相融在一起的，但并不表明治理只有回应这一项内容。由于此框架是"治理回应性"框架，因此，回应性也融合在治理过程中，即治理中有回应，在回应中治理，政府通过治理去回应社会，这与本书的研究主题相关。但作者并不否认在治理中有监管、吸纳等行为，甚至可以在政府回应性视角下将此类行为视为回应性监管[1]、回应性吸纳[2]，如果在更广义上看待政府回应性的话，监管与吸纳等也是政府回应社会的方式。这也表明，治理回应性理论承认现代国家治理与回应在理论上和理想关系上应该是相互融合的。这一点在框架中的另一个表现就是，作为回应对象的民主、法治、公平、正义、公共利益等价值，同时是治理体系及其行动者的价值基准，治理和回应不但处在共同的过程之中，而且秉持共同的价值追求。因此，治理回应性分析框架中的回应是在更一般意义上而言的，可以将治理和回应视为形容国家与社会关系最高层次的概念。

---

[1] 当然了，这样嫁接之后的概念其意义被理论的提出者相对严格限定，旨在强调重视政府之外的监管者作用和重塑政府在监管活动中的作用。关于回应性监管理论可参见刘鹏、王力：《回应性监管理论及其本土适用性分析》，载《中国人民大学学报》，2016年第30卷第1期，第91—101页；杨炳霖：《回应性监管理论述评：精髓与问题》，载《中国行政管理》，2017年第4期，第131—136页。

[2] 王清：《从权宜之计到行政吸纳：地方政府回应社会方式的转型》，载《中国行政管理》，2015年第6期，第77—81页。

第五章

治理回应性理论视域下我国政府回应性的完善

在这一章,笔者将运用第五章提出的治理回应性理论,加深对"使命回应性"的认识,并提出完善我国政府回应性路径。第四章已经阐明了我国政府回应性实践和理论逻辑的特殊性,该部分内容主要是从动态演变的历史和静态宏观的体制阐述了我国政府回应性不同于西方政府回应性的逻辑原理,即"使命回应性",但也指出这一回应性模式需要更进一步的理论解释。本章将更具一般性的"治理回应性"视为理解和实现"使命回应性"的重要视域,并借此研究了我国政府回应性的特点,我国政府回应性研究的问题应聚焦于政府回应性实践与国家治理现代化要求的差距,实现我国政府回应性现代化的战略和路径,等等,以期更进一步加深对我国政府回应性的理论认识。

第一节 治理回应性理论视域下我国政府回应性的具体特点

治理回应性理论是一个一般性的分析框架,在这个框架之下,使命驱动型执政党统领下的中国政府回应性有着自己的特点。这些特点的由来与我国的国家治理历史传统、中国共产党的发展历程、国家治理的根本制度支撑、独特的国家治理体系、我国在国家治理现代化过程中所处的阶段等密切相关。当前我国政府回应性的一大突出特点是强调"以人民为中心",是一种处在多维时空下的执政党领导的注重完善治理体系、培养多主体回应能力、综合运用多种回应方式的政府回应性。

一、注重完善国家治理体系以增强回应性

完善国家治理体系,构建政府回应的制度保障是处在现代化过程中中国的必然选择。在亨廷顿看来,现代性意味着稳定,而现代化过程则可能滋生动乱,

通过及时制度化各种涌现的政治参与行为可以保持政治稳定。① 这种制度化就是对政治参与行为的回应，制度化的能力是政府的重要能力，而通过这种能力提供的社会秩序本身也是对人民需求的一种回应。与我国处在治理现代化过程中这一阶段性特征相适应，注重通过完善体系去回应公民和社会的需求与问题是当前我国国家治理的一个显著特点。通过几十年"摸着石头过河"的改革，我国国家治理取得了丰富的成就和经验，也到了告别"零敲碎打"状况的关口，需要通过对制度的集成来为整个治理体系定型。因此，持续不断地增强治理体系的集成化，进而提高体制回应性能力是我国国家治理现代化过程中的重要任务。

通过完善治理体系增强政府回应性有宏观和微观两方面的含义。从宏观上看，完善国家治理体系，破除各方面的体制机制障碍，实现各类制度的相互衔接、相互协调，形成制度合力，这本身就是对社会问题和人民需求的回应，也是增强制度包容性和体制回应性的必由之路。对公民需求和社会问题进行制度化回应是政府回应性的根本性举措，也是宏观上国家与社会及个人关系演进的必然要求。2011年，在基本政治体制的框架确立超过60年之际，我国宣称中国特色的法律体系已经基本建立，这其实宣告了我国的基本治理体系已经建立。2017年，经过全面深化改革出台的1500多条改革举措的推进，制度更加完善，国家治理体系现代化水平明显提高。2019年，在中华人民共和国成立70周年之际，党的十九届四中全会对中国国家治理的制度优势进行了系统阐述，对制度完善路径和实现现代化进行了战略部署。从微观上看，完善专门针对政府回应性渠道的制度安排，有助于使得公民和社会对政府回应性有切实的感受。目前，中国实践了各级人民代表大会和政治协商会议（以下简称"两会"）、"内参"、执政党群众路线主题实践教育、人民来信来访（以下简称"信访"）、网络问政、听证会、民主恳谈会等公民需求和社会问题收集与回应渠道②，这些渠道都在不同程度上、不同范围内制度化了，有相关的法律法规、政府规章、操作办法，并根据情况的变化及时进行了修改调整。

二、注重执政党统领以提高回应主体能力

执政党统一领导回应主体是我国政府回应性的一个基本特点。"使命回应

---

① 〔美〕塞缪尔·P.亨廷顿：《变化社会中的政治秩序》，王冠华、刘为译，上海：上海人民出版社2008年版。
② 俞可平：《民主还是民粹——中国的民意政治》，载《南国学术》，2014年第1期，第2—24页。

性"来源于中国共产党的使命和宗旨定位，在使命驱动型政党集中统一领导下的政府回应性才可能是具有使命导向的。就公权力的持有者而言，中国的政府回应性主体具有复合特点，在执政党领导下的人大、政府、法院、检察院、监察委等机构都是国家治理体系的行动者，也都是政府回应性的主体（上述机构的机关被统称为"政治机关"的理论内涵也在于此）。因此，中国政府回应性中的政府是广义的，包括中国共产党领导下的所有国家机构。在这样的治理主体构成下，中国共产党作为执政党的回应性，与广义的政府回应性聚合在一起，形成党总揽全局下各方分工协调的统合型政府回应性。这与西方由立法机关在治理体系中占主导地位因而主导政府回应性的情况不同。

在执政党的统领下，我国政府回应主体具有多层一体特征。在中国的体制之下，不同层级的党政机构都存在"职责同构"问题，内设部门讲究对口，结果是机构设置"上下一般粗"，形成了所谓"蜂窝煤"状的纵向机构形态。其中一个重要原因就是，我国是单一制国家且将民主集中制作为党政机构的组织原则，而这个"集中"主要是以党委组织层层实施直至党中央的，即便存在"条块分割"的问题，也有执政党的地方和中央组织在相应的层级上进行"统揽"。中国的政府回应性主体当然也就具有了这种多层一体的特征，看似各层机构设置分散，实则都可以统一起来，不同层次的政府回应性的内容和方式可能有所差别，但相互之间是可以统一成一个整体的。与此不同，大多数西方治理体系中的政府回应性很少考虑回应性的层次问题，而是聚焦于中央或联邦层面的政府回应性。

在执政党的统领下，我国注重对政府回应主体的治理。也正是因为一党长期执政主导政府回应性的这一特点，我国政府回应性的另一个特点是注重对公权力回应主体的自我治理。其基本逻辑是：既然中国共产党是一切工作的领导者，那么对这种领导的监督除了来自人民外，制度化、常态化的权力监督也来自中国共产党内部设置的自我监督，中国共产党也必须进行自我治理（"全面从严治党"）。这一点与中国历史上的国家治理注重设置监察机构有关，甚至在孙中山的政治思想中也通过设置监察权为五权之一体现出来，足见相关因素强大的历史惯性。执政党的自我治理将对内部的纪律检查和对国家机构的权力监察结合起来，实际上通过领导体制实现了对国家机构及其主要成员的治理，中国共产党的政治话语通过"治党治国治军"对这一情况作了统揽性表述。事实上，在中国的政治运行中，中国共产党身兼领导、执政、治理三重角色，这与国外执政党在政府回应主体治理方面主要通过国家司法机关来进行颇为不同。

在执政党的统领下，我国注重政府回应主体能力的建设。国家治理现代化由国家治理体系现代化和国家治理能力现代化组成,国家治理现代化视域下的治理回应性也特别强调回应能力的重要性。如果空有回应的制度要求和回应的主观意愿而没有回应能力,那么政府回应性是无法从形式转变到实质的,回应性这个现代公共价值也就无法实现。治理主体的回应能力以整个国家能力为基础①,是用国家能力回应公民和社会需求与问题的能力。在"使命回应性"的导向下,中国政府回应能力的一个重要表现是注重回应性主体的自主性能力。中国共产党领导人强调,回应人民期待和改善民生"既要尽力而为又要量力而行",既要"增强人民群众的获得感",又要"引导合理预期",强调要以"发展"为前提来保障和改善民生②,防止被福利民粹主义所绑架。这与西方政府回应性理论主要集中于回应的原理和动机,而较少考虑回应主体是否有回应的能力形成了鲜明对比。

在执政党的统领下,我国注重非公权力政府回应主体的培育。所有政府回应的主导主体都应该是握有公权力的政府,如果否认这一点,政府回应性就不是一个值得认真去研究的议题。中国政府回应性的公权力主导特征更明显,但也在努力培育政府之外的社会主体参与到政府回应性过程中来。这是因为政府不可能包揽一切,而从"总体性社会"中的"全能政府"模式中脱离之后,社会的能力并未自动生长起来。特别是随着政府与市场相对分开,市场发展起来之后,社会发育的滞后带来的问题就更加凸显了:资本和市场无孔不入、公平正义的价值缺失、社会道德水准下降、信仰缺失、精神文化贫乏等。社会领域并没有卡尔·波兰尼所言的"自我保护"能力,需要国家和政府介入以提升社会的这种能力进而实现国家、社会、市场三者的相对平衡状态。这既是为了填补政府从很多社会领域退出之后留下的治理真空的必然要求,也是为了实现社会共治共享的格局和提升社会协同国家治理能力的重要举措。这一点在原因和举措上也是与西方历史和现实存在较大区别的。

三、注重解决社会问题和满足人民需求相结合

在保持实现"使命回应性"的长远目标前提下,将解决社会问题和满足人民需求相结合是我国政府回应性在回应客体与对象方面的基本特点。回应的客

---

① 关于国家能力与国家治理能力的关系,可参见张长东:《国家治理能力现代化研究——基于国家能力理论视角》,载《法学评论》,2014年第32卷第3期,第25—33页。
② 这一思路遥呼荀子在《富国》中提到的"欲恶同物,欲多则物寡,寡则必争",通过"发展"做大整个"物"的同时要引导合理预期;才能避免发展成果不够满足人民群众的"欲"而导致对成果的"争"。

体和对象往往不能分离，回应的对象需要有客体作为承载，回应某一对象，必然会回应这一对象背后的客体。社会和人民是回应的客体，问题和需求则是回应的对象，回应主体在选择回应方式和展开回应行为时往往是将前者与后者结合起来的。也正是因为上述实践上的理由，此处将回应客体和对象结合起来，在中国政府回应中的特点结合起来论述。

就人和群体的需求而言，中国政府回应客体与对象主要来自执政党的定义。中国共产党更多地将民族、人民、群众作为其回应客体，其领导下的政府受此影响也将人民和群众作为回应客体，同时从法律的角度将公民作为回应客体，但前者的定义处于绝对的话语主导地位。从长期来看，在"使命回应性"的导向下，中国共产党将实现中华民族复兴作为自己的历史使命，旨在回应中国人民对国家富强和民族振兴的期待，并就此进行了长远的战略规划。从中期来看，在强调"以人民为中心"的发展和治理取向之后，人民群众成为整个党政部门的主要回应对象，相应的回应对象是人民群众的获得感、幸福感、安全感，其政策方向也逐步从满足人民群众的基本公共服务需要发展到满足"人民日益增长的美好生活需要"。从短期来看，巩固全面建成小康社会的成果，防止返贫是政府回应性的主要对象，其更微观的对应话语则是人民群众的"急难愁盼"问题和"最关心最直接最现实"的利益问题。

就社会问题而言，其与人民的需求既密切相关又有所区别。一方面，社会问题和人民需求都随着时代的变迁而需要与时俱进的政府回应性，对二者的回应都被放在维持中国共产党执政地位的高度，二者都倡导治理与回应的对象同时作为治理回应的主体，对社会问题的治理与回应也往往将人民群众的参与和监督作为重要方式；另一方面，社会问题和人民需求存在区别。从目的来看，回应人民需求是目的，对社会问题的回应被认为最终是为了回应人民需求，人民需求和期望的满足是解决社会问题的落脚点。例如，解决贫困的社会问题最终是为了使全体人民实现小康，打击腐败、纠正冤假错案是为了回应人民对公平正义的期待，等等。从方式来看，解决社会问题较回应人民需求更强调人民参与和主体地位。官方话语多次强调要尊重人民群众作为社会治理主体的地位和首创精神，强调全社会共建共治共享，而对人民需求的回应中，党和政府的主导地位更明显，特别是一些基本公共服务的供给被认为是政府的责任。

也正是因为对社会问题的回应与对人民需求的回应既密切联系又有所不同，将二者结合起来作为政府回应的客体和对象很有必要。中国政府回应性的一个基本特点是将解决社会问题和满足人民需求相结合，坚持以人民为中心，不断"满足人民日益增长的美好生活需要"，以"为了人民"作为出发点，以"人民满意"作为落脚点。

四、注重综合运用多种回应方式增强回应性

中国政府回应方式的突出特点是强调法治思维和法治方式。这实际上是对"人治"弊害的深刻反思和对民粹主义的预防。在现代世界，即便是高度制度化的、有法治保障的成熟民主国家也不能完全杜绝民粹主义，甚至频频受到民粹主义的威胁。中国有着悠久的国家治理传统，虽然其中存在着一些关于治理行为的规范，但离现代法治还有差距。党的十八届四中全会以"推进全面依法治国"为主题从治理体系的角度对政府回应性中的法治思维和法治方式提出了新要求。

注重对碎片化政府回应性的整体性治理。中国共产党的政府回应性有一个重要特点是回应主体的统合性，这种在执政党全面统合之下各方各司其职又齐抓共管的回应方式既保证了回应的专业性又避免了各自为政导致的回应碎片化。一方面，中国共产党从总体上要求政府回应主体具备大局意识，并通过组织纪律、人事任免等权力将统筹协调的领导权牢牢抓在自己手中，确保通过执政党领导和协调来实现政府回应性的整体性；另一方面，又尽量按照权责对等的机构设置原则对相关职能进行整合，以从组织原理上尽量克服部门分割下对回应之责的推诿，既便于部门负起回应公民和社会的责任，又便于对不负责者进行问责。通过上述机制，中国政府回应性实现了部门和单位对具体事务的回应与执政党统合下对整个社会的回应相统一。这与我国强调国家治理是一种整体性集成治理，需要进行强有力的整合是相对应的，而与西方国家强调横向分权制约分别进行回应的局面存在区别。

注重运用群众路线这一方式。"使命回应性"的最重要回应方式是群众路线。群众路线是中国政治语境中民主的核心要素，群众路线有价值、作风、工作方式等方面的多层次内涵。作为价值和作风的群众路线在前文已经述及，这里主要强调作为一种回应方式的群众路线。群众路线是一种结合回应主体自主性与回应客体参与和需求表达的政府回应方式，强调回应主体主动"走出去"，离开党政机关的办公场所，到基层和人民群众中间去开展调研、了解需求、进行面对面互动。群众路线选择"群众"的原则与回应的对象和议题有关，与走出机关大院的党政官员进行面对面交流的"群众"要与回应的群体和议题密切相关，既要能实际了解到相关具体的情况，又要使这个"群众"及其需求有代表性，通过媒体报道来显示和类推政府回应性的更多类似客体与对象，这种情况下与党政官员互动的"群众"起象征作用。也就是说，作为一种回应方式的群众路线扮演着双重角色：一方面，群众路线本身是一种政府回应性手段，"走群众路线"的过程也就是回应相关少数人民群众的过程；另一方面，群众路线有增强对回应客体和对象的了解、增强政府回应的针对性的作用，帮助优化其他涉及面更大的政府回应行为。在移动互联网时代，"通过网络走群众路线"的做法越来越被重视。需要强调的是，群众路线这一回应方式的主导权在回应主体手中，因此，并不会导致民粹主义或民意涌入超过体制的传输和承载能力。

注重运用宣传教育手段。在"使命回应性"导向下，让组织成员和人民群众认识到中国共产党的使命并引导其积极参与实现使命的过程之中，这需要通过宣传教育来实现。中国政府回应强调运用宣传教育这一手段的逻辑起点在于官方回应与民间反馈之间的张力，其历史起点在于执政党的工作传统。不能否认，限于我国国民受教育程度的参差不齐，许多普通群众无法认识到真正的需求、无法理解官方的政策，也无法将自身与国家进行合理关联。执政党及其领导下的群团组织在其章程中明确的一项重要任务就是教育组织成员和相应的群众，主流媒体也都在统一领导下开展相关的宣传教育工作，几乎所有国家机关都有自己的新闻发言人、官方网站、新媒体账号等宣传教育要素。宣传教育作为一种政府回应方式，主要承担解释、引导等功能。解释功能就是把官方语言以适合普通人理解的方式进行转化，在解释中一般会特别强调政府回应了民众的切身利益和关切。引导功能就是将公民原本的回应要求及与官方回应的不明的和负面的关系进行转化，使其建立起与官方回应明确的正向关系。

此外，因为单个人或局部群体的认识是相对短浅和狭隘的，我国政府回应方式在整体上都有一个特点，那就是特别强调回应的自主性。这一特点在前文已述及的回应主体的自主性能力中也有鲜明的体现，强调需求认识引导与真实需求满足相结合，既要增强获得感，又要引导合理预期，确保回应方式选择的主动权在回应主体手中。

五、注重因应治理回应性的多维时空特征

我国正处在总体现代化的进程之中，在全球化、市场化、城市化和信息化等多重因素的叠加影响下，我国国家治理面临前现代、现代和后现代等多个时空语境。我国国家治理有非常长的前现代传统，基于此，许多因素依然在潜移默化地影响着当前的国家治理，中国古代王朝治理史形成的相关经验、中国共产党在革命和建设年代形成的传统都在不同程度上对国家治理主客体产生影响。我国面临国家治理现代化的任务，要建立起符合现代性要求的理性国家治理体系，也就要破除一些影响这一任务完成的前现代因素。特别是，我国民主和治理现代化两个进程叠加在一起①，国家治理现代化呈现出不同于西方的"时空压缩"特征，要用几十年时间实现西方几个世纪完成的现代化目标。② 这种传统治理历史长久的国家在求取现代性的过程中，不可避免地面对国家权力控制和现代性要求国家与社会相对分离之间的张力，即由所谓的"总体性诉求与现代性诉求"③组成的双重诉求之间的矛盾。不仅如此，西方流行多年的后现代思潮在全球化时代也被输入国内，难免对官方和民间产生影响。后现代化思潮源于对现代思潮的反思，这导致我国许多还未实现的国家治理现代性（如理性官僚制）已经受到了一些人的批判。关于合作治理、公共政策对话执行的倡导实际上消弭了回应性而投向西方治理理论的后现代怀抱。

与上述情况相应，我国国家治理回应性也存在多维时空，中国面临体制回应性、政策回应性、技术回应性叠加同步、全面推进的多维时空语境。"使命回应性"意味着实现使命以回应人民和民族的长远性、艰巨性，也暗含了在过去、现在和将来之间的有机接续。在多维时空之维中，中国政府回应性既要进行制度补课，通过体制机制变革去实现治理体系的弹性化和包容能力，也要逐步消除人治和随意性，通过决策的科学化、民主化和法治化去实现政策回应性的现代化，还要通过跟上信息技术、网络技术、数据技术等前沿技术的步伐，回应上述技术对公民和社会赋权后对政府行为倒逼效应。在多维时空下，我国政府回应性的策略在于：长期而言，坚持现代化目标任务不动摇，通过逐步改革优化体制，增强治理体系的弹性和制度化，回应公民需求和社会变迁中问题的能力；中期而言，以决策科学化、民主化、规范化来优化通过政策回应日常国家治理中的需求和问题；短期而言，及时采用新技术以提高政府回应性需要的民意收集和处理能力，弥补制度和政策的不足，并作为改进治理体系和政策的重要依据。

---

① 高全喜：《转型时期国家治理体系和治理能力的现代化建设》，载《学海》，2016 年第 5 期，第 8 页。
② 西方国家的现代化进程大致是按照民族—国家确立的阶段（政治权力集中）、经济建设阶段（生产可分享的物质资料）、参政与权力分享阶段、福利分享等几个阶段，而这几个阶段基本上是渐次有序展开的。参见〔美〕加布里埃尔·A. 阿尔蒙德，小 G. 宾厄姆·鲍威尔：《比较政治学，体系、过程和政策》，曹沛霖等译，上海：上海译文出版社 1987 年版，第 421—422 页。这几个阶段基本将前文所述西方政府回应性变迁的基本历程的内在逻辑是相一致的，都体现了较为明显的分步特征，每个阶段主要完成一项任务，为政治发展的有条不紊特征提供了保证。
③ 何艳玲：《理顺关系与国家治理结构的塑造》，载《中国社会科学》，2018 年第 2 期，第 26—47 页。

第二节 对标国家治理现代化完善我国政府回应性的战略路径

国家治理现代化视域下的政府回应性应该是与国家治理高度融合在一起的。完善我国政府回应性的战略目标应该是使其与国家治理现代化的要求相适应，符合民主、法治和公平正义的价值要求，实现理性化、制度化、规范化，存在完善的关于政府回应的制度约束，政府应该具备回应社会的能力，社会能参与治理回应过程且从政府回应中切实寻求获得感。为了实现上述目标，有必要从政府回应性的增量积累、公民权利的保障、后现代挑战的应对等方面寻求完善我国政府回应性的战略路径。

一、通过积累增量实现有效性与合法性的统一

合法性和有效性是认识国家治理的两个基本维度，也是衡量政府回应性的两个基本维度。改革开放以来，我国政治发展的主要战略是在积累有效性的过程中提升合法性①，保证政治在改革和发展中的持续有效性，并在此过程中不断调整政治以累积持续合法性增量，进而实现政治稳定与政治发展。在我国经济由高速增长转变到高质量发展阶段和执政党部署全面深化改革的背景下，对持续有效性和增量合法性的追求更加明确，对有效性的追求面临转向，对合法性的追求更加体系化，力求以"稳中求进"实现有效性与合法性的统一。在这样的整体性政治发展战略之下，我国政府回应性完善的战略路径也相应地要追求有效性与合法性的统一。

对于增强有效性而言，应该以基层回应、网络回应和民生回应为重点。这三者分别是就政府回应主体层次、渠道方式和对象而言的。就政府回应主体层次而言，虽然我国党政体系采用的是民主集中制原则下的"职责同构"形式，

---

① 林尚立：《在有效性中累积合法性：中国政治发展的路径选择》，载《复旦学报》（社会科学版），2009年第2期，第46—54页；唐爱军：《在有效性中提升合法性——中国共产党意识形态的建构路径》，载《天津社会科学》，2016年第4期，第59—64页。俞可平教授的"增量民主论"与累积合法性的观点有相通之处，但主要是从民主角度进行的政治发展解读，参见俞可平：《增量政治改革与社会主义政治文明建设》，载《公共管理学报》，2004年第1期，第8—14页。

但不同层级政府的回应性侧重点是有区别的。基层政府是直接与民众进行日常回应和互动的政府层级，是官方话语中所谓打通"联系群众的最后一公里"的关键，因此，在做出具体服务和回应时扮演了代表作为整体政府的角色，在事实上也是将整个治理体系及其中上层对公民和社会的回应传递到公民与社会的出口，承担着大部分对公民的回应职能。基层回应性强弱影响回应客体对整个治理体系回应性大小的感知。因此，增强基层政府回应性是增强政府回应有效性的重要着力点。不仅如此，也正是鉴于基层政府作为整个治理体系与公民和社会直接接触的结合点，以基层回应为重点的策略还能对基本治理体系保持稳定和实施改良起到缓冲带与传感器的作用。

就政府回应渠道方式而言，越来越多公民和社会就具体事项提出的询问、建议、投诉监督等更多通过网络平台展开，治理体系对公民和社会的回应也更多通过网络进行。随着移动互联网的深入发展，网络越来越成为我国公民参与政治和公共事务治理的最重要渠道。也正是网络上形象具体的"公民提问—政府回应"互动行为使得"回应"这个词在互联网时代被频繁使用。政府上网回应公民和社会关切已经成为我国国家治理的经常性工作，政府在互联网上及时回应社情民意，对于缓解我国制度化政府回应渠道不足具有重要的意义。不仅如此，政府在网络上的"回应"不是简单地"回复"网民，不仅是简单的问答游戏和舆情引导，而且是整个治理体系回应性的一个出口和反过来从制度层面改进治理体系回应性的一个有效机制。

就政府回应对象而言，民生依然是先锋队政党领导下政府回应的重点。在一定时期内，以民生为基本导向是我国政治发展的合理战略①，政府回应性也应以回应民生为基本导向。民生是重要的公民权利，是社会稳定的重要依托，是政权合法性的重要来源。回应民生既符合我国当前经济社会发展所处的阶段和面临的任务，也符合先锋队政党的"共享"发展理念和中国民本主义思想传统。随着我国经济的转型和国民收入的提高，民生需求的结构也由基本民生需求升级到与美好生活配套的高质量民生需求，政府须对此作出与时俱进的回应。特别是，在2020年全面建成小康社会之后，高质量的公共服务将成为中国公民和社会对中国政府回应性的普遍需求，构建促进分配公平正义的制度和政策将成为对政府回应性的必然要求。

在追求有效性持续增加的同时，也必须不断主动增加政府回应性的合法性。

---

① 陈明明：《以民生政治为基本导向的政治发展战略》，载《江苏社会科学》，2012年第2期，第129—133页。

关于合法性概念存在颇多纷争,合法性实际上是一个将正义性、有效性、人民性和合法律性等都包含在内的概念体系,位列其中的有效性是不同理论流派关于合法性概念的最大公约数①。也就是说,积累有效性本身也是在积累合法性。特别是在现代国家越来越多地介入社会经济领域的情况下,关于"价值权威性分配"②的政治观,更强调政府在助推经济发展、为公民提供更多服务方面的有效性。在马克斯·韦伯关于合法性的三个经典来源——传统、个人魅力和法理——之外,"社会幸福主义"成为合法性的第四个来源,其特点是"国家寻求通过统治法令合法地帮助经济制度给消费者生产出日益增加的商品和公共设施"③。这本质上是说,有效性成了合法性的一个来源。但是没有任何政府能保证在所有时候所有方面都具有有效性,政府回应性的增强还必须同时从合法性的其他方面进行④。因此,中国政府除了坚持持续有效地回应人民外,还要在执政党的领导下加强其他方面的合法性,特别是政府回应性的价值合法性和程序合法性。

就政府回应价值而言,其在宏观上对应的是执政党一直追求的意识形态合法性。中国共产党的先锋队政党定位要求其在先进性和纯洁性方面要有高度自律,履行其"为人民服务"的宗旨和"以人民为中心"的发展观。要结合作为整合性代表的党组织和作为人大代表的党员个人,充分利用这种双重代表的优势对人民和社会进行回应。在国家治理现代化的价值追求中,要切实承认民主、法治、公平正义等价值,并将其作为本体性价值追求而不是工具性价值。我国目前处在经济社会转型的关键时期,中国公民和社会的价值需求逐步凸显出来,中国共产党十九大报告也认识到了"人民需要日益广泛",并将民主、法治、公

---

① 关于合法性概念的争论超出了本书的任务,此处的综合性观点来自其他学者的分析总结。参见杨光斌:《合法性概念的滥用与重述》,载《政治学研究》,2016年第2期,第2—19页。
② 〔美〕戴维·伊斯顿:《政治体系》,马清槐译,北京:商务印书馆1993年版,第122—135页。
③ 〔美〕贾恩弗兰德·波齐:《近代国家的发展——社会学导论》,沈汉译,北京:商务印书馆1997年版,第130页。
④ 除了上述杨光斌的观点外,赵鼎新也认为,国家合法性除了来源于政府绩效,还来源于意识形态和程序。参见赵鼎新:《国家合法性和国家社会关系》,载《学术月刊》,2016年48卷第8期,第166—178页。有外国学者认为,中国共产党的合法性来源于多方面,包括经济增长、地方政治改革、提供公共服务、对民族主义和儒家思想等政治价值的运用、精英笼络等,这种观点本质上也是将绩效合法性和意识形态合法性作为合法性的组成部分。参见 B. Dickson, *The Dictator's Dilemma: the Chinese Communist Party's Strategy for Survival*, Oxford: Oxford University Press, 2016。

平正义纳入其中，也就是说，政府回应的"需求侧"已经渐趋形成价值需求和民生需求并驾齐驱、交互影响的格局。这就要求政府对回应对象做出重大调整，在回应民生的同时回应价值，实现回应有效性与合法性的有机结合。就程序合法性而言，其实质是形式合法性，在一定程度上体现为合法律性，主要是实现政府回应的制度化、程序化、规范化。要通过优化政社关系增强体制回应性，增强体制的弹性，实现治理体系现代化；要通过从制度层面构建服务型政府增强制度回应性；要优化公共决策程序，实现决策理性化、规范化和法治化。

综上所述，既要在政府回应性的有效性追求中逐步完善合法性，又要集成政府回应性的合法性方面的增量，以逐步缩小与国家治理现代化要求之间的差距，从累积工具价值逐步到本体性价值，以量变促质变，实现有效性与合法性、工具理性和价值理性的统一。

二、通过彻底转变观念善处现代与后现代的关系

中国拥有超长的前现代历史和压缩的现代化进程。在全球化、城市化、市场化和信息化等因素的交叠影响下，当前，我国国家治理的主要目标是走出前现代化而迈向现代化，同时也不可能对后现代性视而不见。在国家治理的多维时空中，我国政府回应性既要顺应国家治理现代化的需要，又要应对后现代的挑战。就传统与现代而言，我国已经基本渡过了现代化启动阶段那种对传统整体性的大否定阶段，进入了现代化整合阶段，主要任务是为满足现代化的需要而对传统进行分解性再估价和选择性传承[1]，也是官方所谓对传统的创造性转化和创新性发展。就现代与后现代而言，虽然目前我国的国家治理理念中已经有少部分与西方的后现代治理理念相通（如强调社会共治），但其主要目标是实现国家治理体系和能力的现代化，"体系"这一词本身就包含着强烈的理性、科学、技术主义、整体性等现代性内涵，也就是说，这些治理理念其实只是强调公民和社会对政府回应的参与，其主基调还是依然强调主客体分离并在相当程度上排斥"他者"。

后现代性与现代性在很多方面存在鲜明对立，反对官僚制行政，拒斥元叙事，强调想象、解构、他在性、非地域性。[2] 为了缓解公共行政与民主之间的紧张关系，有持后现代观点学者借鉴哈贝马斯等的"公共"概念，结合使用物

---

[1] 关于现代化启动阶段和整合阶段的观点参照了罗荣渠：《东亚崛起对现代化理论的挑战》，载《二十一世纪》，1992年第5期，第152页。

[2] 〔美〕法默尔：《公共行政的语言》，吴琼译，北京：中国人民大学出版社2005年版。

理学中的场论和现象学为提出了"场"——作用于情景的力的复合,其中存在多种目标和意图——用以取代哈贝马斯的"领域"概念,进而提出了"公共能量场"的概念,参与到能量场中的人是平等的,按照真诚、愿意参与、意向符合情景和有实质性贡献等规则展开对话,公共政策就是通过这种公共能量场制定。①"公共能量场"更多的是一种话语畅想,其能否从根本上真正解决公共行政与民主之间的张力问题是值得怀疑的。此外,公共能量场概念要处理的问题是高度西方化的。对于中国而言,公共行政官僚制在其日常运转中本身就是一个能量场,正式组织中的非正式关系也是一种能量场,特别是在中国这样的"人情社会",这一能量场在传统社会发挥着显著作用,是先于现代理性官僚制的,而"公共能量场"的概念是后现代的,其适用性和实用性都存在疑问。

通过上述简单分析不难看出,我国治理回应性的现代化趋向与西方后现代理念存在颇多龃龉,是不同的"时态"和"语态"。但我们也不能对西方曾经面临且今天依然难以脱离的"现代性危机"② 视而不见,而是要正视这些危机,在实现治理体系和治理回应主客体关系理性化的基础上,适当"超前"借用后现代理念来完善治理回应性的现代性。治理回应性的主体要用治理理念取代管治理念,在保持政府主导的情况下软化主客体的关系,给予回应客体更多更深层的参与机会,具体可以从以下三个理念转变入手:一是从被动到主动。不少学者认为,在制度的建设与探索阶段,中国的治理是按照"刺激—反应"逻辑进行的,没有形成自己的模式。③ 这就是说,回应性建立在社会的反馈之上。被动的政府回应会导致治理体系缺乏价值支撑和制度保障,治理行为趋于碎片化,进而妨碍治理能力的提升。在国家治理体系和治理能力现代化的制度化框架内,政府要主动搜集、发现和整合需求与民意,扩大政府回应的自主性,并借助执政党作为使命驱动型的先锋队优势,在执政党的领航下给回应性注入前瞻性成分,全面增强体制、政策和行为的回应性。二是从单方回应到对话合作。多层次的民主参与被认为是后现代的特征之一,合作治理也被认为是与后现代

---

① 〔美〕查尔斯·J. 福克斯,休·T. 米勒:《后现代公共行政:话语指向》,楚艳红、曹沁颖、吴巧林译,北京:中国人民大学出版社2012年版。
② 现代性会失控而导致一系列相伴的恶果,如现代性极致理性导致的大屠杀似的恶(〔英〕齐格蒙·鲍曼:《现代性与大屠杀》,杨渝东、史建华译,南京:译林出版社2002年版),技术理性的道德中立导致人的异化,风险社会(〔德〕乌尔里希·贝克:《风险社会》,何博闻译,南京:译林出版社2004年版),未预期的后果、社会知识的反思性或循环性、设计错误和操作失误等导致的不确定性(〔英〕安东尼·吉登斯:《现代性的后果》,田禾译,南京:译林出版社2000年版),等等。
③ 张静:《反应性理政》,载《经济社会体制比较》,2010年第6期,第108—111页。

社会相应的治理模式。在政府回应性中嵌入对话合作机制，强调多元主体对政府回应过程的参与，调动回应客体在回应过程中的能动性，有利于提高政府回应性的民主程度、合法性，提高政府回应系统的敏感性和运行效果。三是从工具理性到价值理性。工具理性是现代社会的重要特征之一。但现代社会陷入了将工具当成目的的困境，导致人被物化和异化，找回伦理价值、恢复人道主义就成了后现代社会的主要任务之一。在政府回应性中嵌入并坚持公平正义的伦理维度，强调人在政府回应性中的本体价值，严控技术理性的反人类滥用。在我国政府回应性实践中，已提前将生态环境作为回应对象纳入其中，推动协商民主广泛多层制度化发展，强调社会共建共治共享，强调以人民为中心发展，等等，都可视为是在提前避免西方社会经历的现代性危机。

第六章

本书的结论与未来研究展望

从哲学观点来看,回应性是两个具有不同属性的实体之间的一种关系。就政府回应性而言,这种关系就是政府与公民和社会的关系,具有伦理性,有政治哲学价值。实体与关系相互交织、相互规定和相互建构,政府与公民及其之间的回应性关系同样如此。特别是在信息时代和后工业社会,单方面的强制与行动已经很难符合社会治理的现实要求,互动与共治成为必然选择,双方实体在关系中进行互构,政府在与社会和公民的回应关系中重新定位了自己。但在基本定位上,政府回应性还是作为一种现代公共价值而存在的。无论中国或西方,也无论采用何种民主形式,政府回应性都是基于现代民主的要求而存在的。

回应性是公共行政的一个关注焦点,但其晦涩不明的特性导致相关的系统经验研究很困难①。即便如此,我们还是可以从现有的文献中看出,政府回应性得到了政治学和行政学研究的广泛关注。西方对政府回应性的研究起步较早,主要集中在政治学中的民主回应性研究和行政学中的行政回应性研究,其逻辑出发点是"政府回应性是代议制民主形式上的要求",本质上是一种"政体回应性"观点,但其研究的角度相对比较分散,且主要是从民主与代表的角度研究政府回应性或者是在研究其他话题时涉及政府回应性,没有形成一个统一的有解释力的理论。中国的政府回应性研究起步较晚,主要从宏观上论证政府回应的必要性和微观上分析政府回应性的改进技术方法,缺少依据我国制度和政策分析其逻辑的理论尝试。鉴于上述状况,对照中国政府具有很强回应性的现实,迫切需要一个能解释中国政府回应性的理论,这是本书研究的意义和出发点。

本书首先构建了一个基于政治与行政二分法视域的政府回应性分析框架,从政治、行政、社会的三维关系出发分析政府回应性,这是因为政府回应性理论首先在西方兴起,其研究理路和逻辑展开在一定程度上是基于政治与行政二分法的。在此基础上,本书将政府回应的原因、主体、客体、对象和方法等作

---

① K. Yang, "Responsiveness in Network Governance: Revisiting a Fundamental Concept: Symposium IntroductioN", *Public Performance & Management Review*, Vol. 31, No. 2, 2007, p. 134.

为政府回应性分析的五个具体维度，并与前述三维结构结合形成一个整合性的分析框架，作为分析西方政府回应性理论的框架参照。

西方政府回应性变迁的宏观历程主要经过了建构民族国家以回应人民主权的要求、确立有选举权限制的代议民主制为回应体制、通过逐步解除选举权限制实现对公民的选举回应、行政权扩大后对行政回应性的强调等几个阶段，最终确立起基于代议民主制的"政体回应性"。西方的自由民主理论、参与民主理论、协商民主理论、政治沟通理论和政治代表理论等从政治学的角度解析了政府回应性的理论逻辑。政治与行政二分法、组织开放系统论、新公共行政学、代议官僚制、新公共管理、新公共服务、治理理论、公共服务动机理论等是从行政学角度解析政府回应性的代表性理论。总体而言，现有西方政府回应性理论显得碎片化，寄生而缺乏独立性，是基于代议制民主政体的"政体回应性"理论。"政体回应性"下的相关理论面临诸多困境，如关于政体的形式论证与回应性的实质指向之间的悖论，西方民主体制下用回应性证明行政合法性的困境，公共价值阙如的困境，西方体制中心论的困境，等等。困境重重、碎片化的西方政府回应性理论也只能将非西方代议制民主政府的回应性视为"异类"加以对待。"政体回应性"理论的逻辑困境构成了追求政府回应性理论创新的一个必要性。

中国政府回应性的实践与理论逻辑都不同于西方。在实践上，中国的政府回应性在时代变迁中不断完善和发展。理论上，中国政府回应性是使命驱动型执政党统领下的政府回应性，具体表现为政府回应性是"政党—国家—社会"三元关系下的统合回应性、人民民主政治制度下的制度回应性、先锋队政党逻辑下的执政党回应性、政府转型逻辑与服务型政府的回应性等方面的结合。中国政府回应性最本质的理论逻辑体现在先锋队执政党逻辑下以先锋队的代表角色作为回应性的要求、以群众路线为回应方式、以民生主义作为回应对象，是一种"使命回应性"。"使命回应性"的特殊逻辑及其完善是需要理论支撑的，也是西方"政体回应性"麾下的理论无法解释的。那些理论认为，只有西方代议制民主政体下的政府有回应性，只是简单以"威权主义"为非西方代议制民主国家的政府贴标签。中国"使命回应性"需要理论支撑以与西方"政体回应性"进行对话构成了追求政府回应性理论创新的又一个必要性。

国家治理现代化的话语则为我们重新思考政府回应性和突破西方政府回应性理论的狭隘性去构建一个一般性的政府回应性理论提供了契机。仔细分析之后不难看出，"国家治理现代化"是我国作为后发现代化国家的重大理论话语创新，这一提法兼顾了人类文明中国家治理普遍存在的事实和中国国家治理的独特性与阶段性特征，在尊重人类政治发展通则的基础上形成了可与西方进行对话的话语，提供了中国政治学和公共行政学进行理论创新的契机，具有重要理论意义。"国家治理现代化"体现了我国坚持自身政治发展道路下的"存异求同"策略，用较具普适性的国家治理体系和治理能力的"两分法"取代了具有明显西方"政体回应性"烙印的政治与行政二分法，与其相应的民主也是具有普适性的实质导向的"治理民主"，而非具有明显西方本位的"代议民主"。

国家治理现代化视域的政府回应性理论应是一种治理回应性理论，其强调政府回应性是一种现代公共价值，认为回应和治理是现代国家与社会之间最重要的两种常态化关系，这一点受到民主这一遍布在现代国家与社会关系之间核心价值的强力支撑。基于上述分析，本书尝试以民主和法治为价值出发点，以"治理体系及行动者—回应与治理—需求与问题—公民与社会"的分析思路来构建治理回应性理论。治理回应性理论依然以回答政府回应性的五个一般性维度对应的问题为目标，但它抛弃了政治、行政与社会的三维分析框架，代之以治理体系及行动者与公民和社会的关系，并将治理能力体现在治理回应的过程之中，治理回应性理论是一个一般性的政府回应性理论。治理在本质上是一种社会契约。① 在消费社会，商业契约日盛，而社会契约已被束之高阁。② 治理回应性主张回到治理作为公共契约的本质，重建政府与公民之间的社会契约，最终实现治理价值和治理技术的完美结合，实现政府对人民的持续性、制度化的实质性回应。

中国的"代表型民主"能很好地回应社会需求。③ 以国家治理现代化视域下的治理回应性为视角，在"使命回应性"的宏观驱动下，我国政府回应性在政府回应性的五个维度上均有自己的特点，强调"以人民为中心"，是一种处在多维时空下执政党领导的注重完善治理体系、培养多主体回应能力、综合运用多种回应方式的政府回应性。但不可否认的是，我国政府回应性与国家治理现代化的要求还存在较大差距，这些差距在理论上可以概括为回应性价值的工具性大于本体性、回应客体的权利意识与责任能力不匹配、回应方式的制度化与公民视角的双重缺失。要完善我国政府回应性，可以通过积累增量实现有效性与合法性的统一、通过双重制度化促进回应自主性与公民权利的和谐、通过彻

---

① 郭苏建：《中国国家治理现代化视角下的社会治理模式转型》，载《学海》，2016年第4期，第16—20页。
② 〔法〕皮埃尔·卡蓝默：《破碎的民主：试论治理的革命》，高凌瀚译，北京：生活·读书·新知三联书店2005年版，第96页。
③ 王绍光：《中国·政道》，北京：中国人民大学出版社2014年版，第183—220页。

底转变观念善处现代性与后现代性的关系等战略来实现。在具体路径上，完善我国政府回应性，要在坚持民主、法治、公平正义原则的前提下，通过创造性转化实现政治文化现代化，通过制度建设实现先锋队使命现代化和制度化，通过明晰利益相关者实现决策科学化、制度化，通过法治与民主并举实现行政现代化，通过培育公民和社会力量实现回应输入现代化，通过渠道增扩实现政治沟通现代化。

  当然，本书的研究还仅仅是初步的，旨在借助国家治理现代化这一视角从理论上理解一般的政府回应性，进而理解中国政府的"使命回应性"逻辑，对实践和理论的处理也因为"功利"的需要而显得相当简略与有选择性，其中难免存在偏颇。此外，影响政府回应性的关键因素和关于我国政府回应性的很多问题（例如，政府回应性将走向何方？政府回应性这个概念的命运会如何？政府回应性在服务型政府建构中处于什么地位？面对信息技术等新技术的冲击，政府回应性会如何演变？）还有待进一步探讨，有待未来的研究去完成。

参考文献

一、中文参考文献
（一）中文译作

〔1〕陈炳辉：《西方民主理论：古典与现代》，北京：中国社会科学出版社2016年版。

〔2〕邓小平：《邓小平文选》（第2卷），北京：人民出版社1994年版。

〔3〕丁煌：《西方行政学说史》，武汉：武汉大学出版社2004年版。

〔4〕丁则民：《美国内战与镀金时代》，北京：人民出版社1990年版。

〔5〕董礼胜：《西方公共行政学理论评析：工具理性与价值理性的分野与整合》，北京：社会科学文献出版社2015年版。

〔6〕何艳玲：《公共行政学史》，北京：中国人民大学出版社2018年版。

〔7〕胡锦涛：《高举中国特色社会主义伟大旗帜 为夺取全面建设小康社会新胜利而奋斗——在中国共产党第十七次全国代表大会上的报告》，北京：人民出版社2007年版。

〔8〕胡伟：《政府过程》，杭州：浙江人民出版社1998年版。

〔9〕姜晓萍主编：《建设服务型政府与完善地方公共服务体系》，北京：中央编译出版社2015年版。

〔10〕景跃进、陈明明、肖滨主编：《当代中国政府与政治》，北京：中国人民大学出版社2016年版。

〔11〕景跃进、张小劲、余逊达主编：《理解中国政治——关键词的方法》，北京：中国社会科学出版社2012年版。

〔12〕孔繁斌：《公共性的再生产：多中心治理的合作机制建构》，南京：江苏人民出版社2008年版。

〔13〕李君如主编：《中国共产党历次全国代表大会研究》，上海：东方出版中心2007年版。

〔14〕李伟权：《政府回应论》，北京：中国社会科学出版社2005年版。

［15］林尚立：《建构民主——中国的理论、战略与议程》，上海：复旦大学出版社 2012 年版。

［16］林尚立：《论人民民主》，上海：上海人民出版社 2016 年版。

［17］林尚立：《当代中国政治：基础与发展》，北京：中国大百科全书出版社 2016 年版。

［18］刘绪贻、韩铁、李存训：《战后美国史：1945—2000》，北京：人民出版社 2002 年版。

［19］刘绪贻、李存训：《美国通史》（第 5 卷），北京：人民出版社 2002 年版。

［20］卢坤建、苗月霞：《回应型政府建设的理论与实践》，广州：中山大学出版社 2011 年版。

［21］彭和平、竹立家等编译：《国外公共行政理论精选》，北京：中共中央党校出版社 1997 年版。

［22］彭文贤：《行政生态学》，台北：三民书局 1988 年版。

［23］孙中山：《孙中山选集》，北京：人民出版社 2011 年版。

［24］佟德志：《在民主与法治之间：西方政治文明的二元结构及其内在矛盾》，北京：人民出版社 2006 年版。

［25］王长江主编：《党政关系研究》，北京：中共中央党校出版社 2015 年版。

［26］王贵秀：《论民主和民主集中制》，北京：中国社会科学出版社 1995 年版。

［27］王沪宁：《比较政治分析》，上海：上海人民出版社 1987 年版。

［28］王浦劬主编：《政治学基础》，北京：北京大学出版社 2006 年版。

［29］王绍光：《民主四讲》，北京：生活·读书·新知三联书店 2008 年版。

［30］王绍光：《中国·政道》，北京：中国人民大学出版社 2014 年版。

［31］王绍光、樊鹏：《中国式共识型决策："开门"与"磨合"》，北京：中国人民大学出版社 2013 年版。

［32］武玉英：《变革社会中的公共行政：前瞻性行政研究》，北京：北京大学出版社 2005 年版。

［33］习近平：《习近平谈治国理政》（第 1 卷），北京：外文出版社 2018 年版。

［34］习近平：《习近平谈治国理政》（第 2 卷），北京：外文出版社 2017 年版。

［35］习近平：《决胜全面建成小康社会夺取新时代中国特色社会主义伟大

胜利——在中国共产党第十九次全国代表大会上的报告》，北京：人民出版社2017年版。

〔36〕萧功秦：《中国的大转型：从发展政治学看中国变革》，北京：新星出版社2008年版。

〔37〕萧公权：《中国政治思想史》，北京：商务印书馆2011年版。

〔38〕谢岳：《当代中国政治沟通》，上海：上海人民出版社2006年版。

〔39〕燕继荣：《政治学十五讲》，北京：北京大学出版社2004年版。

〔40〕闫帅：《回应性政治发展——中国从发展型政府到服务型政府的转型观察》，北京：中国社会科学出版社2015年版。

〔41〕应奇编：《代表理论与代议民主》，长春：吉林出版集团有限责任公司2008年版。

〔42〕俞可平：《社群主义》，北京：中国社会科学出版社1998年版。

〔43〕俞可平：《论国家治理现代化》，北京：社会科学文献出版社2014年版。

〔44〕俞可平主编：《治理与善治》，北京：社会科学文献出版社2000年版。

〔45〕余志森主编：《美国通史》（第4卷），北京：人民出版社2002年版。

〔46〕张飞岸：《被自由消解的民主：民主化的现实困境与理论反思》，北京：中国社会科学出版社2015年版。

〔47〕张贤明：《论政治责任：民主理论的一个视角》，长春：吉林大学出版社2000年版。

〔48〕周光辉：《论公共权力的合法性》，长春：吉林出版集团有限责任公司2008年版。

〔49〕中共中央文献研究室编：《十八大以来重要文献选编》（上），北京：中央文献出版社2014年版。

〔50〕朱光磊：《当代中国政府过程》，天津：天津人民出版社2008年版。

（二）中文译著

〔1〕〔英〕埃德蒙·柏克：《自由与传统：柏克政治论文选》，蒋庆、王瑞昌、王天成译，北京：商务印书馆2001年版。

〔2〕〔英〕安东尼·吉登斯：《民族—国家与暴力》，胡宗泽等译，北京：生活·读书·新知三联书店1998年版。

〔3〕〔美〕本杰明·巴伯：《强势民主》（第2版），彭斌、吴润洲译，长春：吉林人民出版社2006年版。

〔4〕〔美〕查尔斯·J.福克斯、休·J.米勒：《后现代公共行政：话语指

向》，楚艳红、曹泌颖、吴巧林译，北京：中国人民大学出版社2002年版。

〔5〕〔美〕戴维·奥斯本、特德·盖布勒：《改革政府：企业精神如何改革着公营部门》，上海市政协编译组、东方编译所编译，上海：上海译文出版社1996年版。

〔6〕〔美〕戴维·H. 罗森布鲁姆、罗伯特·S. 克拉夫丘克：《公共行政学：管理、政治和法律的途径》（第5版），张成福等译，北京：中国人民大学出版社2002年年版。

〔7〕〔英〕戴维·赫尔德：《民主的模式》，燕继荣等译，北京：中央编译出版社2008年版。

〔8〕〔美〕戴维·伊斯顿：《政治生活的系统分析》，王浦劬等译，北京：华夏出版社1999年版。

〔9〕〔美〕德怀特·沃尔多：《行政国家：美国公共行政的政治理论研究》，颜昌武译，北京：中央编译出版社2017年版。

〔10〕〔德〕斐迪南·滕尼斯：《共同体与社会》，林荣远译，北京：商务印书馆1999年版。

〔11〕〔美〕冯·贝塔朗菲：《一般系统论：基础、发展和应用》，林康义、魏宏森等译，北京：清华大学出版社1987年版。

〔12〕〔美〕弗兰克·古德诺：《政治与行政：政府之研究》，丰俊功译，北京：北京大学出版社2012年版。

〔13〕〔美〕盖伊·彼得斯：《政府未来的治理模式》，吴爱明、夏宏图译，北京：中国人民大学出版社2001年版。

〔14〕〔美〕格罗弗·斯塔林：《公共部门管理》，陈宪等译，上海：上海译文出版社2003年版。

〔15〕〔美〕哈罗德·D. 拉斯韦尔：《政治学：谁得到什么？何时和如何得到？》，杨昌裕译，北京：商务印书馆2009年版。

〔16〕〔美〕海尔·G. 瑞尼：《理解和管理公共组织》，王孙禺、达飞译，北京：清华大学出版社2005年版。

〔17〕〔德〕韩博天：《红天鹅：中国非常规决策过程》，石磊译，香港：香港中文大学出版社2018年版。

〔18〕〔美〕汉密尔顿、杰伊、麦迪逊：《联邦党人文集》，程逢如、在汉、舒逊译，北京：商务印书馆1980年版。

〔19〕〔美〕汉娜·费尼切尔·皮特金：《代表的概念》，唐海华译，长春：吉林出版集团有限责任公司2014年版。

〔20〕〔英〕亨利·梅因：《古代法》，沈景一译，北京：商务印书馆1996

年版。

〔21〕〔美〕卡罗尔·佩特曼：《参与和民主理论》，陈尧译，上海：上海人民出版社 2006 年版。

〔22〕〔英〕凯特·纳什、阿兰·斯科特主编：《布来克维尔政治社会学指南》，李雪、吴玉鑫、赵蔚译，杭州：浙江人民出版社 2007 年版。

〔23〕〔美〕克里斯·阿吉里斯、唐纳德·A. 舍恩：《实践理论：提高专业效能》，邢清清、赵宁宁译，北京：教育科学出版社 2008 年版。

〔24〕〔美〕孔飞力：《中国现代国家的起源》，陈兼、陈之宏译，香港：香港中文大学出版社 2014 年版。

〔25〕〔美〕拉尔夫·P. 赫梅尔：《官僚经验：后现代主义的挑战》（第 5 版），韩红译，北京：中国人民大学出版社 2013 年版。

〔26〕〔美〕拉里·戴蒙德、理查德·冈瑟主编：《政党与民主》，徐琳译，上海：上海人民出版社 2012 年版。

〔27〕〔美〕李侃如：《治理中国：从革命到改革》，胡国成、赵梅译，北京：中国社会科学出版社 2010 年版。

〔28〕〔法〕卢梭：《社会契约论》，何兆武译，北京：商务印书馆 2003 年版。

〔29〕〔美〕罗伯特·达尔：《民主理论的前言》，顾昕、朱丹译，北京：生活·读书·新知三联书店 1999 年版。

〔30〕〔美〕罗伯特·达尔：《民主及其批评者》，曹海军、佟德志译，长春：吉林人民出版社 2006 年版。

〔31〕〔美〕罗伯特·达尔：《多头政体：参与和反对》，谭君久、刘惠荣译，北京：商务印书馆 2003 年版。

〔32〕〔德〕马克斯·韦伯：《经济与社会》，阎克文译，上海：上海人民出版社 2010 年版。

〔33〕〔美〕麦克尔·巴泽雷：《突破官僚制：政府管理的新愿景》，孔宪遂等译，北京：中国人民大学出版社 2002 年版。

〔34〕〔美〕麦克斯怀特：《公共行政的合法性：一种话语分析》，吴琼译，北京：中国人民大学出版社 2002 年版。

〔35〕〔美〕曼纽尔·卡斯特：《网络社会的崛起》，夏铸九、王志弘等译，北京：社会科学文献出版社 2006 年版。

〔36〕〔英〕密尔：《代议制政府》，汪瑄译，北京：商务印书馆 1982 年版。

〔37〕〔美〕尼古拉·尼葛洛庞帝：《数字化生存》，胡泳、范海燕译，北京：电子工业出版社 2017 年版。

[38]〔澳〕欧文·E.休斯:《公共管理导论》(第3版),张成福等译,北京:中国人民大学出版社2007年版。

[39]〔英〕佩里·安德森:《绝对主义国家的系谱》,刘北成、龚晓庄译,上海:上海人民出版社2001版。

[40]〔法〕皮埃尔·卡蓝默:《破碎的民主:试论治理的革命》,高凌瀚译,北京:生活·读书·新知三联书店2005年版。

[41]〔美〕乔·萨托利:《民主新论》,冯克利、阎克文译,北京:东方出版社1993年版。

[42]〔美〕全钟燮:《公共行政的社会建构:解释与批判》,孙柏瑛、张钢、黎洁等译,北京:北京大学出版社2008年版。

[43]〔美〕塞缪尔·P.亨廷顿:《变化社会中的政治秩序》,王冠华、刘为译,上海:上海人民出版社2008年版。

[44]〔美〕史景迁:《追寻现代中国》,温洽溢译,台北:台湾时报文化出版社2001年版。

[45]〔美〕托马斯·潘恩:《常识》,马万利译,南京:译林出版社2015年版。

[46]〔美〕托马斯·雅诺斯基:《公民与文明社会》,柯雄译,沈阳:辽宁教育出版社2000年版。

[47]〔美〕W.理查德·斯格特:《组织理论:理性、自然和开放系统》,黄洋等译,北京:华夏出版社2002年版。

[48]〔美〕威廉·J.本内特:《美国通史》,刘军等译,南昌:江西人民出版社2009年版。

[49]〔美〕文森特·奥斯特罗姆:《美国公共行政的思想危机》,毛寿龙译,上海:上海三联书店1999年版。

[50]〔美〕伍德罗·威尔逊:《国会政体:美国政治研究》,熊希龄、吕德本译,北京:商务印书馆1986年版。

[51]〔美〕希尔斯曼:《美国是如何治理的》,曹大鹏译,北京:商务印书馆1986年版。

[52]〔美〕谢里尔·西姆拉尔·金、卡米拉·斯蒂福斯:《民有政府:反政府时代的公共管理》,李学译,北京:中央编译出版社2010年版。

[53]〔古希腊〕亚里士多德:《政治学》,吴寿彭译,北京:商务印书馆1983年版。

[54]〔美〕伊恩·夏皮罗:《民主理论的现状》,王军译,北京:中国人民大学出版社2013年版。

〔55〕〔澳〕约翰·基恩：《生死民主》，安雯译，北京：中央编译出版社2016年版。

〔56〕〔美〕约翰·克莱顿·托马斯：《公共决策中的公民参与：公共管理者的新技能与新策略》，孙柏瑛译，北京：中国人民大学出版社2005年版。

〔57〕〔美〕约瑟夫·熊彼特：《资本主义、社会主义与民主》，吴良健译，北京：商务印书馆1999年版。

〔58〕〔美〕詹姆斯·A.费斯勒、唐纳德·F.凯特尔：《行政过程的政治——公共行政学新论》，陈振明、朱芳芳等译，北京：中国人民大学出版社2002年年版。

〔59〕〔美〕詹姆斯·博曼、威廉·雷吉：《协商民主：论理性与政治》，陈家刚等译，北京：中央编译出版社2006年版。

〔60〕〔美〕詹姆斯·N.罗西瑙主编：《没有政府的治理》，张胜军、刘小林等译，南昌：江西人民出版社2001年版。

〔61〕〔美〕詹姆斯·汤普森：《行动中的组织》，敬义嘉译，上海：上海人民出版社2007年版。

〔62〕〔美〕珍妮特·V.登哈特、罗伯特·B.登哈特：《新公共服务：服务而不是掌舵》，北京：中国人民大学出版社2004年版。

〔63〕中共中央马克思恩格斯列宁斯大林著作编译局编：《列宁专题文集：论无产阶级政党》，北京：人民出版社2009年版。

〔64〕中共中央马克思恩格斯列宁斯大林著作编译局编：《马克思恩格斯选集》，北京：人民出版社1995年版。

〔65〕〔美〕邹谠：《二十世纪中国政治》，香港：牛津大学出版社1994年版。

（三）中文期刊

〔1〕蔡佳泓、俞振华：《地方政府如何回应民意？以2006—2007年为例》，载《台湾政治学刊》，2011年第15卷1期，第73—136页。

〔2〕蔡允栋：《官僚组织回应的概念建构评析——新治理的观点》，载《中国行政评论》，2001年第10卷第2期，第89—134页。

〔3〕陈重安，许成委：《公共服务动机：回顾、反思与未来方向》，载《公共行政学报》，2016年第51卷，第69—96页。

〔4〕陈国权、陈杰：《论责任政府的回应性》，载《浙江社会科学》，2008年第11期，第36—41、126页。

〔5〕陈浩天：《回应性治理：农户需求与国家政策整合的基层面向》，载

《西北师大学报》（社会科学版），2014年第51卷第6期，第124—129页。

〔6〕陈慧如：《地方政府回应力指标建构之研究》，台湾大学政治学研究所硕士学位论文，2011年。

〔7〕陈开兵、刘博：《从疑虑到信赖：网络舆情的政府回应法治化机制选择》，载《湖南行政学院学报》，2017年第3期，第82—87页。

〔8〕陈路芳：《地方政府应提高对公民需求的回应力——对我国频发群体性事件的反思》，载《理论探讨》，2009年第3期，第24—28页。

〔9〕陈钦春：《社区主义在当代治理模式中的定位与展望》，载《中国行政评论》，2000年第10卷第1期，第183—213页。

〔10〕陈水秘：《政府回应的理论分析及启迪》，载《地方政府管理》，2000年第11期，第2—5页。

〔11〕陈新：《互联网时代政府回应能力建设研究——基于现代国家治理的视角》，载《中国行政管理》，2015年第12期，第61—63页。

〔12〕陈新：《微博论政与政府回应模式变革》，载《上海行政学院学报》，2012年第13卷第1期，第22—27页。

〔13〕陈艳：《我国政府回应现状与对策研究》，南京师范大学博士学位论文，2012年。

〔14〕陈咏梅：《行政决策公众参与制度之反思与再构》，载《学术研究》，2017年第5期，第69—72、85、177页。

〔15〕程倩：《政府信任关系：概念、现状与重构》，载《探索》，2004年第3期，第35—38页

〔16〕狄小华，冀莹：《民意表达与政府回应机制之完善》，载《政治与法律》，2009年第7期，第58—64页。

〔17〕东波、颜宪源、付晓东：《基于公民网络政治参与双重性的政府回应路径》，载《理论探讨》，2010年第3期，第32—34页。

〔18〕杜婉嘉、尹奎杰：《网络反腐重在良性互动》，载《人民论坛》，2017年第13期，第42—43页。

〔19〕方付建、汪娟：《突发网络舆情危机事件政府回应研究——基于案例的分析》，载《北京理工大学学报》（社会科学版），2012年第14卷第3期，第137—141页。

〔20〕高富锋：《服务型政府建设过程中的政府回应性分析》，载《华北电力大学学报》（社会科学版），2009年第3期，第81—84、98页。

〔21〕郭厚禄：《我国基本公共服务均等化研究》，中共中央党校博士学位论文，2009年。

〔22〕郝宇青：《当前中国"体制性迟钝"原因剖析》，载《探索与争鸣》，2008年第3期，第38—41页。

〔23〕何锴：《网上政民互动中政府回应时效性指标探讨》，载《市场周刊（理论研究）》，2017年第7期，第153、117页。

〔24〕何永松：《关于政府回应理论的国内文献综述》，载《山东行政学院学报》，2016年第5期，第8—13页。

〔25〕何占涛、王雪丽：《城市治理现代化视域下的政府公信力提高研究》，载《理论与现代化》，2017年第3期，第80—86页。

〔26〕何祖坤：《关注政府回应》，载《中国行政管理》，2000年第7期，第7—8页。

〔27〕胡倩、徐晓军：《论失独群体的利益诉求与政府回应间的鸿沟及其弥合》，载《江汉大学学报》（社会科学版），2017年第34卷第3期，第44—50、124—125页。

〔28〕黄岩、吴克昌：《论公众参与和政府回应机制的重构》，载《甘肃社会科学》，2005年第1期，第204—206、200页。

〔29〕贾哲敏、李文静：《政务新媒体的公众使用及对政府满意度的影响》，载《北京航空航天大学学报》（社会科学版），2017年第30卷第2期，第1—9页。

〔30〕姜楠：《微博时代的民主监督：利益博弈与政府回应》，载《淮海工学院学报》（自然科学版），2010年第19卷第4期，第75—78页。

〔31〕姜晓萍：《政府流程再造的基础理论与现实意义》，载《中国行政管理》，2006年第5期，第37—41页。

〔32〕金太军：《论政府公共管理责任的承担》，载《行政论坛》，2008年第1期，第15—19页。

〔33〕景云祥：《和谐社会构建中政府回应机制建设的基本维度》，载《云南行政学院学报》，2008年第2期，第102—105页。

〔34〕景云祥：《和谐社会构建中政府回应机制的建设》，载《社会主义研究》，2007年第2期，第55—58页。

〔35〕柯于璋：《社区主义治理模式之理论与实践——兼论台湾地区社区政策》，载《公共行政学报》，2005年第16期，第33—57页。

〔36〕李放、韩志明：《政府回应中的紧张性及其解析——以网络公共事件为视角的分析》，载《东北师大学报》（哲学社会科学版），2014年第1期，第1—8页。

〔37〕李伟权：《简论政府公共决策回应机制建设》，载《学术论坛》，2002

年第4期,第39—42页。

〔38〕李伟权:《"互动决策":政府公共决策回应机制建设》,载《探索》,2002年第3期,第42—45页。

〔39〕李晓娟:《政府网络回应存在的问题与对策分析》,载《新闻研究导刊》,2017年第8卷第11期,第62页。

〔40〕李严昌:《当代中国政府回应过程:动力与特征》,载《中国特色社会主义研究》,2012年第4期,第75—80页。

〔41〕李颖:《重大民生政策风险评估中社会参与的回应困境及其破解》,载《中州学刊》,2017年第6期,第70—74页。

〔42〕林峰:《善治理念下的公民参与与政府回应》,南昌大学博士学位论文,2007年。

〔43〕刘华云、耿旭:《政治代表概念的前沿追踪:标准解释、选举与超越民主》,载《国外理论动态》,2017年第5期,第81—92页。

〔44〕刘江、郁永勤:《首长信箱问政模式运行绩效提升研究——基于40个问政回应案例的调查》,载《福州大学学报》(哲学社会科学版),2017年第31卷第4期,第42—49页。

〔45〕刘力锐:《我国网络民意的成长、政治意蕴及政府回应》,载《广东行政学院学报》,2009年第21卷第5期,第22—26页。

〔46〕刘力锐:《论我国网络民意的特征与政府回应》,载《求实》,2009年第6期,第66—69页。

〔47〕刘鹏、王力:《回应性监管理论及其本土适用性分析》,载《中国人民大学学报》,2016年第30卷第1期,第91—101页。

〔48〕刘伟忠:《论公共政策之公共利益实现的困境》,载《中国行政管理》,2007年第8期,第26—29页。

〔49〕龙献忠、赵优平:《善治视域下我国政府回应能力提升探析》,载《湖南大学学报》(社会科学版),2017年第31卷第4期,第85—89页。

〔50〕卢坤建:《政府理论研究的一个走向:从政府回应到回应型政府》,载《中国行政管理》,2009年第9期,第61—65页。

〔51〕卢坤建:《建设回应型政府:责任观、绩效观与服务观》,载《学术研究》,2008年第5期,第55—60页。

〔52〕陆聂海:《国外民主行政研究综述》,载《华中科技大学学报》(社会科学版),2013年第27卷第4期,第77—84页。

〔53〕罗依平、覃事顺:《民意表达与政府回应的决策机制构建——厦门PX事件引发的思考》,载《科学决策》,2009年第7期,第62—70页。

〔54〕马骏:《经济、社会变迁与国家重建:改革以来的中国》,载《公共行政评论》,2010年第3卷第1期,第3—34页。

〔55〕孟天广、李锋:《网络空间的政治互动:公民诉求与政府回应性——基于全国性网络问政平台的大数据分析》,载《清华大学学报》(哲学社会科学版),2015年第30卷第3期,第17—29页。

〔56〕欧树军、王绍光:《王绍光:超越"代议制"的民主四轮驱动》,载《社会观察》,2012年第8期,第20—24页。

〔57〕彭向刚、朱丽峰:《论我国服务型政府建设面临的现实困境》,载《学术研究》,2011年第11期,第36—45、159页。

〔58〕戚攻:《论"回应"范式》,载《社会科学研究》,2006年第4期,第115—121页。

〔59〕祁光华:《基于政府回应的公务员能力模型》,载《中国行政管理》,2008年第5期,第115—118页。

〔60〕石路:《当代中国政府公共决策中的公民参与问题研究》,华东师范大学博士学位论文,2007年。

〔61〕史云贵:《西方"政治—行政二分法"对我国公务员分类管理的启示——兼论防治"一把手"腐败的新思路》,载载《四川大学学报》(哲学社会科学版),2013年第3期,第26—32页。

〔62〕宋超:《当代中国网络政治参与研究》,山东大学博士学位论文,2013年。

〔63〕涂章志、刘丽文:《论网络舆情视角下我国地方政府公信力》,载《北京邮电大学学报》(社会科学版),2011年第13卷第4期,第35—39页。

〔64〕孙选中:《服务型政府及其服务行政机制研究》,中国政法大学博士学位论文,2008年。

〔65〕谭亦玲:《浅析政府回应性及中国政府回应面临的挑战》,载《社科纵横》,2004年第2期,第37—38页。

〔66〕夏厦:《互动视角下突发网络舆情政府回应分析——以天津港大爆炸为例》,载《今传媒》,2017年第25卷第6期,第54—55页。

〔67〕夏志强:《人性假设与公共行政思想演变》,载《四川大学学报》(哲学社会科学版),2015年第1期,第121—128页。

〔68〕夏志强、李静:《公共服务的新理念:从"服务顾客"到"创造顾客"》,载《社会科学研究》,2013年第6期,第48—52页。

〔69〕夏志强、曾莹:《协商民主理论与实践中政党的作用——中西比较的视角》,载《新视野》,2014年第3期,第66—71页。

〔70〕谢淑萍：《公共管理人才应具备的能力素质模型》，载《经济师》，2017年第7期，第256—257页。

〔71〕许鑫：《网络公共事件政府回应的现状、问题与策略——基于2007—2014年102个案例的实证分析》，载《情报杂志》，2016年第35卷第7期，第80—85、60页。

〔72〕王江伟：《威权体制下的环境抗争与政府回应——台湾经验的分析》，载《党政研究》，2016年第4期，第109—118页。

〔73〕王俊、顾昕：《新社群主义社会思想与公共政策分析——阿米泰·埃兹奥尼的睿识》，载《国外理论动态》，2017年第10期，第93—104页。

〔74〕王丽丽、徐军田：《服务型政府内涵探析》，载《前沿》，2007年第2期，第128—130页。

〔75〕王琳、漆国生：《提升地方政府公共服务能力思考》，载《理论探索》，2008年第4期，第128—130页。

〔76〕王绍光：《代表型民主与代议型民主》，载《开放时代》，2014年第2期，第152—174、8—9页。

〔77〕王巍：《论"政府回应"的内涵和主导模式转型》，载《探索》，2005年第1期，第56—60、64页。

〔78〕王巍：《公众回应性：服务行政的核心特征——服务型政府回应机制的流程与制度设计》，载《行政论坛》，2004年第5期，第33—35页。

〔79〕翁士洪：《杜鹃模式：茂名PX事件中政府回应的行政学分析》，载《学海》，2017年第3期，第77—85页。

〔80〕吴英姿：《从诉访难分看治理模式创新》，载《法治现代化研究》，2017年第1卷第1期，第120—133页。

〔81〕吴有能：《先秦儒学与艾资安尼新社群主义初探》，载《鹅湖学志》，2016年第56期，第141—183页。

〔82〕闫帅：《从抗争性政治到回应性政治：中国政治秩序再生产的逻辑分析》，载《华中科技大学学报》（社会科学版），2016年第30卷第4期，第1—7页。

〔83〕杨戴萍：《治理视野下我国政府回应现状和对策研究》，电子科技大学博士学位论文，2007年。

〔84〕杨戴萍、古小华、欧阳彬：《大数据时代的政府回应——变革、挑战与应对》，载《南京邮电大学学报》（社会科学版），2015年第17卷第4期，第26—32页。

〔85〕杨宏山、皮定均：《构建无缝隙社会管理系统——基于北京市朝阳区

的实证研究》，载《中国行政管理》，2011年第5期，第66—69页。

［86］杨腾飞：《论中国政治过程的内外联动模式——基于网约车新政的分析》，载《电子政务》，2017年第6期，第71—79页。

［87］杨雪冬：《社会变革中的政府责任：中国的经验》，载《中国人民大学学报》，2009年第23卷第1期，第55—64页。

［88］杨一熠：《"电视问政"中政府回应的限度及提升回应能力的建议——对武汉市2012—2015年"电视问政"中政府回应能力的分析》，载《经营与管理》，2017年第9期，第140—142页。

［89］张彩彩：《新公共管理理论与新公共服务理论的比较》，载《西安邮电学院学报》，2010年第15卷第4期，第135—138页。

［90］张成福：《电子化政府：发展及其前景》，载《中国人民大学学报》，2000年第3期，第4—12页。

［91］张康之：《探索公共行政的民主化——读〈后现代公共行政：话语指向〉》，载《国家行政学院学报》，2007年第2期，第33—36页。

［92］张康之：《西方学者对社会治理过程中民主的反思》，载《马克思主义研究》，2007年第2期，第101—107页。

［93］张坤胜、杨润杰：《新媒体环境下政府回应能力提升策略研究——基于数字治理理论的视角》，载《黑龙江生态工程职业学院学报》，2017年第30卷第4期，第52—54页。

［94］张勤：《网络舆情的生态治理与政府信任重塑》，载《中国行政管理》，2014年第4期，第40—44页。

［95］张圣：《政府网络回应的改进策略》，载《党政论坛》，2017年第5期，第25—27页。

［96］张向生：《服务行政视野下我国政府回应研究》，电子科技大学博士学位论文，2010年。

［97］张再生、吴云青：《公民参与社会管理创新的机制与对策研究》，载《理论探讨》，2012年第5期，第137—140页。

［98］赵睎：《中国地方政府回应机制建构研究》，吉林大学博士学位论文，2011年。

［99］赵静、薛澜：《回应式议程设置模式——基于中国公共政策转型一类案例的分析》，载《政治学研究》，2017年第3期，第42—51、126页。

［100］郑文静：《论政府回应的公众环境》，载《理论探索》，2001年第2期，第55—58页。

［101］周红、赵娜：《新媒体环境下地方政府公信力的提升策略研究》，载

《电化教育研究》，2012年第33卷第1期，第42—46页。

〔102〕周敬伟、罗双：《论毛泽东思想方法论价值回归的应然》，载《创新》，2016年第10卷第1期，第23—39页。

〔103〕朱丽峰：《论网络民意与政府回应》，吉林大学博士学位论文，2010年。

〔104〕朱谦：《公众环境行政参与的现实困境及其出路》，载《上海交通大学学报》（哲学社会科学版），2012年第20卷第1期，第34—41页。

〔105〕王绍光：《大转型：1980年代以来中国的双向运动》，载《中国社会科学》，2008年第1期，第129—148页。

〔106〕魏礼群：《中国行政体制改革的历程和经验》，载《全球化》，2017年第5期，第5—14、134页。

〔107〕吕普生：《中国行政审批制度的结构与历史变迁——基于历史制度主义的分析范式》，载《公共管理学报》，2007年第1期，第25—32、121页。

〔108〕姜晓萍：《构建服务型政府进程中的公民参与》，载《社会科学研究》，2007年第4期。

〔109〕董亚男：《回应型公共行政模式对行政正义的契合与实现》，载《社会科学战线》，2012年第10期，第171—176页。

〔110〕彭柏林：《公共行政正义的伦理学解读——读〈公共行政正义研究〉》，载《伦理学研究》，2011年第1期，第140页。

〔111〕杨冬艳：《公共行政正义：服务型政府的核心价值取向》，载《河南师范大学学报》（哲学社会科学版），2009年第36卷第6期，第27—31页。

〔112〕杨冬艳：《西方公共行政正义研究》，湖南师范大学博士学位论文，2008年。

〔113〕杨冬艳：《国内公共行政正义研究述评》，载《河南大学学报》（社会科学版），2007年第3期，第87—92页。

〔114〕黄小勇：《行政的正义——兼对"回应性"概念的阐释》，载《中国行政管理》，2000年第12期，第53—56页。

〔115〕〔加〕杰弗里·希尔墨，毛兴贵译：《参与式民主理论的现状（下）》，载《国外理论动态》，2011年第4期，第51—56页。

〔116〕〔加〕杰弗里·希尔墨，毛兴贵译：《参与式民主理论的现状（上）》，载《国外理论动态》，2011年第3期，第29—37页。

〔117〕蔡允栋：《官僚组织响应力之研究：个案实证分析》，载《政治科学论丛》，2001年第15期，第209—240页。

〔118〕〔美〕阿肯·冯、霍莱·吉尔曼、詹妮弗·斯卡巴特著，毛勇兵、郝

宇青译:《互联网+政治的六种模型》,载《国外理论动态》,2017年第9期,第102—111页。

〔119〕胡伟:《如何推进我国的国家治理现代化》,载《探索与争鸣》,2014年第7期,第4—9页。

〔120〕唐皇凤:《有效推进我国家治理现代化的战略路径》,载《苏州大学学报》(哲学社会科学版),2016年第37卷第2期,第38—46页。

〔121〕刘家义:《国家治理现代化进程中的国家审计:制度保障与实践逻辑》,载《中国社会科学》,2015年第9期,第64—83、204—205页。

〔122〕肖滨:《中国国家治理现代化战略定位的四个维度》,载《中国人民大学学报》,2015年第29卷第2期,第13—20页。

〔123〕孙洪敏:《国家治理现代化的理论框架及其构建》,载《学习与探索》,2015年第3期,第41—51页。

〔124〕包心鉴:《制度现代化:国家治理现代化的实质与指向》,载《社会科学研究》,2015年第2期,第6—10页。

〔125〕高培勇:《论国家治理现代化框架下的财政基础理论建设》,载《中国社会科学》,2014年第12期,第102—122、207页。

〔126〕俞可平:《没有法治就没有善治——浅谈法治与国家治理现代化》,载《马克思主义与现实》,2014年第6期,第1—2页。

〔127〕严小龙:《国家治理现代化的四维结构特征》,载《马克思主义与现实》,2014年第6期,第162—166页。

〔128〕薛澜:《顶层设计与泥泞前行:中国国家治理现代化之路》,载《公共管理学报》,2014年第11卷第4期,第1—6、139页。

〔129〕薛澜、李宇环:《走向国家治理现代化的政府职能转变:系统思维与改革取向》,载《政治学研究》,2014年第5期,第61—70页。

〔130〕马骏:《盐津县"群众参与预算":国家治理现代化的基层探索》,载《公共行政评论》,2014年第7卷第5期,第5—34、189页。

〔131〕虞崇胜:《科学确立中国国家治理现代化的衡量标准》,载《中州学刊》,2014年第10期,第5—9页。

〔132〕刘军:《从马克思主义国家理论看中国国家治理现代化》,载《中国特色社会主义研究》,2014年第5期,第37—41页。

〔133〕俞可平:《走向国家治理现代化——论中国改革开放后的国家、市场与社会关系》,载《当代世界》,2014年第10期,第24—25页。

〔134〕焦洪昌、马骁:《地方立法权扩容与国家治理现代化》,载《中共中央党校学报》,2014年第18卷第5期,第41—46页。

〔135〕李林：《依法治国与推进国家治理现代化》，载《法学研究》，2014年第36卷第5期，第3—17页。

〔136〕姜明安：《软法在推进国家治理现代化中的作用》，载《求是学刊》，2014年第41卷第5期，第79—89、5页。

〔137〕周光辉：《推进国家治理现代化的有效路径：决策民主化》，载《理论探讨》，2014年第5期，第5—10页。

〔138〕陈光中：《国家治理现代化标准问题之我见》，载《法制与社会发展》，2014年第20卷第5期，第17—19页。

〔139〕张文显：《法治化是国家治理现代化的必由之路》，载《法制与社会发展》，2014年第20卷第5期，第8—10页。

〔140〕吴汉东：《国家治理现代化的三个维度：共治、善治与法治》，载《法制与社会发展》，2014年第20卷第5期，第14—16页。

〔141〕姜明安：《国家治理现代化过程中国家治理要素的转变》，载《法制与社会发展》，2014年第20卷第5期，第42—44页。

〔142〕张文显：《法治与国家治理现代化》，载《中国法学》，2014年第4期，第5—27页。

〔143〕姜明安：《改革、法治与国家治理现代化》，载《中共中央党校学报》，2014年第18卷第4期，第47—54页。

〔144〕范逢春：《国家治理现代化：逻辑意蕴、价值维度与实践向度》，载载《四川大学学报》（哲学社会科学版），2014年第4期，第86—94页。

〔145〕范逢春：《国家治理现代化的价值反思与标准研判》，载《东南学术》，2014年第6期，第72—76页。

〔146〕范逢春：《建国以来基本公共服务均等化政策的回顾与反思：基于文本分析的视角》，载《上海行政学院学报》，2016年第17卷第1期，第46—57页。

〔147〕许耀桐：《习近平的国家治理现代化思想论析》，载《上海行政学院学报》，2014年第15卷第4期，第17—22页。

〔148〕江必新：《国家治理现代化基本问题研究》，载《中南大学学报》（社会科学版），2014年第20卷第3期，第139—148页。

〔149〕轩传树：《互联网时代下的中国国家治理现代化：实质、条件与路径》，载《当代世界与社会主义》，2014年第3期，第105—110页。

〔150〕胡鞍钢：《中国国家治理现代化的特征与方向》，载《国家行政学院学报》，2014年第3期，第4—10页。

〔151〕李龙：《建构法治体系是推进国家治理现代化的基础工程》，载《现

代法学》，2014年第36卷第3期，第3—13页。

〔152〕唐皇凤：《中国国家治理现代化路径选择的若干思考》，载《华中科技大学学报》（社会科学版），2014年第28卷第3期，第14—15页。

〔153〕唐皇凤：《构建法治秩序：中国国家治理现代化的必由之路》，载《新疆师范大学学报》（哲学社会科学版），2014年第35卷第4期，第19—28、2页。

〔154〕任勇、肖宇：《软治理与国家治理现代化：价值、内容与机制》，载《当代世界与社会主义》，2014年第2期，第146—151页。

〔155〕张凤阳：《科学认识国家治理现代化问题的几点方法论思考》，载《政治学研究》，2014年第2期，第11—14页。

〔156〕俞可平：《国家治理现代化的若干问题（上）》，载《福建日报》，2014年第6月8日，第7版。

〔157〕俞可平：《沿着民主法治的轨道推进国家治理现代化》，载《求是》，2014年第8期，第36—37页。

〔158〕包心鉴：《协商民主制度化与国家治理现代化》，载《学习与实践》，2014年第3期，第56—64、2页。

〔159〕包心鉴：《以制度现代化推进国家治理现代化》，载《中共福建省委党校学报》，2014年第1期，第4—10页。

〔160〕魏崇辉：《当代中国国家治理现代化的理论指导、基本理解与困境应对》，载《理论与改革》，2014年第2期，第5—10页。

〔161〕燕继荣、何增科、叶庆丰：《关于国家治理现代化的对话》，载《科学社会主义》，2014年第1期，第4—7页。

〔162〕竹立家：《社会转型与国家治理现代化》，载《科学社会主义》，2014年第1期，第8—12页。

〔163〕杨雪冬：《全球化进程与中国的国家治理现代化》，载《当代世界与社会主义》，2014年第1期，第19—23页。

〔164〕虞崇胜：《制度建设是国家治理现代化的题中应有之义》，载《福建论坛》（人文社会科学版），2014年第2期，第5—12页。

〔165〕姜晓萍：《国家治理现代化进程中的社会治理体制创新》，载《中国行政管理》，2014年第2期，第24—28页。

〔166〕胡宁生：《国家治理现代化：政府、市场和社会新型协同互动》，载《南京社会科学》，2014年第1期，第80—86、106页。

〔167〕何增科：《国家治理现代化及其评估》，载《学习时报》，2014年1月13日，第6版。

〔168〕邱雨、陶建武：《国家治理现代化的战略与协同：一个文献综述》，载《重庆社会科学》，2016 年第 3 期，第 11—18 页。

〔169〕阮博：《国内国家治理现代化研究综述》，载《社会主义研究》，2015 年第 4 期，第 149—157 页。

〔170〕孙秀民：《中国共产党推进国家治理现代化研究综述》，载《学习论坛》，2015 年第 31 卷第 5 期，第 36—40 页。

〔171〕罗星：《背景、内涵、推进途径：关于国家治理现代化的研究综述》，载《天水行政学院学报》，2015 年第 16 卷第 2 期，第 26—31 页。

〔172〕严海兵：《选举与国家认同——西欧民族国家构建的历史经验》，载《学海》，2012 年第 4 期，第 92—107 页。

〔173〕丁煌、肖涵：《行政与社会：变革中的公共行政建构逻辑》，载《公共行政评论》，2017 年第 10 卷第 2 期，第 106—117 页。

〔174〕林尚立：《在有效性中累积合法性：中国政治发展的路径选择》，载《复旦学报》（社会科学版），2009 年第 2 期，第 46—54 页。

〔175〕杨光斌、尹冬华：《我国人民代表大会制度的民主理论基础》，载《中国人民大学学报》，2008 年第 6 期，第 93—99 页。

〔176〕杨光斌：《超越自由民主："治理民主"通论》，载《国外社会科学》，2013 年第 4 期，第 9—18 页。

〔177〕杨光斌：《"国家治理体系和治理能力现代化"的世界政治意义》，载《政治学研究》，2014 年第 2 期，第 3—6 页。

〔178〕杨光斌、石本惠：《治理民主：民主研究的新进程——对话杨光斌教授的民主理论研究》，载《党政研究》，2014 年第 5 期，第 5—17 页。

〔179〕杨光斌：《世界政治视野下的中国国家治理现代化》，载《行政论坛》，2015 年第 22 卷第 5 期，第 1—7 页。

〔180〕王晓珊：《代表的逻辑》，吉林大学博士学位论文，2011 年。

二、英文参考文献（论文、著作）

[1] C. H. Achen, "Measuring Representation", *American Journal of Political Science*, Vol. 22, No. 3, 1978, pp. 475-510.

[2] C. H. Achen and L. M. Bartels, *Democracy for Realists: Why Elections Do Not Produce Responsive Government*, Princeton: Princeton University Press, 2016.

[3] G. Adams and D. Balfour, *Unmasking Administrative Evil*, Thousand Oaks: Sage Publications, 1998.

[4] K. N. Andersen, R. Medaglia, Vatrapu R, H. Z. Henriksen and R. Gauld,

"The Forgotten Promise of E-government Maturity: Assessing Responsiveness in the Digital Public Sector", *Government Information Quarterly*, Vol. 28, No. 4, 2011, pp. 439-445.

[5] P. H. Appleby, *Big Democracy*, New York: Alfred Knopf, 1949.

[6] R. Benjamin and R. Barbe, *Strong Democracy: Participatory Politics for a New Age*, Berkeley: University of California Press, 2003.

[7] M. Berkman and E. Plutzer, *Ten Thousand Democracies: Politics and Public Opinion in America's School Districts*, Washington D. C. : Georgetown University Press, 2005, pp. 63-84.

[8] I. Berlin, H. Hardy, *Concepts and Categories: Philosophical Essays*, Princeton: Princeton University Press, 2013, pp, 143-172.

[9] T. Besley R. Burgess, "Political Agency, Government Responsiveness and the Role of the Media", *European Economic Review*, Vol. 45, No. 4-6, 2001, pp. 629-640.

[10] T. Besley and R. Burgess, " The Political Economy of Government Responsiveness: Theory and Evidence from India", *The Quarterly Journal of Economics*, Vol. 117, No. 4, 2002, pp. 1415-1451.

[11] B. Bimber, *Information and American Democracy: Technology in the Evolution of Political Power*, Cambridge: Cambridge University Press, 2003.

[12] S. B. Hobolt, R. Klemmensen, "Government Responsiveness and Political Competition in Comparative Perspective", *Comparative Political Studies*, Vol. 41, No. 3, 2008, pp. 309-337.

[13] A. H. Birch, *Representation. Key Concepts in Political Science*, London: Pall Mall Press, 1971.

[14] A. H. Birch, *Concepts and Theories of Modern Democracy*, London: Routledge, 2007.

[15] A. H. Birch, *British System of Government*, London: Routledge, 2013.

[16] J. Bourgon, "*Responsive, Responsible and Respected Government: Towards a New Public Administration Theory*", *International Review of Administrative Sciences*, Vol. 73, No. 1, 2007, pp. 7-26.

[17] J. S. Bowman, J. P. West, *American Public Service: Radical Reform and the Merit System*, Boca Raton: CRC Press, 2006.

[18] T. Bryer, "Toward a Relevant Agenda for a Responsive Public Administration", *Journal of Public Administration Research and Theory: J-PART*, Vol. 17, No.

3, 2006, pp. 479-500.

[19] T. Bryer, "Negotiating Bureaucratic Responsiveness in Collaboration with Citizens: Findings from Action Research in Los Angeles", University of Southern California, 2007.

[20] P. Burstein, "The Impact of Public Opinion on Public Policy: A Review and An agenda", *Political Research Quarterly*, New York: Walter de Gruyter, Vol. 56, No. 1, 2003, pp. 29-40.

[21] G. E. Caiden, *Administrative Reform Comes of Age*, Walter de Gruyter GmbH & Co KG, 1991.

[22] R. K. Carr, *American Democracy in Theory and Practice: American Democracy* (5th ed), New York: Holt, Rinehart and Winston, 1968.

[23] M. Castells, *The Rise of the Network Society: The Information Age: Economy, Society, and Culture*, New York: John Wiley & Sons, 2011.

[24] E. Chamlee-Wright, V. H. Storr, "Expectations of Government's Response to disaster", *Public Choice*, Vol. 144, No. 1-2, 2010, pp. 253-274.

[25] R. Chandler, "The Public Administrator as Representative Citizen: A New Role for the New Century", *Public Administration Review*, Vol. 44, 1984, pp. 196-206.

[26] Chandler R, *A Centennial History of the American Administrative State*, New York: Free Press, 1987.

[27] C. K. Chaney and G. H. Saltzstein, "Democratic Control and Bureaucratic Responsiveness: The Police and Domestic Violence", *American Journal of Political Science*, Vol. 42, No. 3, 1998, pp. 745-768.

[28] T. Cheek, *Living with Reform: China since 1989*, New York: Zed Books, 2006.

[29] J. Chen, J. Pan, Y. Xu, "Sources of Authoritarian Responsiveness: A Field Experiment in China", *American Journal of Political Science*, Vol. 60, No. 2, 2016, pp. 383-400.

[30] E. Chi and H. Y. Kwon, "Unequal New Democracies in East Asia: Rising Inequality and Government Responses in South Korea and Taiwan", *Asian Survey*, Vol. 52, No. 5, 2012, pp. 900-923.

[31] C. Lefort, *The Political Forms of Modern Society: Bureaucracy, Democracy, Totalitarianism*, Cambridge: MIT Press, 1986.

[32] J. E. Cohen, *Presidential Responsiveness and Public Policy-making: the*

Public and the Policies that Presidents Choose, Ann Arbor: University of Michigan Press, 1997.

[33] J. J. Coleman, "Unified Government, Divided Government, and Party Responsiveness", *American Political Science Review*, Vol. 93, No. 4, 1999, pp. 821-835.

[34] T. L. Cooper, *Handbook of Administrative Ethics*, New York: Marcel Dekker, 2001.

[35] G. Cope, "Bureaucratic Reform and Issues of Political Responsiveness", *Journal of Public Administration Research and Theory: J-PART*, Vol. 7, No. 3, 1997, pp. 461-471.

[36] K. W. Deutsch, *The Nerves of Government: Models of Political Communication and Control; with a New Introduction*, New York: Free Press of Glencoe, 1966.

[37] J. Dolan, D. H. Rosenbloom, *Representative bureaucracy: Classic Readings and Continuing Controversies*, New York: ME Sharpe, 2003.

[38] B. Dollery, J Garcea and E. C. LeSage (eds.), *Local Government Reform: A Comparative Analysis of Advanced Anglo-American Countries*, Camberley Surrey: Edward Elgar Publishing, 2008.

[39] J. D. Donahue, R. J. Zeckhauser, *Collaborative Governance: Private Roles for Public Goals in Turbulent Times*, Princeton: Princeton University Press, 2011.

[40] J. N. Druckman, "Pathologies of Studying Public Opinion, Political Communication, and Democratic Responsiveness", *Political Communication*, Vol. 31, No. 3, 2014, pp. 467-492.

[41] E. Elder, *Marketing Leadership in Government*, London: Palgrave Macmillan UK, 2016.

[42] E. J. Engstrom and S. Kernell, *Party Ballots, Reform, and the Transformation of America's Electoral System*, Cambridge: Cambridge University Press, 2014.

[43] E. Posada-Carbó, *Elections before Democracy: the History of Elections in Europe and Latin America*, New York: St. Martin's Press, 1996.

[44] P. Esaiasson and C. Wlezien, "Advances in the Study of Democratic Responsiveness: An Introduction", *Comparative Political Studies*, Vol. 50, No. 6, 2017, pp. 699-710.

[45] A. Etzioni, *A Responsive Society: Collected Essays on Guiding Deliberate Social Change*, New York: Jossey-Bass, 1991.

［46］A. Etzioni, *Spirit of Community*, New York: Simon and Schuster, 1994.

［47］A. Etzioni, *The New Golden Rule: Community and Morality in a Democratic Society*, New York: Harper Collins Publishers, 1996.

［48］A. Etzioni, "The Responsive Community: A Communitarian Perspective", *American Sociological Review*, Vol. 61, no. 1, 1996, pp. 1-11.

［49］H. Eulau and P. Karps, "The Puzzle of Representation: Specifying Components of Responsiveness", *Legislative Studies Quarterly*, Vol. 2, No. 3, 1977, pp. 233-254.

［50］J. P. Faguet, "Does Decentralization Increase Government Responsiveness to Local Needs?: Evidence from Bolivia", *Journal of Public economics*, Vol. 88, No. 3, 2004, pp. 867-893.

［51］A. Farazmand, *Handbook of Comparative and Development Public Administration*, Boca Raton: CRC Press, 2001.

［52］A. Farazmand, *Bureaucracy and Administration*, Boca Raton: CRC Press, 2009.

［53］S. L. Fischer, "Book Review: The Nerves of Government: Models of Communication and Control. Karl W. Deutsch", *Ethics*, Vol. 75, No. 4, 1965, pp. 301.

［54］A. M. Florini, H. Lai, Y. Tan, *China experiments: From local innovations to national reform*, Washington D. C.: Brookings Institution Press, 2012.

［55］J. Fowler, "Dynamic Responsiveness in the U. S. Senate", *American Journal of Political Science*, Vol. 49, No. 2, 2005, pp. 299-312.

［56］C. J. Friedrich, *Constitutional Government and Democracy: Theory and Practice in Europe and America*, Boston: Little, Brown & Co., 1941.

［57］H. G. Frederickson, "The Lineage of New Public Administration", *Administration & Society*, Vol. 8, No. 2, 1976, pp. 149-174.

［58］H. G. Frederickson, "Toward a theory of the public for public administration", *Administration & Society*, Vol. 22, No. 4, 1991, pp. 395-417.

［59］H. G. Frederickson, "Comparing the Reinventing Government Movement with the New Public Administration", *Public Administration Review*, Vol. 56, No. 3, 1996, pp. 263-270.

［60］H. G. Frederickson, "*Whatever Happened to Public Administration? Governance, Governance Everywhere*", in E. Ferlie, L. Lynn and C. Pollitt (eds.), The Oxford Handbook of Public Management, Oxford: Oxford University Press, 2005, pp.

282-304.

[61] H. G. Frederickson, K. B. Smith, C. W. Larimer and M. J. Licari, *The Public Administration Theory Primer*, Boulder: Westview Press, 2015.

[62] C. Fuchs, *Internet and Society: Social Theory in the Information Age*, London: Routledge, 2007.

[63] R. Gauld, A. Gray and S. Mccomb, "How Responsive is E-Government? Evidence from Australia and New Zealand", *Government Information Quarterly*, Vol. 26, No. 1, 2009, pp. 69-74.

[64] M. Gilens, "Inequality and Democratic Responsiveness", *Public Opinion Quarterly*, Vol. 69, No. 5, 2005, pp. 778-796.

[65] K. H. Goetz, "A Question of Time: Responsive and Responsible Democratic Politics", *West European Politics*, Vol. 37, No. 2, 2014, pp. 379-399.

[66] W. Gormley, J. Hoadley and C. Williams, "Potential Responsiveness in the Bureaucracy: Views of Public Utility Regulation", *American Political Science Review*, Vol. 77, No. 3, 1983, pp. 704-717.

[67] Q. Guo and J. Jia, *Structural Reform in China's Regional Governments*, Hong kong: Enrich Professional Publishing, 2015.

[68] C. Heurlin and L. E, *Responsive Authoritarianism in China*, Cambridge: Cambridge University Press, 2016.

[69] C. J. Hill and L. E. Lynn, "Is Hierarchical Governance in Decline? Evidence from Empirical Research", *Journal of Public Administration Research and Theory*, Vol. 15, No. 2, 2004, pp. 173-195.

[70] S. B. Hobolt and R. Klemmemsen, "Responsive Government? Public Opinion and Government Policy Preferences in Britain and Denmark", *Political Studies*, Vol. 53, No. 2, 2005, pp. 379-402.

[71] C. Jacobs, *Managing Organizational Responsiveness*, Wiesbaden: Deutscher Universitätsverlag, 2003.

[72] M. Janssen and H. V. D. Voort, "Adaptive Governance: Towards a Stable, Accountable and Responsive Government", *Government Information Quarterly*, Vol. 33, No. 1, 2016, pp. 1-5.

[73] B. D. Jones, S. R. Greenberg, C. Kaufman and J. Drew, "Bureaucratic Response to Citizen-Initiated Contacts: Environmental Enforcement in Detroit", *American Political Science Review*, Vol. 71, No. 1, 1977, pp. 148-165.

[74] Kaifeng Yang and Kathe Callahan, "Citizen Involvement Efforts and Bu-

reaucratic Responsiveness: Participatory Values, Stakeholder Pressures, and Administrative Practicality", *Public Administration Review*, Vol. 67, No. 2, 2007, pp. 249-264.

[75] Kaifeng Yang, "Responsiveness in Network Governance: Revisiting a Fundamental Concept: Symposium Introduction", *Public Performance & Management Review*, Vol. 31, No. 2, 2007, pp. 131-143.

[76] Kaifeng Yang and S. Pandey, "Public Responsiveness of Government Organizations: Testing a Preliminary Model", *Public Performance & Management Review*, Vol. 31, No. 2, 2007, pp. 215-240.

[77] S. Kang and B. G. Powell, "Representation and Policy Responsiveness: The Median Voter, Election Rules and Redistributive Welfare Spending", *Journal of Politics*, Vol. 72, 2010, pp. 1014-1028.

[78] R. Kearney and C. Sinha, "Professionalism and Bureaucratic Responsiveness: Conflict or Compatibility?", *Public Administration Review*, Vol. 48, No. 1, 1988, pp. 571-579.

[79] A. Keyssar, *The Right to Vote: The Contested History of Democracy in the United States*, New York: Basic Books, 2009.

[80] D. F. Kettl, *The Global Public Management Revolution*, Washington D. C.: Brookings Institution Press, 2006.

[81] D. F. Kettl, *The Transformation of Governance: Public Administration for the Twenty-first Century*, Baltimore: JHU Press, 2015.

[82] J. Killian and Niklas Eklund (eds.), *Handbook of Administrative Reform: An International Perspective*, Baltimore: CRC Press, 2008.

[83] J. D. Kingsley, *Representative Bureaucracy*, Yellow Springs: Antioch Press, 1944.

[84] H. Klüver and J. J. Spoon, "Who Responds? Voters, Parties and Issue Attention", *British Journal of Political Science*, Vol. 46, No. 3, 2016, pp. 633-654.

[85] H. J. Lauth, "Quality Criteria for Democracy. Why Responsiveness is not the Key?", in G. Erdmann and M. Kneuer (eds.), *Regression of Democracy*, Wiesbaden: VS Verlag für Sozialwissenschaften, 2011, pp. 59-80.

[86] D. Levinson and K. Christensen, *Encyclopedia of Community: From the Village to the Virtual World*. New York: Sage, 2003.

[87] H. Li, *Political Thought and China's Transformation: Ideas Shaping Reform in Post-Mao China*, New York: Palgrave Macmillan Springer, 2015.

［88］D. Linders,"*From E-government to We-government: Defining a Typology for Citizen Coproduction in the Age of Social Media*", Government Information Quarterly, Vol. 29, No. 4, 2012, pp. 446-454.

［89］H. Lim,"Representative Bureaucracy: Rethinking Substantive Effects and Active Representation", *Public Administration Review*, Vol. 66, No. 2, 2006, pp. 193-204.

［90］M. Lipsky, *Street-Level Bureaucracy: Dilemmas of the Individual in Public Services*, New York: Russell Sage Foundation, 1980.

［91］N. Luhmann, *Ecological Communication*, Chicago: University of Chicago Press, 1989.

［92］N. Luhmann, *Social Systems*, New York: Stanford University Press, 1995.

［93］C. B. Macpherson, *The Life and Times of Liberal Democracy*, Oxford: Oxford University Press, 1977.

［94］E. Malesky and P. Schuler,"Nodding or Needling: Analyzing Delegate Responsiveness in An Authoritarian Parliament", *American Political Science Review*, Vol. 104, No. 3, 2010, pp. 482-502.

［95］B. Manin, *The Principles of Representative Government*, Cambridge: Cambridge University Press, 1997.

［96］J. Mansbridge,"Rethinking Representation", *American Political Science Review*, Vol. 97, No. 4, 2003, pp. 515-528.

［97］J. Mansbridge."Clarifying the Concept of Representation", *The American Political Science Review*, Vol. 105, No. 3, 2011, pp. 621-630.

［98］J. Manza and F. L. Cook,"A Democratic Polity? Three Views of Policy Responsiveness to Public Opinion in the United States", *American Politics Research*, Vol. 30, No. 6, 2002, pp. 630-667.

［99］K. J. Meier, *Politics and the Bureaucracy: Policymaking in the Fourth Branch of Government*, Fort Worth: Harcourt College Publishers, 2000.

［100］K. J. Meier and L. J. O'Toole, *Bureaucracy in a Democratic State: A Governance Perspective*, Batimore: JHU Press, 2006.

［101］K. J. Meier,"Proverbs and the Evolution of Public Administration", *Public Administration Review*, Vol. 75, No. 1, 2015, pp. 15-24.

［102］F. H. Mitchell and C. C. Mitchell, *Adaptive Administration: Practice Strategies for Dealing with Constant Change in Public Administration and Policy*, Boca

Raton: CRC Press, 2016.

[103] K. R. Mladenka, "Citizen Demand and Bureaucratic Response: Direct Dialing Democracy in a Major American City", *Urban Affairs Review*, Vol. 12, No. 3, 1977, pp. 273-290.

[104] F. C. Mosher, *Democracy and the Public Service*, Oxford: Oxford University Press on Demand, 1982.

[105] H. M. Narud and P. Esaiasson, (eds.), *Between-Election Democracy: The Representative Relationship after Election Day*, Colchester: ECPR Press, 2013.

[106] F. Negri, Breaking Down the Chain of Responsiveness: Assessing to What Extent Individual Redistributive Preferences Translate into Social Policy Outcomes. A Comparative Analysis, Università degli studi di milano, 2015-2016.

[107] K. J. O'Connor, L. J. Sabato, A. B. Yanus, *American Government: Roots and Reform*, Pearson Higher Ed, New York: Pearson Education, 2016.

[108] R. O'Leary, M. David, Van Slyke and Soonhee Kim (eds.), *The Future of Public Administration around the World: The Minnowbrook perspective*, Washingron D. C.: Georgetown University Press, 2011.

[109] P. Overeem, *The Politics-Administration Dichotomy: Toward a Constitutional Perspective, Second Edition*, Boca Raton: CRC Press, 2012.

[110] B. I. Page and R. Y. Shapiro, "Effects of public opinion on policy", *American Political Science Review*, Vol. 77, No. 1, 1983, pp. 175-190.

[111] K. Pastorello, *The Progressives: Activism and Reform in American Society*, 1893-1917, New York: John Wiley & Sons, 2013.

[112] J. R. Pennock, "Responsiveness, Responsibility, and Majority Rule", *American Political Science Review*, Vol. 46, No. 3, 1952, pp. 790-807.

[113] J. Pennock, "Responsiveness and Responsibility". in Democratic Political Theory. Princeton: Princeton University Press, 1979, pp. 260-308.

[114] E. J. Perry and Merle Goldman (eds), *Grassroots Political Reform in Contemporary China*. Cambridge: Harvard University Press, 2009.

[115] James L. Perry and Lois Recascino Wise, "The Motivational Bases of Public Service", *Public Administration Review*, Vol. 50, No. 3, 1990.

[116] A. Phillips, *The Politics of Presence*, Oxford: Clarendon Press, 1995.

[117] H. F. Pitkin, *The Concept of Representation*, Berkeley: University of California Press, 1972.

[118] G. B. Powell, "The Chain of Responsiveness", In C. Diamond and Leo-

nardo Morlino (eds.) *Assessing the Quality of Democracy*, Baltimore: JHU Press, 2005, pp. 62-76.

[119] G. B. Powell, "The Chain of Responsiveness", *Journal of Democracy*, Vol. 15 (4), No. 15, 2004, pp. 91-105.

[120] K. G. Provan and P. Kenis, "Modes of Network Governance: Structure, Management, and Effectiveness", *Journal of Public Administration Research and Theory*, Vol. 18, No. 2, 2008, pp. 229-252.

[121] J. C. N. Raadschelders, "Administrative History of the United States: Development and State of the Art", *Administration & Society*, Vol. 32, No. 5, 2000, pp. 499-528.

[122] J. C. N. Raadschelders, *Handbook of Administrative History*, London: Routledge, 2017.

[123] P. Ramsey, *The Just War: Force and Political Responsibility*, Lanham: Rowman & Littlefield, 2002.

[124] E. S. Redford, *Democracy in the Administrative State*, New York: Oxford University Press, 1969.

[125] A. Rehfeld, *The Concept of Constituency*, Cambridge: Cambridge University Press, 2005.

[126] A. Rehfeld, "Representation Rethought: On Trustees, Delegates, and Gyroscopes in the Study of Political Representation and Democracy", *The American Political Science Review*, Vol. 103, No. 2, 2009, pp. 214-230.

[127] A. Rehfeld, "The Concepts of Representation", *American Political Science Review*, Vol. 105, No. 3, 2011, pp. 631-641.

[128] Richard Mulgan, "How Much Responsiveness is Too Much or Too Little?", *The Australian Journal of Public Administration*, Vol. 67, No. 3, pp. 345-356.

[129] D. Rodrik and R. Zeckhauser, "The Dilemma of Government Responsiveness", *Journal of Policy Analysis and Management*, Vol. 7, No. 4, 1988, pp. 601-620.

[130] D. H. Rosenbloom and H. E. Mccurdy, *Revisiting Waldo's Administrative State: Constancy and Change in Public Administration*, Washington D. C.: Georgetown University Press, 2006.

[131] D. Rosenbloom, "The Politics-Administration Dichotomy in US Historical Context", *Public Administration Review*, Vol. 68, No. 1, 2008, pp. 57-60.

[132] J. Rosset1, N. Giger, and J. Bernauer, "I the People? Self-interest and Demand for Government Responsiveness", *Comparative Political Studies*, Vol. 50, No. 6, 2017, pp. 794-821.

[133] F. E. Rourke, "Responsiveness and Neutral Competence in American Bureaucracy", *Public Administration Review*, 1992, pp. 539-546.

[134] A. Sabl, "The Two Cultures of Democratic Theory: Responsiveness, Democratic Quality, and the Empirical-Normative Divide", *Perspectives on Politics*, Vol. 13, No. 2, 2015, pp. 345-365.

[135] G. H. Saltzstein, "Conceptualizing Bureaucratic Responsiveness", *Administration & Society*, Vol. 17, No. 3, 1985, pp. 283-306.

[136] G. Saltzstein, "Bureaucratic Responsiveness: Conceptual Issues and Current Research", *Journal of Public Administration Research and Theory: J-PART*, Vol. 2, No. 1, 1992, pp. 63-88.

[137] M. Saward, "Shape-Shifting Representation", *American Political Science Review*, Vol. 108, No. 4, 2014, pp. 723-736.

[138] A. G. Scherer and G. Palazzo, "Toward a Political Conception of Corporate Responsibility: Business and Society Seen from a Habermasian Perspective", *Academy of management review*, Vol. 32, No. 4, 2007, pp. 1096-1120.

[139] J. L. Schiff, *Burdens of Political Responsibility: Narrative and the Cultivation of Responsiveness*, Cambridge: Cambridge University Press, 2014.

[140] P. Schumaker, "Policy Responsiveness to Protest-Group Demands", *The Journal of Politics*, Vol. 37, No. 2, 1975, pp. 488-521.

[141] S. C. Selden, *The Promise of Representative Bureaucracy: Diversity and Responsiveness in a Government Agency*, Armonk: ME Sharpe, 1997.

[142] I. Shapiro, *The State of Democratic Theory*, Princeton: Princeton University Press, 2003.

[143] Shaun Bevan, "Bureaucratic Responsiveness: Effects of Elected Government, Public Agendas and European Attention on the UK Bureaucracy", *Public Administration*, Vol. 93, No. 1, 2015, pp. 139-158.

[144] S. L. Shirk, *The Political Logic of Economic Reform in China*, Berkeley: University of California Press, 1993.

[145] S. L. Shirk, *China: Fragile Superpower*, Oxford: Oxford University Press, 2007.

[146] F. M. Sjoberg, J. Mellon and T. Peixoto, "The Effect of Bureaucratic Re-

sponsiveness on Citizen Participation", *Public Administration Review*, Vol. 77, No. 3, 2017, pp. 340-351.

[147] S. Soroka, "Inequality in Policy Responsiveness?", In C. Wlezien and P. Enns (eds.), *Who Gets Represented?*, New York: Russell Sage Foundation, 2011, pp, 285-310.

[148] J. Speer, "Participatory Governance Reform: A Good Strategy for Increasing Government Responsiveness and Improving Public Services?", *World Development*, Vol. 40, No. 12, 2012, pp. 2379-2398.

[149] R. J. Stillman, *Creating the American State: The Moral Reformers and the Modern Administrative World They Made*, Tascaloosa: University of Alabama Press, 1998.

[150] C. Stivers, "The Listening Bureaucrat: Responsiveness in Public Administration", *Public Administration Review*, Vol. 54, No. 4, 1994, pp. 364-369.

[151] C. Stivers, *Democracy, Bureaucracy, and the Study of Administration*, Boalder: Westview Press, 2000.

[152] Z. Su and T. Meng, "Selective Responsiveness: Online Public Demands and Government Responsiveness in Authoritarian China", *Social Science Research*, Vol. 59, 2016, pp. 52-67.

[153] J. C. Teaford, *The Rise of the States: Evolution of American State Government*, Baltimore: JHU Press, 2002.

[154] C. Tilly and G. Ardant, *The Formation of National States in Western Europe*, Princeton: Princeton University Press, 1975, pp. 1515-8.

[155] J. C. Thomas, "Citizen, Customer, Partner: Rethinking the Place of the Public in Public Management", *Public Administration Review*, Vol. 73, No. 6, 2013, pp. 786-796.

[156] J. Torfing, *Interactive Governance: Advancing the Paradigm*, Oxford: Oxford University Press on Demand, 2012.

[157] R. Truex, *Making Autocracy Work: Representation and Responsiveness in modern China*, New York: Cambridge University Press, 2016.

[158] Z. Van der Wal, Huberts L, "Value Solidity in Government and Business: Results of An Empirical Study on Public and Private Sector Organizational Values", *The American Review of Public Administration*, Vol. 38, No. 3, 2008, pp. 264-285.

[159] Z. Van der Wal, "Value Solidity. Differences, Similarities, and Conflicts

between the Organizational Values of Government and Business", Doctoral diss., Vrije University, Amsterdam, 2008.

[160] Verba and N. H. Nie. *Participation in America: Political Democracy and Social Equality*, Chicago: University of Chicago Press, 1987.

[161] E. Vigoda, "Are you Being Served? The Responsiveness of Public Administration to Citizens' Demands: An Empirical Examination in Israel", *Public Administration*, Vol. 78, No. 1, 2000, pp. 165-191.

[162] E. Vigoda, "From Responsiveness to Collaboration: Governance, Citizens, and the Next Generation of Public Administration", *Public Administration Review*, Vol. 62, No. 5, 2002, pp. 527-540.

[163] F. Webster, *Theories of the Information Society*, London: Routledge, 2014.

[164] W. West, "Formal Procedures, Informal Processes, Accountability, and Responsiveness in Bureaucratic Policy Making: An Institutional Policy Analysis", *Public Administration Review*, Vol. 64, No. 1, 2004, pp. 66-80.

[165] D. West, "Public Outreach and Responsiveness", *in Digital Government: Technology and Public Sector Performance*, Princeton: Princeton University Press, 2005, pp. 101-113.

[166] D. L. Yang, *Remaking the Chinese Leviathan: Market Transition and the Politics of Governance in China*, Polo Alto: Stanford University Press, 2004.

[167] O. F. Yap, "Non-Electoral Responsiveness Mechanisms: Evidence from the Asian less Democratic Newly Industrializing Countries", *British Journal of Political Science*, Vol. 33, No. 3, 2003, pp. 491-514.

[168] D. Yates, *Bureaucratic Democracy: The Search for Democracy and Efficiency in American Government*, Harvard University Press, 1982.

[169] Jing Yijia (ed.), *The Road to Collaborative Governance in China*, New York: Palgrave Macmillan Springer, 2015.

[170] S. Zhao, *Debating Political Reform in China: Rule of Law vs Democratization*, New York: Routledge, 2014.

后 记

本书是中央高校基本科研业务费专项资金资助的四川大学2021年项目"国家治理现代化视域下的政府回应性研究"（项目编号：YJ202171）的成果。在坚持以马克思主义为指导思想特别强调理论创新的中国，在如今的公共管理领域要想写一本理论导向的著作或一篇理论论文，居然不可思议地大概率会被嗤之以鼻！不得不说这是一种吊诡的现象。充斥着"客观"数据和"动人"故事的著述已然成为目前我国公共管理研究成果的标准样式，这显示出这个学科开始扎根及其遇到的学术春天。但关注理解、阐释和批判的作品越发凤毛麟角。毫不夸张地说，能在当今公共管理领域开展理论研究是非常奢侈的。好在一直坚持关注理论研究的导师给予了我充分的研究自由并鼓励我选择理论研究取向，毕业之后我贸然又冒失地进入了马克思主义理论的领域，重拾对理论的信心。

本书是在我博士学位论文基础上修改而成的。虽经多次修改，依然缺陷多多。不断写与不断改的循环过程告诉我，论文的完善永无止境。可以说，本书是在持续的恐慌之中完成的：选题时彷徨，写作中挣扎，修改时茫然，答辩时战战兢兢。有连续数日枯坐搜索枯肠而踟躇不前的无奈，也有"两句三年得，一吟双泪流"的自我感动。这一写作体验是我未曾有过的。承蒙不弃，在导师的指导、带领和关怀下，我有幸在社会科学顶级中文期刊发表论文，有幸参与国家级社会科学重大项目的研究，无论是在学术研究能力还是在学术视野上都取得了进步。也承蒙老师在研究取向上的大力鼓励和对学生理论能力的"错信"，我才能够在日渐技术化的学科领域中有一些理论思考的奢侈的自由。

特别感谢我的导师夏志强教授！

师承夏老师，乃平生幸事。论文的选题、写作、修改、答辩等各个环节无不凝聚着夏老师的心血。在我选题犹豫难决时，老师的鼓励让我信心大增；在我写作思维受阻时，老师的点拨让我茅塞顿开。打印版论文经老师修改后，其字里行间可谓"满目疮痍"和"惨不忍睹"。答辩时面对已被实证研究深度规训的老专家，是老师给我足够的信心和勇气进行自我辩护。再回想起之前写作用于公开发表的论文时的类似情景，我无不赧然汗下，但更由衷感佩老师严谨的风格与博大的胸襟！

感谢在日常学习中予以指导和帮助的诸位老师、同学与领导。感谢姜晓萍教授、王国敏教授、王洪树教授、张成福教授、张康之教授、周敬伟教授、范逢春教授、赵建伟教授、余平教授、张岷教授、景跃进教授、冯仕政教授、赵鼎新教授、曾纪茂教授、吴爱明教授等老师在我学业的各个阶段和各种场合的鼓励、指导、启发与帮助！感谢李岚老师和徐婷老师在培养上的诸多指导与帮助！感谢各学习阶段同学的帮助和启发！

感谢编辑老师的大力支持和细致工作！

感谢我的家人对我的理解和支持！否则，我的学术生涯是不可能再续的！

谭毅　2022年冬至于成都望江